U0487252

基金项目

国家社科基金项目成果（13BKS096）

资助信息

河南师范大学学术出版基金资助

河南师范大学青少年问题研究中心资助

河南省社会工作与社会治理软科学研究基地资助

青少年道德认同
模式与路向

ADOLESCENT
MORAL IDENTITY
MODE AND PATH

魏雷东
白鑫刚
孙 田／著

社会科学文献出版社
SOCIAL SCIENCES ACADEMIC PRESS (CHINA)

———————— 魏雷东 ————————

男，河南宜阳人，教授，博士，河南省优秀专家、河南省首批青年社科百优人才、河南省高校科技创新人才、河南师范大学优秀青年科研创新人才，现任河南省社会工作与社会治理软科学研究基地主任、河南师范大学青少年问题研究中心副主任、河南省社会工作教育协会副会长、河南省普通高等学校公共管理类专业教学指导委员会副主任、河南省青少年研究智库首批专家，主要从事社会伦理与社会治理研究。主持完成国家社科基金项目1项、教育部人文社科项目2项及省级课题5项，发表学术论文30多篇、3篇文章被人大复印资料全文转载，出版专著1部，获得河南省社会科学优秀成果奖一等奖1次、二等奖2次、三等奖2次。

———————— 白鑫刚 ————————

男，河南舞阳人，中共党员，副教授，主要从事高等教育研究，现任河南师范大学校长办公室主任，在《国家教育行政学院学报》《河南师范大学学报》等期刊上发表论文30多篇，主持、参与省部级、厅级课题10多项。

———————— 孙　田 ————————

女，山东莘县人，河南师范大学社会事业学院研究生，主要从事农村文化教育研究。

前　言

　　青少年道德信仰在本质上是青少年道德生活的价值导向，关乎个人成长、社会兴衰、国家存亡，是新时代道德建设和青少年发展任务的重要内容和关键环节。当前，后现代主义的无中心意识和多元价值取向对青少年道德信仰教育产生了很大冲击，特别是功利主义浸染、虚无主义盛行、主知主义滥觞，更是让青少年道德教育呈现"去信仰化"倾向。青少年道德信仰生成问题既表现为一种"理论"智慧，又表现为一种"实践"智慧。新时代青少年道德信仰培育需要从社会、历史和实践的战略全局上，对当代中国青少年道德发展的重大理论问题进行重新审视和深刻把握。青少年道德信仰认同模式与生成路向研究是基于青少年发展任务与新时代道德建设的内在耦合性，从历史与现实、东方与西方、个人与社会、理性与感性多向度阐释青少年道德信仰的必然性和可行性，从应然性、实然性的维度来审视青少年道德信仰的规律性与独特性，从方向性和前瞻性的高度来思考青少年道德信仰的体系性和实效性，深刻揭示青少年道德信仰认同与生成的观念演进、认同模式、基本指向、发展向度和实践路向，在反思青少年道德信仰危机深层原因的基础上，使青少年道德信仰实现从"实然"描述到"应然"设计再到"适然"生成。

　　道德信仰认同有赖于一种为他人和共同利益而行动的思维方式，从善良意志、利益诉求和价值关系三个维度去剖析"自我与他人的对称性"内涵，有助于我们理解道德社会化的发生机制。一个恰当的道德信仰和道德原则应具有"自我与他者的对称性"

的理论品质和实践智慧，当它成为指导我们生活的普遍原则的时候，道德信仰才能真正成为人类社会的共生性价值尺度，并在生活实践中为人们所外化于行为方式、内化于心灵深处、固化于制度规范。道德信仰随着伦理学理论主题的不断转换和研究视角的不断更新，相应地历经了"从形上学为主题的道德本体论到语言哲学为主题的道德认识论再到行动哲学为主题的道德实践论"的形态转换和"从综合性思维到分析性思维再到反思性思维"的范式转型。道德语言是人们的道德生活中一个不可或缺的思维工具，兼具"描述性意义"和"评价性意义"。一种道德原则与规范能否最终为人们所接受，从根本上说，取决于它能否正确反映道德关系的本质，是否符合社会发展规律和适应生产力发展水平；与此同时，这种道德原则与规范究竟能在何种程度上为人们所认同接受，很大程度上取决于道德语言能否被熟练巧妙使用。在行为问题日益复杂而令人烦恼的现实生活中，由于道德语言的混乱，不仅导致道德理论上的纠缠不清，而且也会导致青少年道德实践中不必要的选择困惑。对道德语言表达的澄清，有助于避免和消除道德教育中因语言模糊和表达不当所造成的道德认知分歧、道德观念曲解谬传。

  我们在思考和表达道德何以信仰时，会发现概念隐喻被广泛地使用，正是日常生活中的一些基本经验引发了道德隐喻。道德信仰与人们关于利益、幸福和责任的基本经验有关，由义利关系、德福关系和群己关系的隐喻而触发的一系列因果关系的概念化，为我们全景式、链条化地展示了道德信仰是如何由概念隐喻的复杂系统建构而成的。道德隐喻映射关系的互动策略——对道德认知、道德情感、道德意志相应进行方位隐喻、本体隐喻、结构隐喻，是分别基于物理、生理、伦理三个维度的感知相似性，映射到道德客体的"可信之信"、道德主体的"确信之信"、道德主客体之间的"信信与共"。这是一个"听话（被动）→说话（主动）→对话（互动）"道德话语模式，三个维度的相似性在隐喻建构中相应地发生着从本体到喻体的转移、转换和转化。

青少年时期是人生发展成长的黄金时期和道德品质形成的关键时期。青春期是一个成长期，也是一个抉择期，这一时期由于生理日益成熟、心理日趋敏感，原有的朦胧不清的、未分化的、不成熟的自我被否定后又尚未找到新的自我，为此常常陷入需要自由与压抑冲动的冲突中。面对纷繁的变化与纷乱的选择，青少年往往会对之前所建立起来的一致性与连续性表示怀疑，感到手足无措、惘然而迷惑，陷入一种内心与外界之间的不平衡与不稳定之中，进而遭遇"自我同一性危机"。从年龄阶段和心理状况的一般特征来看，青少年的主导需要是社会交往需要和尊重需要，在社会生活中他们更需要和谐融洽的人际关系，更需要他人及群体的关注、关心、关爱、理解、尊重、友谊。青少年最大的成长烦恼就主要集中在尊重得不到满足、爱的匮乏和归属感缺失。青少年道德信仰生成必须结合其主导需要和一般需要、区分其正当需要和不当需要、把握其潜在需要和显性需要，使青少年的道德需要既符合年龄与身心特征又符合教育和认知规律。从实践的角度来说，道德信仰是人存在的标志，正是道德信仰才使人成为道德行为的真正主体。在当今社会转型期和信息网络时代，人们的自由度和自主性越来越大，社会他律的控制力有所减弱，所以，当今社会对道德自律的要求就越来越高，道德信仰就显得越来越重要。特别是，对于青少年来说，尽管自我观念蓬勃发展、主体意识不断增强，但道德人格尚存在自主性、矛盾性和发展性错综交织之中。就青少年主体性建构而言，道德信仰是青少年道德教育不可或缺的重要内容，也是青少年道德活动不可忽视的重要形式。

长期以来，道德发展的理论探讨和实证研究大都是围绕着青少年对道德的认知、情感、意志和行为四种成分展开的，存在心理学、人类学、社会学、文化学的理论取向，不同的道德发展理论强调各自不同的道德成分。认知发展理论强调道德的认知成分，认为青少年的是非判断是随着其成长成熟而发生急剧变化的。精神分析理论强调道德的情感成分，认为青少年是为了体验自豪和自信等积极情感、避免羞耻和愧疚等消极情感，而遵照道德原则去采取行动的。社会角色理论强调道德的意志成分，认为青少年社会化是一个通过"泛化他人"而进行强化互动的"角色扮演"的演进过程。社会学习理论强调道德的行为成分，有助于理解青少年怎样学会抵制欺骗、说谎和盗窃等违反道德规则的行为诱惑和最终采取亲社会行为的发生机制。考察这些道德发展理论及其相应研究的互动关系，有助于我们对青少年道德信仰认同模式的深刻思考和深入讨论。如果把道德认知、道德情感、道德意志和道德行为这四个方面作为青少年道德信仰认同的刺激因素，那么社会发展理论、精神分析理论、符号互动理论和社会学习理论这四种理论就对青少年道德信仰的认同模式提供了一些理论解释和实证支持。基于青少年发展任务和身心特点，青少年道德信仰的认同模式可以分为"智慧认同模式——道德观察者（基于合理性与共惠取向）""情感认同模式——道德依恋者（基于合情性与他惠取向）""偶像认同模式——道德模仿者（基于合意性与普惠取向）""契约认同模式——道德缔约者（基于合法性与互惠取向）"。

习近平新时代中国特色社会主义思想为当代中国政治生活与社会生活提供了思想根基、价值引领、道德指针和行动遵循；充分彰显了真理的力量、时代的价值、文化的自信、道德的引领，成为指引为人类谋发展、为人民谋幸福、为民族谋复兴的思想之旗、精神之魂、文化之基。习近平新时代中国特色社会主义思想包含"人类命运共同体""社会主义核心价值观""思想道德建设""家庭家教家风建设""生态文明建设"等丰富的伦理道德思想，整合了古今中外的伦理思想精华，其在体系化基础上更加注重观念化，在理论性基础上更加注重实践性，在先进性基础上更加注重广泛性，对坚定理想信念这个灵魂、解决好世界观人生观价值观这个"总开关"问题，具有重大的政治意义、历史意义、理论意义和实践意义。青少年道德信仰的生成规律需要分析"应然"与"实然"互动关系，从道德信仰客体的可信之信、道德信仰主体的确信之信、道德信仰主客体之间的信信与共三个方面探讨青少年道德信仰认同与生成的条件创设：青少年道德信仰生成的认知递进规律——"规范→情感→理性"；青少年道德信仰生成的能力递进规律——"自选择能力→自组织能力→自控制能力→自超越能力"；青少年道德信仰生成的境界递进规律——"自发→自觉→自由"。当今社会转型期，青少年在面对道德信仰选择时，应以"幸福、至善、自由、和谐"为指向，保持自利与互利、底线与高蹈、个人与集体、德性与规范之间的适度张力，以精神之我超越物质之我、社会之我超越个人之我、应然之我超越实然之我、理性之我超越感性之我，才能使自己心有所系、身有所适、魂有所归。

青少年道德信仰生成需要家庭、学校、社会和个人的相互配合、相互促进，实现家庭教育、学校教育、社会教育与自我教育的综合发力、良性互动。家庭作为一种亲缘性的生活共同体，是青少年道德信仰生成的首要场所。青少年不仅要在家庭做孝顺父母、关心亲人、勤俭节约、热爱劳动的"好帮手"，更要从家庭特别是父母身上观察学习家庭美德方面的规范。家庭教育主要是靠"寓道于爱""寓德于情""寓教于养"的自然式、生活化的模式，需要关注家庭功能构建和家庭教养关系，在亲情教育、性别教育、和睦教育和勤俭教育等生活化教育中，耳濡目染、潜移默化地完成青少年道德社会化。学校作为一种学缘性的生活共同体，是对青少年进行系统道德教育的重要阵地和主要渠道。学校道德教育是对学生的"职业道德"教育，其内容主要是爱国荣校、勤学好问、遵规守纪、尊敬师长、团结同学，重点在于帮助学生树立认真的学习态度、发挥最好的学习能力、养成良好的学习道德，在学校做团结友爱、互相帮助、尊重他人、善于合作的好学生。学校道德教育需要教育者与受教育者双方彼此在心理上的互信、情感上的共鸣、认知上的同步，这在现实上要求其必须坚持显性教育与隐性教育并举，需要在爱国教育、学习教育、纪律教育和同伴教育中培育"有效学校"的道德氛围。社会（社区）作为一种地缘性的生活共同体，是进行青少年道德教育的大熔炉。社会公德的主要内容包括文明礼貌、助人为乐、爱护公物、保护环境和遵纪守法，其目标指向是鼓励青少年在社会上做一个好公民。社会公德反映了人们公共社会的共同需要和公共利益，规定的是最基本的公共生活规范。社会教育主要是通过道德观念的利他强化、道德行为的制度强化、道德信仰的榜样强化来突出道德他律的作用，通过青少年文化的未来塑造、青少年成长的媒体责任、青少年教育的社区参与来优化道德环境，需要在法制教育、环境教育、礼仪教育、奉献教育中培养社会公德。个人品德修养是青少年道德信仰生成的必要条件，要解决的是"应该如何做人和做一个什么样的人"的根本问题。个人品德主要内容可概括为勤学好问、热爱生活、积极进取、志存高远、慎独力行，其目标指向是鼓励人们在心目中塑造一个好形象。青少年个人品德养成是一个道德同一性建构过程，需要在自我、个体和社会的"存在状态"上保持内在张力的一致性和连续性，在过去、现在和未来的"时空维度"上保持自我存在的一致性和连续性。青少年个人品德的内化养成是一个身心和谐、群己共进、知行合一的互动联动过程。青少年前期需要思考的是道德智慧、归属的需要和被认可、被支持的感觉，青少年中期开始考虑道德勇气、世界观价值观人生观等问题，青少年后期重点关注道德责任及有意义的自我表达、社会承认的方式。青少年道德信仰认同是一个循序渐进的成长过程。在少年期，个体道德行为逐步摆脱童年期的桎梏，同情心、责任感、荣辱感开始有强烈的表现。道德行为规范不再是直接学习父母和家庭而是更多地遵从学校和老师；道德行为表现不再是直观了解和学习道德榜样而是开始模仿和设计崇拜对象；道德行为判断不再是单纯从自我角度来识别对错，而是开始从家庭、团队、班级、学校的整体利益和集体荣誉来判别是非。少年期是个体道德行为培养的打基础阶段，个体道德品质的缺陷和败坏往往肇始于少年期的不良社会风气和恶劣家校环境。在青年期，个体开始自我发现、自我反省，想方设法摆脱对父母和家庭的依赖性，对友谊、爱情和社会交往活动的需求和向往与日俱增，对人生价值、生活意义无限憧憬和遐想，对荣誉、成就、良好人际关系充满渴望。青年期的发展需求客观上要求个体对道德关系进行积极探索和理性思考。个体道德行为在青年期将不再满足于对道德模范的一味崇拜，而是开始依据社会道德关系把道德规范内化为自己的道德需要，进而使自己的道德信仰具备现实而又真诚的道德意义。成长过程中的两难道德困境是每个青少年都必然要经历的，它会迫使青少年去掌握一种道德同一性的感觉，这种感觉是一种在过去的经历中形成的内在持续性和同一感。尽管它以不成熟的方式满足欲望，而且拥有的渴望还会与现实世界相抵触，但他们还是会积极地接受、欣然地享受这个过程。作为一种反思能力，道德同一性与自我的各种经验有关，道德同一性的自我生成使得个体道德行为的自觉性和意志力不断提升，促使道德行为的自主性和倾向性日益理性化和明朗化。

本书是在国家社科基金项目"青少年道德信仰认同模式与生成路向研究"的前期研究基础上而撰写而成，主要由魏雷东、白鑫刚主笔撰写，孙田参与第五章第二节第二部分"有效学校"道德教育的撰写工作（约9000字）。基于问题意识和系统性、规律性、实证性的研究构想，本书内容以新时代中国社会历史方位为叙事背景研究青少年道德信仰的观念演进和基本指向，深刻阐释青少年道德信仰的认同模式和生成规律；从理论和实践两个层面全景展现青少年发展任务与新时代道德建设的内在耦合性，深刻揭示青少年道德信仰认同与生成的复杂境遇和实践路向；从家庭、学校、社会、个人四个维度梳理青少年道德信仰实践生成的默化路径、教化路径、强化路径和内化路径。

目 录

绪 论 ·· 1

第一章 道德信仰的认同逻辑 ································· 7
一 道德信仰的思维逻辑与形态演进 ······················ 8
（一）道德信仰的思维方式 ······························ 8
（二）道德信仰的思维逻辑 ···························· 12
（三）道德信仰的思维特征 ···························· 18
（四）道德信仰的形态演进 ···························· 21
二 道德信仰的承认关系与认同模式 ···················· 28
（一）道德信仰的承认理论 ···························· 28
（二）道德信仰的承认关系 ···························· 30
（三）道德信仰的认同模式 ···························· 36
三 道德信仰的思维工具与概念隐喻 ···················· 40
（一）道德语言：道德信仰的思维工具 ············ 40
（二）道德隐喻：道德信仰的概念隐喻 ············ 44

第二章 青少年道德信仰的基本内涵 ····················· 57
一 青少年道德信仰的基本含义 ··························· 57
（一）青少年善良意志的主观需要 ··················· 58
（二）青少年认以为真的思维方式 ··················· 59
（三）青少年观察世界的理性法则 ··················· 61

二 青少年道德信仰的结构模式 ………………………… 63
（一）青少年——确信之信的主体 …………………… 64
（二）道德信仰——可信之信的客体 ………………… 66
（三）青少年与道德信仰——信信与共的
　　　　主客体关系 …………………………………… 71

三 青少年道德信仰的主要功能 ………………………… 73
（一）定向功能——明德治国 …………………… 74
（二）调节功能——崇德齐家 …………………… 75
（三）教育功能——立德树人 …………………… 77
（四）自律功能——习德修身 …………………… 78

第三章 青少年道德信仰的认同模式 ……………………… 80
一 青少年道德信仰的认同维度 ………………………… 80
（一）青少年道德认知 …………………………… 81
（二）青少年道德情感 …………………………… 84
（三）青少年道德意志 …………………………… 88
（四）青少年道德行为 …………………………… 90

二 青少年道德信仰的认同理论 ………………………… 93
（一）思维能力说：认知发展理论 ……………… 94
（二）重要他人说：精神分析理论 ……………… 97
（三）角色扮演说：符号互动理论 ……………… 99
（四）观察学习说：社会学习理论 ……………… 101

三 青少年道德信仰的认同模式 ………………………… 103
（一）道德观察者——智慧认同模式 …………… 104
（二）道德依恋者——情感认同模式 …………… 108
（三）道德模仿者——偶像认同模式 …………… 111
（四）道德缔约者——契约认同模式 …………… 115

第四章 青少年道德信仰的发展向度 ... 119
一 青少年道德信仰生成的时代理据 ... 119
（一）人类命运共同体 ... 120
（二）社会主义核心价值观 ... 122
（三）公民道德建设 ... 125
（四）家庭家教家风建设 ... 128
二 青少年道德信仰生成的当代指向 ... 129
（一）幸福：在自利与互利之间 ... 130
（二）至善：在底线与高蹈之间 ... 131
（三）自由：在个人与集体之间 ... 133
（四）和谐：在德性与规范之间 ... 136
三 青少年道德信仰生成的内在规律 ... 138
（一）认知发展规律——规范→情感→理性 ... 138
（二）能力递进规律——自选择→自组织→自控制 ... 140
（三）境界提升规律——自发→自觉→自由 ... 143
（四）价值演进规律——利害→是非→善恶 ... 145

第五章 青少年道德信仰的生成路径 ... 148
一 家庭之维——自然式的默化路径 ... 149
（一）家庭功能建构 ... 150
（二）家庭教养关系 ... 152
（三）家庭美德默化路径 ... 158
二 学校之维——应然式的教化路径 ... 163
（一）学校道德教育 ... 164
（二）"有效学校"道德教育 ... 170
（三）学校道德教化路径 ... 195
三 社会之维——使然式的强化路径 ... 199
（一）社会道德规范 ... 200

（二）社会道德环境 …………………………………… 209
　　（三）社会公德强化路径 ………………………………… 215
四　个人之维——释然式的内化路径 ………………………… 218
　　（一）道德同一性建构 …………………………………… 219
　　（二）道德信仰生成 ……………………………………… 222
　　（三）个人品德内化路径 ………………………………… 227

结　语 …………………………………………………………… 231

绪　论

　　道德作为人类的共生性尺度，其目的是促进社会的繁荣与发展（带来更大的善）和避免社会的瘫痪与崩溃（抑制更大的恶），最终实现每个人的利益和幸福。从其现实意义上说，道德是个体对社会的回馈，其作用是降低公共生存成本。道德信仰作为道德的形而上学之基础，既是道德形成的前提性的精神基础，又是道德的终极向往，即道德的最高目标和最高境界。这里所说的道德信仰，是在解构"道德"与"信仰"的基础上将二者有机结合而生成的一个新的范畴，它可以帮助人们很好地解决道德行为动机与效果统一的问题。道德信仰源于实际生活又超越生活现实，是人们基于人的生存发展的价值的认识，以及道德理想与道德现象的张力的推动而产生的对道德（包括道德规范、道德理想和道德人格）的笃信与崇敬。道德信仰作为道德价值观念体系的核心内容，是人们在现实社会关系的基础上对既有道德现状的一种超越，是在生活实践中对善之理性的终极追求，它以"应当的应当"引领和把握"是的应当"，使道德的自律本性得以彰显和成为可能。道德信仰是社会主义精神文明建设的重要组成部分，也是道德建设的重要内容和必要前提，引导青少年树立正确的人生观、价值观、审美观，使他们在复杂的社会现实面前明是非、辨善恶、识美丑，对于推动社会主义精神文明建设，实现中华民族伟大复兴的中国梦，具有重要的理论意义和现实意义。

　　中国特色社会主义进入新时代，社会主要矛盾已经转化为人民日益增长的美好生活需要和不平衡不充分的发展之间的矛盾，这是我国发展新的历史方位。当前，我国改革发展正处于关键时期，在各项事业快速发展的同时，社会生活多元、多变的特征日益凸显，各种思想观念相互交织，民族文化、外来文化相互激荡，先进文化、落后文化相互碰撞，各种社会矛盾也呈现多发多样的特点，不同社会阶层、社会群体和社会成员之间的利益关系日趋复杂，统筹兼顾各方面利益的难度不断加大。与此同时，后现代主义的无中心意识和多元价值取向对青少年道德信仰教育产生了很大冲击，特别是功利主义浸染、虚无主义盛行、主知主义滥觞，更是让青少年道德教育呈现"去信仰化"倾向。青少年处在人生阶段的"拔节孕穗期"，这个时期是世界观、人生观、价值观形成的关键生长期。如何有针对性地提高青少年道德信仰自选择能力、自组织能力和自控制能力，已经成为当前青少年道德教育的重要课题。当代青少年道德信仰生成问题研究，既涉及道德信仰的分众化研究，又关系到道德信仰的当代性研究，是一个理论探讨与实证分析相结合的研究课题。如何厘清道德信仰的真实内涵和生成路径，使当代青少年从道德信仰危机中摆脱出来，从而赋予当代青少年以真切的人生意义和终极的价值关怀，就成为当下需要思考和解决的重大问题。青少年道德信仰在本质上是青少年道德生活的价值导向，其生成问题既表现为一种"理论"智慧，又表现为一种"实践"智慧。青少年道德信仰关乎个人成长、社会兴衰、国家存亡，是公民道德建设的重要内容和关键环节。新形势下，弘扬真善美、贬斥假恶丑，培育知荣辱、讲正气、做奉献、促和谐的良好风尚，积极培育和践行社会主义核心价值观，需要引导青少年在道德信仰、价值追求、理想信念上有一个新的跨越和质的跃升。

国内近些年关于当代青少年道德信仰生成问题的研究，坚持理论联系实际的原则，重视青少年主体性的弘扬，注意厘清道德信仰教育与思想政治教育二者的关系，关注"教之以知，晓之以理"的灌输式的道德知性教育和"动之以情，导之以行"的熏陶式的道德信仰教育，注重从伦理学、教育学、心理学等多角度研究道德信仰的基本内涵、认同原则、生成规律，使青少年从感性与理性结合上潜移默化地积淀道德信仰。目前青少年道德信仰生成问题，已经成为众多学科的研究热点，各学科的立足点不同，研究过程的切入点和侧重点不同，这在客观上开拓了该问题研究的新视野，拓展了研究问题的深度和广度。罗国杰教授是新中国伦理学事业的重要奠基者，专注于社会主义集体主义道德信仰研究，倡导爱国主义、集体主义、社会主义的价值取向，强调"在依法治国的过程中，决不能忽视道德教育、道德责任、道德养成、道德自律、道德引导和道德保证的重要性"[1]。唐凯麟教授强调"人是马克思主义伦理学的逻辑起点，要真正能够根据人类道德生活历史经验和发展规律，科学地阐明道德在人的发展和精神完善化中的地位和作用，揭示人的发展和精神完善的道德机制，指出人的发展和精神完善化的道德目标"[2]。他主张把道德伦理学研究与弘扬民族精神、加强社会主义精神文明建设有机统一起来。陈秉公教授运用马克思主义社会意识形态理论和接受理论，提出"完全人格教育的理论与模式""德育的双主体理论与模式""道德教育理论"，认为"探索高校立德树人创新体系要以习近平关于教育的重要论述为指导思想和理论基础，同时在具体工作层面还需要作系统的马克思主义人学、主体人类学和教育学追问和建构，建立人的生命本体论：结构与选择、'人格结构与选择'图型理论和人格五商论"[3]。唐代兴提出"自然为人立法，人为自然护法"的新存在论思想，认为"人类的全部生存行为都是伦理行为，人类的全部伦理行为都是目的性行为。人总是有目的地追求利益并

---

[1] 罗国杰：《当前伦理学研究与社会道德建设的有关问题》，《伦理学研究》2010年第1期。
[2] 唐凯麟：《论伦理学的逻辑起点》，《湖南社会科学》2004年第1期。
[3] 陈秉公：《学习习近平关于教育的重要论述 探索高校立德树人创新体系》，《思想教育研究》2018年第10期。

有目的地限制自我利益追求，无论是从个体人的角度看，还是从群体、社会的角度讲，目的地选择构成其伦理行为的动力"①。檀传宝认为："信仰对道德有论证、聚合、圣化作用，信仰教育对道德教育亦有内在和外在的补遗作用。克服目前德育危机的出路在于确认信仰教育与道德教育的内在联系，从信仰教育的高度构建新的德育理念。"② 任建东详细分析了现代信仰与道德信仰问题发生的根由、道德信仰的生成机制与演变规律，他认为："道德作为社会生活的必然产物，必须以信仰为基础。道德信仰的生成有着自然、社会和人生的逻辑根据。从人生角度而言，人生具有有限性、未完成性和创造性，这为道德信仰的生成提供了逻辑前提与基础，从而使道德信仰成为一种必然性的产物。"③ 魏长领深刻剖析了当代中国道德信仰危机的表现、根源和解决的途径，在此基础上指出了人类道德信仰未来的发展趋势，他认为："道德信仰的价值整合在整体和社会中突出地表现在，有了共同道德信仰，就具有了共同的道德理想，就有了共同的价值目标和善恶评价标准。"④ 黄明理认为中国特色社会主义道德信仰是对旧的道德信仰的革命性超越，他认为："随着社会群体共有的道德价值观的增多，道德信仰的确立也将进入更加自觉、自主和更加巩固的新阶段。未来社会值得人们向往与追求，在伦理上的主要魅力就在于，过去和当下那种太多的道德对立将让位于更多的共同道德追求和道德共鸣（当然不是简单的道德一元化，而是多元自由与理性秩序的辩证统一）。"⑤ 国内关于当代青少年道德信仰生成问题的研究趋势应突出教育对象分众化、教育目标层次化和教育形式隐性化。

---

① 唐代兴:《自然为人立法·人为自然护法：伦理学的自然基础》（下），《湖南科技学院学报》2009 年第 6 期。
② 檀传宝:《论信仰教育与道德教育》，《北京师范大学学报》1997 年第 2 期。
③ 任建东、陈蒿:《人生何以需要道德信仰》，《唐都学刊》2011 年第 2 期。
④ 魏长领:《道德信仰与自我超越》，郑州：河南人民出版社，2004，第 52 页。
⑤ 黄明理:《对普遍伦理质疑的质疑——兼论从普遍伦理看道德信仰的根据》，《南京师大学报》2007 年第 2 期。

绪　论

　　当代国外道德信仰理论流派众多，诸如价值澄清理论流派、逻辑推理价值教育流派、体谅关心道德教育理论流派、认知发展道德教育流派等，其基本发展趋势是各流派道德信仰理论日趋融合，在价值取向上突出以人为本的核心理念，在教育方法上注重隐性德育和道德价值体验。国外相关研究涉及德性论的"实质主义"和规范论的"形式主义"：德性论者认为，道德之为道德，主要在于一个人的内在品质，只有具有了某种内在的品质，才是一个道德的人，只有道德的人才能有道德的行为；规范论者认为，做一个什么样的人应该属于个人自己的事情，每个人都有权利决定自己成为或者不成为一个什么样的人，无论是社会还是任何其他人都没有权力干涉个人的这一权利，只要行为方式符合普遍的规范形式就是正当的、道德的。而在现代社会生活中，一个人可以也应当基于自己的内在禀赋去全面地发展自己，而不仅仅是局限于遵循外在行为的普遍规范；作为普遍性的社会规范，道德固然无权为所有的人提供一个标准化的整齐划一的模子，但也不能仅仅停留在人的社会行为的层次上。对于当代伦理学来说，道德的"外化"与"内化"运作过程是相互对应交会而又不可或缺的两个方面，完整的道德类型学概念必须是规范伦理与美德伦理的合题选择。所以，我们应把德性论与规范论统一起来，实现从德性到德行的转变。

　　青少年道德信仰生成是对青少年进行的以建立具有终极价值道德信仰为目标的教育活动，有利于青少年对于道德理念的认同，促使道德情感的产生、道德意志的养成、理想道德人格的塑造。青少年道德信仰生成教育是当前青少年思想政治教育核心途径之一。关于当代青少年道德信仰生成问题的研究可谓喜忧参半，喜的是学术界对青少年道德信仰问题非常关注并取得一些成果，忧的是相关研究则大多是从表象问题到具体对策或从工作实践到规范要求，或是研究成果深度不够、缺乏理论支撑，流于"工作总结""经验体会"，或是研究内容以偏概全、缺乏逻辑，在理论建构、规律把握、学科渗透等方面缺乏全面、深刻、系统的研究，这些势必会导致青少年道德信仰教育缺乏针对性和实效性。当代青少年道德信仰生成问题应放在青少年发展任务与新时代历史方位背景下去研究思考，以青少年发展任务为基点和主线去深入阐释"道德信仰"的必然性和可行性，从多学科视角深刻剖析当代青少年的道德信仰生成与社会和谐之间的内在必然性和一体同构性，理性看待个人与社会、传统与当代、历史与现实、东方与西方、理性与感性的互动交流、利益博弈和心灵碰撞，从应然性和实然性的高度来审视当代青少年道德信仰生成的规律性与独特性，从方向性和前瞻性的高度来思考当代青少年道德信仰的体系性与实效性。

当代中国的青少年道德信仰既要注重中国语境，又要具备国际视野。习近平新时代中国特色社会主义思想从理论和实践上系统回答了新时代坚持和发展什么样的中国特色社会主义、怎样坚持和发展中国特色社会主义这个重大时代课题，为决胜全面建成小康社会、夺取新时代中国特色社会主义伟大胜利、实现中华民族伟大复兴的中国梦、实现人民对美好生活的向往提供了行动指南，也为推动人类命运共同体、促进人类和平与发展事业贡献了中国智慧和中国方案。[1] 习近平新时代中国特色社会主义思想蕴含丰富的伦理道德思想，特别是其中关于社会主义核心价值观方面的论述，整合了古今中外的伦理思想精华，其在体系化基础上更加注重观念化，在理论性基础上更加注重实践性，在先进性基础上更加注重广泛性，为青少年道德信仰生成提供了价值遵循和根本指向。

---

[1] 《习近平谈治国理政》（第二卷），北京：外文出版社，2017：（序）出版说明。

第一章　道德信仰的认同逻辑

　　道德作为一种实践理性，解决的是"我（们）应该怎么做人做事"的实践价值观问题。从人类道德的起源来看，道德起源于人类社会调整利益关系的需要，按照一定的道德原则或规范，规定人们各应占有多少利益，各应承担多少责任，分配人们的权利和义务，从而达到社会整体的和谐有序。马克思主义认为道德既不是人主观自生的，也不是神的意志。道德的本质蕴藏于社会生活之中，道德是一种特殊的社会意识形态，受社会关系特别是经济关系的制约。作为一种社会意识形态，道德是由一定的经济基础决定的，是社会物质生活条件的反映。作为一种特殊的规范调节方式，道德规范与法律、政治规范相比较，它是一种非制度化、非强制性、内化的规范。作为一种实践精神，道德使人在日常生活的经验中，理解、把握自己与世界的关系，寻找社会发展和人类完善的理想境界。道德对世界的把握，一方面通过道德评价把世界分为善的与恶的、正义的与非正义的、应该的与不应该的，另一方面用这种评价来指导自己的行为，把"应该""不应该"变成一种道德命令去执行。

　　道德信仰在本质上是道德生活的价值导向，我们常常要在具有实际差异的道德价值之间进行选择，需要在具体道德困难和构成人类道德世界体系的信仰、态度之间达成一种平衡。具有道德性质的信仰、习惯和行为是人类直接关心的内容，正是这些大体相似的道德信仰和道德意识构成了人们的道德品质或思维模式。道德信仰旨在引导人们通过特定历史条件下的社会舆论、风俗习惯和内心信念,来调整人与人之间、人与社会之间的关系。一个恰当的道德信仰和道德原则应具有"自我与他者的对称性"的理论品质和实践智慧,当它成为指导我们生活的普遍原则的时候,道德信仰才能真正成为人类社会的共生性价值尺度,并在生活实践中为人们所外化于行为方式、内化于心灵深处、固化于制度规范。道德信仰认同需要返璞道德思维本真、回归于人自身,正确揭示道德的社会历史起源,深刻阐释道德逻辑的思维方式,准确把握道德信仰的认同规律。

一 道德信仰的思维逻辑与形态演进

道德思维是人类思维活动中的重要方式和特殊样式,人的道德行为方式在很大程度上受道德思维水平支配和制约。道德思维作为伦理学研究的主要内容,随着伦理学理论形态范式的演进和嬗变,相应地发生着历时性的范式转向和共时性的理论融合。道德思维从综合性思维到分析性思维再到反思性思维的演进历程,有助于深刻理解道德信仰、道德规范、道德语言和道德共识之于人类生活和社会发展的理论价值和实践意义。道德思维是人类思维的重要组成部分,人的存在的二重性就是通过道德思维的方式和作用来表现和实现的。探究道德思维的逻辑关系考察、结构要素分析和理论形态演进,有助于廓清道德思维从本体论到认识论再到实践论的理论主题的转换和研究方法的更新,而这正是道德思维从综合性思维到分析性思维再到反思性思维的理论背景和实践路向。

(一) 道德信仰的思维方式

马克思在《1857—1858年经济学手稿》中论及政治经济学的方法时谈道:"抽象的规定在思维行程中导致具体的再现。"[①] 他指

---

① 《马克思恩格斯文集》(第八卷),北京:人民出版社,2009,第25页。

出:"整体,当它在头脑中作为思想整体而出现时,是思维着的头脑的产物,这个头脑用它所专有的方式掌握世界,而这种方式是不同于对于世界的艺术精神的,宗教精神的,实践精神的掌握的。"① 在马克思看来,正在理解着的思维是现实的人,而世界本身作为思维的、理解的产物才是现实的世界。社会这个主体无论在现实中还是在头脑中都是既定的,必须始终作为前提浮现在表象面前。马克思为我们认识和把握世界提供了几种思维方式,其中关于实践精神的方式即道德思维方式。道德思维常常和科学思维、艺术思维一同被提及,它们在不同的思维方式中体现着不同的思维目标和思维倾向,相互之间区别很大又联系紧密。科学思维、道德思维和艺术思维在思维对象的不同维度上相应地表现为"求真思维"、"向善思维"和"尚美思维"三种思维范式。追求"真善美"是人类永恒的价值,其本质上是人类追求自由的理想信念和精神需求。与"真善美"的三种思维方式相对应的思维对象是真知、善意和美感,它们体现的是人类思维在追求自由过程中梯次演进的不同层面、不同条件、不同阶段,体现了人类思维在科学必然性、道德应然性和艺术超然性上的内在统一和不断升华。

1. 科学思维中的求真取向

科学思维是主体以求真的方式去认识世界,通过真假的矛盾运动寻求真知,这种求真思维方式体现的是工具理性,表明了人类思维的"合规律性"。科学思维在主体维度上表现为外我思维。外我思维"就是思维主体在进行思维时,抛弃或排除了主体自身,即把正在进行着思维的主体——我,置于思维统摄的范围以外,使之不成为思维的一个方面或一个要素"②。外我思维意味着主体在思维时过多地投射和专注于外在于"我"的客观对象,而忽略或忘却了"我"自身的存在。科学思维在思维对象上表现为求真

---

① 《马克思恩格斯文集》(第八卷),北京:人民出版社,2009,第25页。
② 焦国成:《略论道德思维》,《福建论坛》(文史哲版)1989年第3期,第29页。

思维。"真"是自由的第一个层面,它是人的认识正确地反映了客观事物的本质和规律。"真"的尺度是客观的、外在的、不以人的意志为转移的,"真"与"知识"对应,"真"的本质在于合规律性,所以,"真"在观念形态上体现了主观符合客观、主体和客体的统一。人类利用科学思维认识和把握客观世界的必然性,这只是人类不断从"必然王国"迈向"自由王国"的初始环节,在此意义上说,"真"是"善"的基础和前提。"人对客观规律、必然性的认识愈深刻、愈全面,人的活动的自由度愈高。"[1] 求真的目的在于将"自在之物"转化成"为我之物",客观规律一旦被人们所认识和掌握,它就由支配人的外在力量转化为人的活动的内在依据。人类利用科学思维发现并掌握真理,就会消除先验要求和现实经验存在之间的可能冲突,从而进入人生幸福的初级形态——自我安宁感。

2. 道德思维中的向善取向

道德思维是主体以向善的方式去认识世界,通过善恶的矛盾运动向往善念,这种向善思维方式体现的是价值理性,表明了人类思维的"合目的性"。道德思维在思维主体维度上表现为内我思维。内我思维"把具体的、与他人相分别而有种种特殊性的、活生生的自做主宰的思维主体自身——'我',置于思维统摄的范围以内,使之成为思维的轴心和思维对象的一个重要方面,而且思维主体在思维过程中自始至终都意识到自身——'我'的地位和意义"[2]。内我思维是具体思维主体之"我"与外在于"我"的"他者"的相互关系的一种价值思考。在内我思维中,思维主体之"我"是具体生动的、亲历在场的、积极互动的关系轴心和主要内容。道德思维在道德思维对象维度上表现为向善思维。"善"是自由的第二个层面,是人与人之间的一种价值关系,它所呈现的是

---

[1] 王玉樑:《21世纪价值哲学:从自发到自觉》,北京:人民出版社,2006,第160页。
[2] 焦国成:《略论道德思维》,《福建论坛》(文史哲版)1989年第3期,第29页。

人的思想行为符合内在的良知标准。"善"与"意志"关联，"善"的本质在于合目的性，标志着客体符合主体，主体和客体在现实形态上的统一。"善"的尺度是内在的，其所反映和体现的是主体的意志，旨在揭示社会关系的必然性和应然性。"善"是一种心灵的境界，它不只是要人去理解的，而且是要人去追求的，进而推动人类文明从实然向应然进化。人类利用道德思维使得主体与客体双方在公平和平等的前提下和谐共生，这也使主体获得了真正的自我实现感。

3. 艺术思维中的尚美取向

艺术思维是主体以尚美的方式去认识世界，通过美丑的矛盾运动崇尚审美，这种尚美思维方式体现的是价值理性与工具理性高度融合之上的精神超越，表明了人类思维的"合目的性"与"合规律性"的高度契合。艺术思维属于"即我思维"。即我思维是指正在思维着的主体——"我"与思维客体——"他者"保持一种人我心有灵犀、物我激情相悦的超然自由的心理状态。这是一种通过"移情"方式达到的让人思想震撼且又流连忘返的精神享受和心理体验，"我"中有"他"，"他"中有"我"，"我"即是"他"，"他"即是"我"，合乎人性的美感在此时得以尽情流露和激情升华。"美"是自由的第三个层面，是心灵完全自由的表征，主要体现人的本质力量的对象化及主客体之间的和谐关系。"美"与"情感"相通，"美"的本质在于既合规律性又合目的性，是在"真"和"善"的基础上主体与客体的和谐统一。艺术思维中的"美"是对人性的肯定和超拔，尽管具有超然性，但终究不能摆脱"合乎人性"的价值诉求，终究还是属于人类的活动和心灵的力量。主体对"美"的拥有使得自我在特定存在中获得超越有限自我的喜悦感。

道德思维与科学思维、艺术思维虽然在思维方式、思维对象上有所不同、各有侧重，但它们在思维价值取向上具有一定的内在一致性。正如亚里士多德所言："一切技术，一切规划以及一切实践和选择，都以某种善为目标。"① 科学离不开道德浸润，科学越发达，越需要道德的约束和规范，否则，科学就会像脱缰的野马易放难收。艺术离不开道德滋养，艺术越前卫，越需要道德的熏陶和洗礼，否则，艺术就会像无用的玩偶遭遇冷落。"真"和"美"的思维活动都与"善"的价值取向休戚相关，"善"的思维既是"真"和"美"的中间环节和联系纽带，又是"真""善""美"三者在思维价值取向上的内在统一。

（二）道德信仰的思维逻辑

道德信仰主要体现在主体以道德思维的方式去感知世界，在自我与他人之间辩证关系分析基础上，对道德现象的本质特征、内在联系和发展规律的认识过程。道德信仰需要摆脱个人偏见和个人偏爱的影响，以一个"理想观察者"的身份不偏不倚地考虑行动选择，在社会交往中培养一种对他人和社会的道德感与责任感，为人类社会的世代存续和顺畅发展，提供思想上和行为上的价值遵循和规范体系。道德信仰认同有赖于一种为他人和共同利益而行动的思维方式和善良意志，从善良意志、利益诉求和价值关系三个维度去剖析"自我与他人的对称性"内涵，有助于我们理解道德社会化的发生机制。

1. 自我与他人之间善良意志的对称性

道德思维从思维主体维度来说表现为追求合目的性的"向善"思维。"善"是主体自由的"意志"呈现，是自我在人与人之间关系中表现出来的对他人有价值的行为，所呈现的是人的思想行为符合内在的良知标准。"道德的目标就是要创造一个繁荣昌盛的人类共同体。"② 道德生活的根本目的，就是要通过"驱恶行善"，最大限度地发现良心、发动良知、发挥良能，使得主体在实践自

---

① 〔古希腊〕亚里士多德：《尼各马科伦理学》，苗力田译，北京：中国人民大学出版社，2003，第1页。
② 徐向东：《自我、他人与道德——道德哲学导论》，北京：商务印书馆，2009，第40页。

我关系中，情感上得到关怀支持、诉求上获得尊重、社会交往中受到重视，以便使人类生活的世界更加美好。"向善"思维在自我与他人对称性上说，就是要"人我同类"地把"我"摆进去，把对自己的重视和关照与对他人的重视和关照加以恰当地平衡和协调，而不是自己站在道德高地置身事外一味地要求别人。"向善"思维要求每一个主体之"我"都要各美其美，使道德行为更有目的性，使"我"获得真正的自我实现感，其重要意义在于使人类超脱于本能和惯例并不断增进和完善人性和人格，从而避免如培根所论及的"四假象"（种族假象、洞穴假象、市场假象和剧场假象）而带来错误思维的机会和可能。

"向善"思维关注理想人格，关心主体个性化的内在品质，强调以个体之善促进社会之善。中国古代教育家们在道德教育中非常重视自我品性和个性培养，例如，孔子提出"有教无类"①的教育思想；孟子认为，"君子之所以教者五：有如时雨化之者，有成德者，有达财者，有答问者，有私淑艾者。此五者，君子之所以教也"②。在教育实践中，孔子、孟子都主张从个体的差异出发，充分尊重个体的天分、个性、能力、品性和志向，进而有针对性地采取不同的教育方法使其各取其长、各尽其能。西方自然主义教育理论的代表人物卢梭特别强调人的"自由"权利，极力推崇教育要顺应人的自然天性，他坚决反对抑制儿童的自由个性和限制儿童的自由发展。卢梭认为，"每个人都生而自由、平等，……，这种人所共有的自由，乃是人性的产物"③，在他看来"自由是绝对的，放弃自由就意味着放弃做人的权利，就不再有做人的权利，也不再有做人的义务"④，他把"自由"个性推崇到了无与伦比的程度和无以复加的高度。尽管卢梭的"自由"思想有些乌托邦色

---

① 《论语·卫灵公》。
② 《孟子·尽心上》。
③ 〔法〕卢梭：《社会契约论》，李平沤译，北京：商务印书馆，2011，第5页。
④ 〔法〕卢梭：《社会契约论》，李平沤译，北京：商务印书馆，2011，第12页。

彩，但他是想在自然自由和社会自由之间的冲突和自洽中寻求逻辑契合点和张力平衡点，这对我们处理个人、集体、国家及社会关系还是有重要借鉴和启示意义的。作为理性主义道德哲学的代表人物，康德认为，"纯粹理性"能够判别善恶，"善良意志"是先验的、无条件的，主张道德教育诉之于内，强调动机而忽视效果。尽管"纯粹理性"和"善良意志"属于典型"先验论"，但是，对于培养主体内在的善良之心和义务之心来说理解还是深刻的。"向善"思维的中心主题是自我与他人在善良意志上的对称性，对善良意志的普遍信仰有助于使每个人获得更大的自由并且过得更加幸福。

2. 自我与他人之间利益诉求的对称性

道德思维从思维客体维度来说表现为追求合规律性的"利益"思维。道德是在一定社会经济基础之上产生的一种特殊的社会意识形态。每一个社会的经济关系首先总是作为利益关系呈现。作为一种思想观念系统，道德受社会关系特别是经济关系的制约，其在本质上反映的是人类实践精神活动的必然性和规律性。利益冲突是道德存在的社会根源，哪里有利益冲突，哪里就会有道德存在。"'思想'一旦离开'利益'，就一定会使自己出丑。"[1] 道德作为人的需要对象，就是协调各种利益关系，在调解矛盾双方的价值冲突和利益纠纷时，要一视同仁，美人之美，寻求自我与他人之间的利益协调。"利益"思维具有利他主义倾向，是为了获得某些权利而让渡出一些权利，在这里，利他主义不能理解为纯粹的自我牺牲，不是要一个人为了他人利益而牺牲自己的一切利益，而是说"他有一种心理倾向修改自己的欲望，以至于最终引起行动的那些欲望考虑到了其他人的利益"[2]。"利益"思维不是要追求个人利益最大化，而是要关照所有利益相关者，这就要求个人

---

[1] 《马克思恩格斯文集》（第一卷），北京：人民出版社，2009，第286页。
[2] 徐向东：《自我、他人与道德——道德哲学导论》，北京：商务印书馆，2009，第157页。

不能只关注和意欲自我利益，还要愿意考虑和关心他人的利益。

"利益"思维进行道德评价的对象是个体社会化的外在行为，个体是通过"有意义的动作"实现从自然人到经济人再到社会人的转化的。道德人格是通过人们的"角色扮演"和"符号互动"实现的，道德社会化就是一个个利益主体从有限角色（模仿他人）到特定角色（影响他人）再到普遍角色（一般化他人）的演进过程。"利益"思维进行道德评价的对象是道德行为的"内在"要素与"外在"行为的协调统一，关注的是"内在"动机与"外在"行为的知行互动关系，具有鲜明"实用"特点和"实践"特征。王阳明提出"知行合一"思想，强调"践履德行""事上磨炼"，在本质上体现的是"实践哲学"和"实用主义"的思辨逻辑。在这里，"实用主义"是指一种实践的方法、一个指定方向的态度，"这个态度，不向着那最先的事物原则、范畴、假设的必然；而向着那最后的事物、结果、效验、事实"[①]。实用主义者们试图将传统的价值观与传统的科学观重新整合为一个新的哲学概念、一套新的哲学术语和一类新的哲学问题，以问题导向和反思性思维去对现实利益冲突进行思考和回答。正如孔子所说，"己所不欲，勿施于人"，"己欲立而立人，己欲达而达人"。"利益"思维就是谋求自己过得好，也要让别人过得好。在现实生活的不同领域、不同对象、不同事物中，利益关系的先后问题、轻重问题、难易问题是千差万别、不能一概而论的。"利益"思维就是对道德冲突的各个层面和相关因素进行反思平衡，在利益对称性的博弈平衡中寻求自我与他人之间的最大公约数。

3. 自我与他人之间价值关系的对称性

道德思维从思维主体与客体关系维度来说表现为追求合目的性与合规律性统一的"共生"思维。"共生"思维是人类固有的精

[①] 〔美〕詹姆斯：《实用主义》（《孟宪承文集》卷五），孟宪承译，上海：华东师范大学出版社，2010，第26页。

神理性和社会良知，是社会发展阶段和人类文明程度的主要依据和重要标志。对于人类自身存续与社会发展而言，和谐共生既是自然世界的秩序规则，又是人类社会的理性法则。按照人类学家的观点，道德规范是人类为了追求共同美好生活的需要，在风俗习惯的基础之上，经过血缘、业缘、地缘等社会关系互动过程而衍生的，这是一个人类社会和谐共生的文明进程。血缘关系是一个人与生俱来的先天性社会关系，"血缘的意思是人和人之间的权利和义务根据亲属关系来决定"①。家庭作为一种以血缘关系为纽带的生活共同体，是个人最初始、最基本、最经常也是最持久的具有"自然同一性"的道德场域。在正常家庭中，家庭成员之间具有情感性支持和依赖性互惠的优先性和必要性，血缘之情、亲人之爱可以荡涤人性的弱点、激发道德的光辉，未成年人在家长和长辈们的爱、信任和心甘情愿付出的良好氛围中接受道德信仰启蒙教育。业缘关系是基于人们的工作和社会分工而形成不同职业的社会关系。职场作为一种以业缘关系为纽带的生活共同体，如同事关系、师生关系、上下级关系等，是由劳动者在社会分工体系中所处的具体位置所决定的，是与劳动分工细化密切相关的具有"角色同一性"的道德场域。职业是随着人类社会分工而出现的，正是社会分工不同构成了人们工作方式的差异，只有在社会环境的发展变化里，才能解释社会分工的根源。"在社会发展的过程中，分工之所以能够不断进步，是因为社会密度的恒定增加和社会容量的普遍扩大。"② 职业分工是人类共生发展的现实需要。地缘关系是因为人们所共同生活的地理位置而形成的一种相互影响、相互依赖的社会群体关系。社会（或社区）作为一种以地缘关系为纽带的生活共同体，是社会公德教育的场域。早期功能主义社会学家曾用生物学概念来描述家庭、社区和社会之间的关系，

---

① 费孝通：《乡土中国　生育制度》，北京：北京大学出版社，1998，第69页。
② 〔法〕埃米尔·涂尔干：《社会分工论》，渠东译，北京：三联书店，2000，第214页。

把社会、社区、家庭比作"有机体"、"器官"和"细胞",在某种意义上讲,社会(或社区)是生活在其中的机关、团体、学校、家庭等一切组织及成员的利益共同体和命运共同体。"共生"思维就是要美美与共、一视同仁,以和谐共生智慧去处理自我与他人之间的承认关系,进而从根本上解决人的异化问题和社会的片面发展问题,避免人类陷入增长的极限、对抗的极限、施恶的极限。

真正理解"共生"思维的道德逻辑须从马克思主义关于人的本质的思想中去寻找和把握。马克思在《关于费尔巴哈的提纲》中谈道,"人的本质不是单个人所固有的抽象物,在其现实性上,它是一切社会关系的总和"[1]。马克思认为,人类社会或社会的人类是新唯物主义的立脚点,人的本质固然离不开自然关系,但其现实上是由社会关系决定的,一切现实的人在根本上都是"一切社会关系的总和"。恩格斯在《反杜林论》中指出,"我们断定,一切以往的道德论归根到底都是当时的社会经济状况的产物"[2]。在恩格斯看来,人们的伦理观念从根本上说是从他们进行生产和交换的经济关系中获得的。作为一个现实社会制度的批判家,马克思特别强调和始终关注的是人与社会、人与现实的互动关系和紧密联系。马克思坚持人与自然和社会三者的具体历史统一,强调把人和自然的关系融入社会发展之中去实现人与自然的真正和谐,在"自由平等的生产者联合体构成的社会"中,实现人与人、人与社会的真正和谐。人类社会和谐就是要寻求和建立一系列协调社会实践活动、约束人的无限欲望、化解各种利益冲突的价值规范。个人利益与社会利益存在冲突的一面,但达成和谐则是更为重要的一面。"人类道德的第一动因便是调节或协调各种人际、群际,以及个体与整体之间的利益关系,减弱或消解各种利益矛盾和价值冲突,这是道德作为人类现实生活实践之普遍行为规范

---

[1] 《马克思恩格斯文集》(第一卷),北京:人民出版社,2009,第501页。
[2] 《马克思恩格斯文集》(第九卷),北京:人民出版社,2009,第99页。

的主要依据之所在。"[①] 可见,人类道德行为最重要、最根本的动机就是寻求和谐统一,寻求人与人之间"生命的和谐"、人与社会之间"互利的协调"。

(三) 道德信仰的思维特征

道德信仰体现的是一种"向善"思维,它以"实践精神"的特殊方式掌握世界。道德信仰的"实践精神"并不否认道德与科学、艺术之间的内在联系,更为重要的是,正是从道德与科学、艺术的相互联系中可以更清晰透彻地理解道德信仰的内在本质和思维特征。对道德信仰的本质和特征的深入理解,还要深刻剖析道德信仰的结构要素(主体、客体和主客体关系)及其运思方式。

1. "善知"与"善行"的相资互用

道德信仰主体是以"应该"和"不应该"的善恶评价方式进行道德思维的。其中,"善知"和"善行"是"相资互用"的关系。"善知"关系到"人为什么活,应当成为什么样的人","善行"关系到"人应当如何活,活得怎样",二者在道德实践的历史过程中展现为一种互动关系,二者之间外在的相关性和内在的一致性相辅相成并不断达到具体的统一。离开了"善知",人们的道德行为的判断和选择就会因无所适从而偏离正当轨道,失去正确的方向。离开了"善行",人们的道德认知只是停留在知识记忆储存状态,在态度和信念上并没有真正理解和接受并付诸行动,那么,"善知"就处于"假知"或"伪善"状态。"纠正道德停滞和腐败的方法,就是学会按照原来设计价值语言的目的来使用价值语言。不仅要学会谈论我们赞许的事情,还要学会做我们赞许的事情;因为,除非我们准备这样做,否则,我们就只是在空口应酬一种习惯性标准。"[②] 在现实的生活当中,人的道德实践有赖于内在活力与外在压力两个方面。"善知"是"善行"的可行性准备和体悟

[①] 万俊人:《人为什么要有道德?》(上),《现代哲学》2003年第1期,第74页。
[②] 〔英〕理查德·麦尔文·黑尔:《道德语言》,万俊人译,北京:商务印书馆,2005,第143页。

性演练,"善行"又会加深和巩固"善知"的规范性认同和主体性自觉。道德思维主体在对待道德问题时,只有知行统一,即知即行,应为则为,做到"知之愈明,则行之愈笃;行之愈笃,则知之益明"①,才能真正体验和享受一种真正富有道德内涵的高品位生活。

2. "道义"与"利益"的协调平衡

道德信仰的缘起离不开人们对各种需要的关注,人的存在的二重性决定了人不仅有个体性层面的物质利益需要(利益),还有社会性层面的精神利益需要(道义)。"人们为之奋斗的一切,都同他们的利益有关。"② 道德作为人类现实生活的行为规范的最重要、最根本的动机,就是调节和协调各种利益关系,缓解和消除各种价值冲突和利益纠纷,寻求个体与社会之间的互利共赢。"'思想'一旦离开'利益',就一定会使自己出丑。"③ 应该说,道义和利益一直就是道德哲学关注的一个基本问题。义利兼顾是道德信仰的一个基本原则,同时也是道德信仰的一个价值尺度。人们的义利观不仅影响到道德价值的判断标准问题,还涉及如何处理人我关系和公私关系。在中国传统文化中,"重义轻利"一直是"圣人""君子"的主流道德意识和价值取向,这种思想取向散见在"君子喻于义,小人喻于利"④"正其谊不谋其利,明其道不计其功"⑤等言论中。一味过分地崇"义"贬"利",甚至只要"义"不要"利",简单地用抽象的道德原则去否定人们正当的利益诉求,不仅会在一定程度上阻碍经济社会发展的前进步伐,而且会在客观现实上迟滞社会整体道德水平的提升进度。脱离了现实生活的空

---

① 《朱子语类》。
② 《马克思恩格斯全集》(第二版)(第一卷),北京:人民出版社,2007,第187页。
③ 《马克思恩格斯全集》(第二版)(第二卷),北京:人民出版社,2007,第103页。
④ 《论语·学而》。
⑤ 《汉书·董仲舒传》。

洞道德说教不可能为大众普遍接受，其结果反而会造成虚假与伪善的盛行，道德异化和道德虚无化也就不可避免了。正确的义利观应该把道义和利益有机结合起来，反对割裂、混淆甚至扭曲、对立义利关系。义利兼顾是调节个人与社会互动关系的基本方略，在义利关系一致情况下，个人追求正当利益的合理性应该予以充分肯定；在义利关系矛盾情况下，倡导道义为先并在个人与社会之间做出恰当的利益平衡。

3. "理智"与"情感"的善性融通

人的理智与情感，在本质意义上都是主观能动的，理智属于显意识层面的，情感属于潜意识层面的，二者正确与否、合理与否都要通过人的实践活动主体倾向性来判断和检验。情感是一种高级的复杂的内心体验和心理现象。道德情感则是人对道德原则、道德规范、道德理想、道德建构在情绪上的认同、共鸣和向往之情。道德行为必然受到道德情感的影响和支配，道德行为发生的心理动因就在于它能够给人带来愉悦感和幸福感。人们只有在道德情感上真正感受到合乎道德要求的行为所带来的愉悦感和幸福感，才能最终以有品位的道德生活作为人生追求。道德情感既有肯定性的情绪反应，如道德自豪感、利他行为后的愉悦感，也有否定性的情绪反应，如羞愧感、内疚感等。二者都以当下或者未来出现尊严、满足、愉悦、安心、幸福等自我肯定的情绪体验为精神报偿。一个人"在他超常地受荣誉影响的情况下，其道德感便可称强，相反情况下则可称弱"[1]。理性是一种超越感性和具体去把握事物内在本质和发展规律的思维能力。"理智试图把握呈现给感官的东西，而理性试图理解其意义。"[2] 理性意味着现象背后存在更为"实在"的本质，它要求人们在处理问题时应按照事物

---

[1] 〔英〕边沁：《道德与立法原理导论》，时殷弘译，北京：商务印书馆，2000，第105页。
[2] 〔美〕汉娜·阿伦特：《精神生活·思维》，姜志辉译，南京：江苏教育出版社，2006，第63页。

发展的规律和自然进化原则去考虑。作为人类社会的一种价值规范，道德理性则是一种表达关于"应当"的理性智慧。道德信仰是以道德情感为初始引发的，对内表现为良心发现，对外表现为同情力量。同时，道德信仰又以道德理性去表达一种关于"应然"的"可能"，在若干种"应然"中去判断选择最能吻合人类生存愿望和可持续发展理想的而且是最合理的那种道德"可能"。我们通常说，要"以理服人，以情感人""晓之以理，动之以情"，就是要把理性的显意识和情感的潜意识协调统一起来，运用潜意识的创造活力找到问题解决方向，运用显意识的缜密思维给出事情解决方案。道德理性和道德情感在道德思维中情理交融、相互激荡，情由理发、理由情生，情中有理、理中有情，亦理亦情、合情合理，共同完成道德信仰对善的追求和把握。

　　道德信仰从整体来说是和谐思维和共生思维，其目的在于通过行动的应然实现、利益的合理分配、关系的积极协调，最大限度地发动良知、发现良心、发挥良能，促进身心灵和谐统一以寻求整体的健康与灵性的成长，达成天地人的和谐共生以实现生命的意义和生态的价值。知行合一、义利兼顾、情理交融是道德信仰得以实现的三把钥匙，体现了道德信仰作为行为思维、利益思维和价值思维的三个特性。知行合一启示我们要在"是"的"应当"和"应当"的"应当"之间寻求平衡，要以"跳摘桃子"和循序渐进的方法去提升道德素质，而不能搞一厢情愿和急功近利式的道德运动。义利兼顾启示我们道德建设不能流于泛泛而谈的说教形式，更为重要的是通过公正合理的制度安排把自利与公益、利己心和同情心在价值共识上达成一致。情理交融启示我们达成道德共识需要主体间双向互动式的换位思考，在规范的原则性和问题的特殊性之间需要合情合理的包容性去融通整合。

（四）道德信仰的形态演进

　　规范伦理学、元伦理学和应用伦理学这三种理论形态的渐次形成、发展与并立，基本上反映了伦理学理论"从传统到现代再到当代"的客观历史进程和"从本体论到认识论再到实践论"的形态演进逻辑。伦理学理论形态演进历程，既反映了道德信仰理论自身"从建构到表达再到反思"的逻辑规律，又回应了社会道德生活变迁"从原始伦理到人际伦理再到生态伦理"的实践要求。"每一个时代的理论思维，包括我们这个时代的理论思维，都是一种历史的产物，它在不同的时代具有完全不同的形式，同时具有完全不同的内容。因此，关于思维的科学，也和其他各门科学一样，是一种历史的科学，是关于人的思维的历史发展的科学。"① 道德信仰随着伦理学理论主题的不断转换和研究视角的不断更新，相应地历经了"从形上学为主题的道德本体论到语言哲学为主题的道德认识论再到行动哲学为主题的道德实践论"的形态转换和"从综合性思维到分析性思维再到反思性思维"的范式转型。

1. 基于规范伦理学的道德规范：道德信仰的本体论建构

规范伦理学是伦理学发端最早、历史悠久的一种基本理论形态，也是伦理学理论的实质和主体部分。规范伦理学承载着道德规范建构的历史使命，所以，其探究内容更多地切近和聚焦于人类道德生活的逻辑基础和价值基础，其理论主旨是探究道德原则及规范的本质、内容、评价标准，为人类的行为、品性、社会制度和生活方式提供价值标准和行动指南。作为道德形上学的理论形态，规范伦理学围绕"第一道德原则"的逻辑论证和顶层设计，以"应该如何"为表达方式和规范体系，逐渐形成了以"善"为最高价值原则的目的论伦理学和"应当"为最高价值原则的义务论伦理学。"从逻辑上看，规范系统的建构总是以价值的确认为前提：人们首先是根据价值形态来规定行为的规范和评价的准则。"② 作为道德本体论的理论形式，规范伦理学是对道德规范的本体论探究，主要运用综合性思维对道德规范进行抽象和整理，逐步为

---

① 《马克思恩格斯文集》（第九卷），北京：人民出版社，2009，第436页。
② 杨国荣：《道德和价值》，《哲学研究》1999年第5期。

人类的道德生活确立了价值原点和精神内核。

道德规范是道德信仰的基本表达方式，主要是对道德基础的本源探究，为人类的道德生活和道德行为提供了价值引领和行为规范。道德规范的作用在于向人们昭示其行为"应当怎样"的价值模式，以此来保证社会道德秩序得到普遍遵守的同时，引导人们朝着加强道德修养、不断完善自我的目标迈进。道德规范旨在调整人们之间的各种利益关系，一方面，鼓励或授权人们去追求和维护那些正当的物质利益和精神价值；另一方面，限制或禁止人们去损害和影响公众或他者的正当利益和精神诉求。道德规范与人类社会的变迁和道德生活的变化息息相关。只有满足和契合了人类道德生活实践的内在需要和时代要求的道德规范，才能成为一个时代的道德思想精华和伦理规范资源。道德规范之于道德信仰的重要性和生命力，体现在它是一个稳定的、明确的、权威的规范体系，为人们的道德实践提供了基本参照需求和重要价值指向。道德规范主要是原则性、指向性的价值体系，大多数时候表现为道德诫命的说教和道德要求的张扬，加之其在思维方式上是综合的而非分析的，因而存在一定学理的局限性。尤其是随着现代社会生活的日益多样化、复杂化，不同道德原则和道德规范之间会出现矛盾和冲突，这就不可避免地会造成"道德困境"和"道德缺位"。

2. 基于元伦理学的道德语言：道德信仰的认识论表达

元伦理学是西方哲学"语言学转向"的直接成果之一，作为一种顺应现代主义运动潮流的伦理学理论形态，它具有显而易见的以"反传统"为基本特征的"现代性"。元伦理学把道德语言作为突破口，其在对道德规范的科学性与合法性进行逻辑审查的基础上，力图通过对道德的语言学分析来恢复伦理学的科学品格。元伦理学致力于以语言分析和逻辑论证为主要研究范式，去对"道德规范何以可能"的根本问题进行道德表达的澄清，其在根本上是反对和否定一切伦理学传统的，在研究范式上普遍采取"价值中立"态度,这也引发了伦理学理论主题从道德形上学到语言哲学的研究范式转换。作为道德认识论的理论形式,元伦理学是对道德规范的认识论探究,主要运用分析性思维对道德概念、道德判断和道德推理进行语言意义和逻辑结构的分析、论证与澄清,目的在于使道德语言所具有的描述(事实)和评价(价值)的双重特性得到系统而科学的确证。

道德语言作为道德生活中不可或缺的思维工具,是人们对道德实践不断进行概念化表述的形式和结果,其在根本上是主体道德情感和态度的一种表达方式。"在行为问题日益复杂而令人烦恼的这个世界里,存在着一种对我们据以提出并解答这些问题的语言进行理解的巨大需要。因为有关我们道德语言的混乱,不仅导致理论上的混乱,而且也会导致不必要的实践中的困惑。"[①] 所以,在人类道德生活中,人们会对一些普遍化的秩序和节奏进行概念化的语言表达,就形成了"应当""善""正义"等道德语言。"道德语言是一种规定语言。"[②] 同时,道德语言又是一种可普遍化的语言。对道德语言表达的澄清,有助于把握道德语言的意义和功能,澄清价值词(如善、正当、应当)在日常用语表达中谬传、曲解和误会,消除由语言表达不当、错乱所造成的无谓道德分歧、矛盾和冲突。元伦理学家黑尔在《道德语言》一书中通过揭示道德语言的"规定性"和"可普遍化",去寻找理解和阐释道德实践特性的有效途径,从道德语言作为一种可普遍化的、规定性的视角把握表现道德行为的外在依据。道德语言既能陈述事实,也能规定或引导人的行为,指导和帮助人们做出行为选择和原则决定,因而兼具描述性和评价性的双重意义。

道德语言蕴含道德认知、道德情感和道德意志三种因素,道

---

① 〔英〕理查德·麦尔文·黑尔:《道德语言》,万俊人译,北京:商务印书馆,2005,第5页。

② 〔英〕理查德·麦尔文·黑尔:《道德语言》,万俊人译,北京:商务印书馆,2005,第5页。

第一章 道德信仰的认同逻辑

德语言的规定性和可普遍化作用可以使思维的内容转化现实的内容。"道德语言不仅构建了人的存在的精神家园，而且本身就是人的德性和德性的家园。"[①] 人类使用道德语言的主要目的在于进行道德判断，而人类进行道德判断的根本前提是在人类历史进程中积淀和固化下来的一些特定的标准和原则。"道德原则或标准首先被建立起来，然后它们又变得过于僵硬，而那些被用来指称它们的词又变得极富描述性，所以，在这些标准摆脱危险之前，我们必须痛苦地恢复它们的评价性力量。在这种恢复过程中，这些标准必须适应变化了的环境，于是便发生了道德变革，而道德变革的工具就是价值语言的评价性用法。"[②] 道德语言最重要的效用之一是道德教育。日常生活中有关道德方面的"教"与"学"的实践问题，就是在描述性和评价性双重意义上使用道德语言的过程。道德语言只有被主体所理解和认同，才会对主体的道德思维发生真正的影响和作用。所以，要在道德上成熟起来，就是要学会使用"应当"语句，进而认识到"应当"语句只有通过诉诸一种道德标准或道德原则才能得到检验，而人们正是通过自己的决定而接受并创造了这些标准和这些原则的。

3. 基于应用伦理学的道德共识：道德信仰的实践论反思

应用伦理学是伦理学在当今时代最为活跃的理论形态，其理论主题是行动哲学（社会行动理论）。随着现代文明的繁荣，人们在享受现代科技文明成果的同时，也必须面对始料不及的"现代性困境"：科技主义肆意泛滥，技术异化、技术至上，工具理性急速膨胀，价值理性式微，精神文化失落，人与人、人与社会、人与自然的关系日益紧张。如何从根本上解决这些"现代性困境"，积极应对人类面临的生存危机和层出不穷的社会问题，于是，在

[①] 杨义芹：《道德语言存在合法性的本体论诠释》，《江苏社会科学》2010年第2期。

[②] 〔英〕理查德·麦尔文·黑尔：《道德语言》，万俊人译，北京：商务印书馆，2005，第143页。

20世纪70年代伦理学的理论形态发生了"问题论转向"。伦理学的"问题论转向"更加观照人类现实生活的实际问题，尤其是更加关切人类整体生存问题，使之呈现"从具体到抽象、从一般到特殊、从理论到实践、从基础到应用"的行为哲学特质。应用伦理学是对道德规范的实践论探究，运用反思性思维，综合借鉴必要的自然科学知识和社会科学方法，调动社会各方面智慧进行集体性决策，通过协商和讨论对道德冲突、道德难题的各个层面和相关因素进行反思平衡，进而达成在道德理论原则、具体道德情境的双向互动和平衡兼顾基础上的共识性道德认同。

道德共识是人们对一定的道德规范从理性和情感上予以承认并同化的过程。应用伦理学所寻求的道德认同，并不一味追求纯粹道德理性上的社会普遍共识，而是就具体专门领域中的具体道德困境达成有效的认同接受、合理解决的有限共识。这种道德共识以反思性思维去对现实的道德困境进行解答，用问题意识、问题导向去对应用伦理学进行再研究、再创新和再建构，充分体现了"应用"特色和"实践"特色。道德共识之所以成为应用伦理学思考和回答的主要课题，正是因为以往任何单一的理论范式已经无法满足当今社会日益专业细化和综合复杂的理论研究需求。"道德的'领域分化'使社会生活诸领域形成了各自独立的道德原则，从而使超越领域界限、贯通不同领域的'道德共识'变得极为困难。"[①] 居于原则层面的"高大上"的道德规范在传统社会结构中容易达成道德共识，但居于操作层面的道德规范往往会在具体领域或现实冲突中遭遇"规定性"缺位、"可普遍化"无力的尴尬境遇。作为应用伦理学发生动因的那些西方社会伦理问题，今天在我国也开始不断显现，这也触发了经济伦理学、生命伦理学、科技伦理学、环境伦理学、网络伦理学等伦理学分支的蓬勃兴起。解决"道德共识"的重建问题，要对道德价值的整体性和领域性、

---

① 贺来：《"道德共识"与现代社会的命运》，《哲学研究》2001年第5期。

公共性和私人性进行再次认识和深刻反思。在利益主体多元、利益样态多样、利益关系多变的今天，道德价值的"整体性"和"公共性"应该给"领域性"和"私人性"留出足够的认同空间，在公与私、统与分之间保有一种融洽的、必要的张力和平衡。我们不能再拘泥于"整齐划一"与"非此即彼"思维模式下的"机械团结"——同质性个体的松散结合，而应该去建立在社会成员异质性和相互依赖基础上的"有机团结"——异质性个体的包容共生。对于具体领域、具体环节的具体问题以及特殊人群、特殊事实的特殊矛盾，需要到实际生活中去寻求具有现实性和操作性的道德共识，建构和确立不同领域的具体价值原则和不同人群的具体活动准则。也只有这样，道德共识才可能不会沦为实体化的抽象教条，而是成为内化于人们的现实生活并推动和改善现实生活的真实力量。

道德思维尽管历时性地发生了从规范伦理学的综合性思维到元伦理学的分析性思维再到应用伦理学的反思性思维的三种范式的转型，遭遇了"语言学转向"和"问题论转向"，但这些只是主题的更新和范式的创新，这三种道德思维方式仍然共时性地服务和作用于人类的道德生活。正像伦理学理论形态的划分并不是理论的切割或相互否定一样，道德信仰从规范导向到语言导向再到问题导向的形态演进也不是新旧更替、优胜劣汰的竞争取代，而只是从本体论、认识论、实践论不同视角的理论回应。在现实生活中，三种思维方式之间不是孤立的、排他的，而恰恰是需要互补的和融合的。从"道德规范的建构"到"道德语言的表达"再到"道德共识的反思"，正好契合伦理学从敬畏神灵到敬畏人类再到敬畏万物的发展轨迹。反思人类生存利益法则从血缘关系到地缘关系再到生态关系的演进路向，道德信仰主题应该以后现代社会的生态主义实现对现代社会的人本主义和传统社会的权力主义的反思和扬弃。

二 道德信仰的承认关系与认同模式

人的完整性在其存在的深层可归因于认同和承认模式，只不过是在不同时空背景下承认和被承认的内容方式不同而已。在社会生活交往关系当中，每一个潜在的道德自我都是信念、欲望和习惯构成的复合体，人们所持有的道德信仰反映的是主体间的相互承认关系。而当前我们遇到的所谓道德信仰"危机"，其原因是现代社会深刻转型所造成的传统道德价值体系式微的速度过快和当代道德价值体系建构的相对滞后，其在根本上可能是对最基本伦理信念的错误定位，更多的则是我们在道德取向上持有尖锐和自相矛盾的道德信仰，而这个危机正是现代社会"人本主义"之"危"和后现代社会"生态主义"之"机"。道德信仰生成只有从个体与社会的内在联系和承认关系及其互动性中才能得到逻辑思维方面的合理解释。

（一）道德信仰的承认理论

在社会生活现实中，青少年的个人自我实现需要同主体间承认关系联结起来，不仅需要在生产过程中将自己的能力对象化，而且要在情感上承认全体互动伙伴，因为这是青少年有所需要的共在主体。在青少年期，对青少年发展进步负责的道德力量就是为了（家庭、学校、社会的）承认而斗争。青少年道德信仰认同可以从阿克塞尔·霍耐特所描述的一种以承认理论为基础的伦理概念中得到一些启示。霍耐特承认理论以实践的自我关系为中介，通过一种未被扭曲的自我关系，建构了基于爱、法律和团结三种形式的承认道德观，很好地处理了同一性与差异性、共同体与个人之间的关系，为青少年道德信仰提供了"从自我认同到对等认同再到群体认同"的认同逻辑支撑和"由可信之信到确信之信再到信信与共"的道德理论观照，对于社会道德秩序建构和人们追求美好生活具有重要理论和实践意义。

第一章 道德信仰的认同逻辑

霍耐特是哈贝马斯的亲炙弟子,2001年3月接替弗里德堡担任法兰克福大学社会学研究所所长,成为该研究所的"第三代"核心人物,在当代社会哲学和政治哲学领域有着广泛的影响。霍耐特沿着黑格尔提出的一种"为承认而斗争"的观念,从黑格尔、米德、哈贝马斯等人那里汲取重要思想源流,在他的教授资格论文基础上完成了其经典著作《为承认而斗争》,从承认领域、承认模式、承认原则等方面阐明一种具有规范内容的社会理论,形成了极具后形而上学语境的承认理论。霍耐特认为:"任何一种力求把福柯历史著作的社会理论内涵整合到交往行为理论架构中的努力,都必须依赖于具有道德动机的斗争概念。"① 他指出:"有可能出现一种未被歪曲的自我关系,它们都依赖于承认的三种形式:爱、法律和团结。……与承认的三种形式相对应,也存在着三种蔑视形式,每一种蔑视可以说都是激发社会冲突的行为动机。"② 蔑视是承认关系的否定等价物,意味着社会行为者被拒绝承认。霍耐特认为,与承认形式相对应的蔑视形式包括虐待、剥夺权利和侮辱,蔑视的体验是社会反抗的道德动机。通过道德的发展过程,相互承认的规范潜能就会在理想化的社会斗争中展现得淋漓尽致,社会对抗和社会冲突就可以依据为承认而斗争的道德模式来理解了。

霍耐特的承认理论不仅嫁接和改造了黑格尔的"为承认而斗争"的重要思想,而且继承、延展了哈贝马斯的主体间交往行为理论的规范性。这种兼容并蓄的理论建构模式,一方面,将个体的"自我持存"整合到"道德规范"之中,把"人人为敌"的自然状态转化为"主体间相互承认"的伦理生活;另一方面,明确了所有社会交往行为活动的规范性的前提共识是获得社会的道德承认。"道德角色是在承认关系的发展(Entfaltung)过程中赋予它

---

① 〔德〕阿克塞尔·霍耐特:《为承认而斗争》,胡继华译,上海:上海人民出版社,2006,第5页。
② 〔德〕阿克塞尔·霍耐特:《为承认而斗争》,胡继华译,上海:上海人民出版社,2006,第5~6页。

们的。"① 主体间的互动在普遍性地经历爱、法律和团结三种承认形式的道德发展，相应地构成家庭、社会和国家三个社会伦理阶段。霍耐特承认理论以实践的自我关系为中介，通过一种未被扭曲的自我关系，建构了基于爱、法律和团结三种形式的承认道德观，很好地处理了同一性与差异性、共同体与个人之间的关系。霍耐特承认理论克服了原子化个人主义的弊端，把目标指向价值共同体的团结，并把团结建立在道德基础之上，通过主体自我同一性和人格完整性的实现，使得主体在实践自我关系中，在情感关怀上得到支持、在法权诉求上获得尊重、在社会交往中受到重视。

（二）道德信仰的承认关系

社会整合过程就是社会行为主体之间"为承认而斗争"，"从整体上说，爱、法律和团结，这三种承认形式构成了人类主体发展出肯定的自我观念的条件。因为，三种承认形式相继提供了基本的自信、自尊和自重，有了它们，一个人才能无条件地把他自己看作独立的个体存在，认同他或她的目标和理想"②。霍耐特承认理论把主体间交往的三种模式归结于德性生活，为道德信仰提供了"由可信之信到确信之信再到信信与共"的道德理论观照，同时，指明了道德信仰"从自我认同到对等认同再到群体认同"的认同逻辑进路，表达了对获得成功生活的规范普遍性与和谐社会道德秩序建构的无限美好向往。

1. 原始关系的承认

原始关系是指具有本源性的爱的关系，在霍耐特那里这种关系不仅限于男女之间具有性别含义的关系，而被理解为包含友谊关系、父（母）子（女）关系和情侣之间的爱欲关系模式构成的一种本源关系。这种本源关系取决于独立性和依赖性之间的微妙

---

① 〔德〕阿克塞尔·霍耐特：《为承认而斗争》，胡继华译，上海：上海人民出版社，2006，第175页。
② 〔德〕阿克塞尔·霍耐特：《为承认而斗争》，胡继华译，上海：上海人民出版社，2006，第175页。

平衡，其主体间彼此以爱的需要为具体特征，并且在情感上相互依赖、相互支持。对爱这种原始关系的承认兼有情感认可和情感鼓励的性质，代表了相互承认的自我认同阶段。

原始关系的承认形式表现为广义的爱，其在人格维度体现的是情感关怀。作为第一种主体间承认形式，情感关怀之爱被理解为在他者中的自我存在，使得主体间在互动关系中拥有归属感。"人与人之间任何一种强大的精神维系，都敞开了一种可能性，人们就像婴儿依赖母亲的情感关怀，也能够以轻松自由的方式实现双方的自我联系。这个观点可以说是一种系统的要求，认为成功的母子关系是一种互动模式；这个模式在成人生活中的成熟再现，表明他们与他者之间成功的情感维系。"① 爱是人类所特有的心理现象，表现为主体在相互承认过程中发生发展的一种高级而复杂的强烈内心体验，在爱的关系维系中需要原则具有优先权。与第一种承认形式——爱相对应的第一种蔑视形式是虐待，这种情形深深地扎根于那些肉体虐待的经验中，使人的身体完整性受到暴力伤害，严重摧毁着一个人的基本自信。爱作为互动关系，不仅是道德信仰认同转化道德行为的关键环节，而且形成了一种特殊的相互承认模式的基础。道德的根本动因就是尽其所能地避免更大的恶——社会的瘫痪与崩溃，进而有意识地促进带来更大的善——社会的繁荣与发展，最大限度地实现人们的利益和幸福。人们情愿发生某种道德行为的原因在于这种行为具有爱的力量和情感关怀，能给互动主体带来愉悦感和幸福感。

爱这种强烈的精神纽带在人们的原始关系承认中，维系和满足着人们的原始需要和原初情感，使主体在实践的自我关系中获得了对象化、身份化认同，这是主体保持基本自信的道德前提。爱的承认形式相应地构成家庭伦理阶段。马克思、恩格斯是这样

---

① 〔德〕阿克塞尔·霍耐特：《为承认而斗争》，胡继华译，上海：上海人民出版社，2006，第112页。

来说明家庭本质的:"每日都在重新生产自己生命的人们开始生产另外一些人,即繁殖。这就是夫妻之间的关系,父母和子女之间的关系,也就是家庭。"① 可见,家庭是人类两性共同生活的组织形式,它是以婚姻关系为基础、以血缘关系为纽带而组成的人们生活的共同体,是人类自身生产得以进行的形式。家庭作为一种生活共同体是以情感为纽带的,情感关怀是家庭的重要功能之一。家庭之爱可以提供愉悦的精神享受和无穷的精神动力,使家庭成员消解心理与精神上的困惑,获得足够自信。家庭在满足个体情感关怀需求方面的功能具有直接性、长期性和强烈性,是其他社会组织所无法比拟和不可替代的,这源于家庭与个体关系的原发性、共生性和紧密性。爱作为一种共生状态,它既是一种美德,又是一种能力——化腐朽为神奇的能力。作为婚姻共同体和血缘共同体的统一,家庭这种特殊组织方式决定了其家庭美德的基本原则只有一个,那就是"爱"。

2. 法律关系的承认

法律关系是爱的关系的延展和补充。"只有采取'普遍化他者'的立场,让他教会我们承认共同体的其他成员也是权利的承担者,我们才能在确信自己的具体要求会得到满足的意义上把自己理解为法人。"② 爱的关系是一种私密情感关系,在其承认关系中需要独立存在与融入他者、"自我相关性"与共生状态的原始融合平衡,因而不能覆盖到更多的互动主体。依据普遍主义道德概念,主体只有走出爱的关系,才能在法律关系中寻求更为广泛的主体认同。在现代社会中,当主体走出爱的私密空间步入社会,就进入以平等的法律保障为主导规范的权利关系,主体就会享有法律规定的平等自由权利。对法律关系的承认,使主体意识到对他人的规范性义务并把自己理解为权利的承担者,这就进入了主体间的对等

---

① 《马克思恩格斯选集》(第一卷),北京:人民出版社,1992,第33页。
② 〔德〕阿克塞尔·霍耐特:《为承认而斗争》,胡继华译,上海:上海人民出版社,2006,第115页。

认同阶段。

法律关系的承认形式表现为权利,其在人格维度体现的是道德义务。作为第二种主体间承认形式,法律保障使人们从公民之间的平等权利和同等尊严关系之中获得法律承认,使得主体间在互动关系中获得足够的安全感。所谓权利就是对主体需要满足的肯定和认同,也是主体获得普遍承认、谋求自身利益的合理性根据。从此种意义上说,对"个人意志自由"普遍尊重是权利不可或缺的中心内容,也是道德义务赖以存在和实现的最深厚的根源,在由法律形成的关系之中平等原则具有优先权。与第二种承认形式——权利相对应的第二种蔑视形式是排斥(剥夺权利),这种情形使得个体未能享受一个成熟合格的、平等地赋有道德权利的互动伙伴的地位,以剥夺权利和成员资格的形式伤害人的基本自尊。"要把每一个人都当作个人来承认,就必须以一种在道德上受个人特征强制的方式对全体个人采取行动。"[①] 因此,对独立的个人必须保持的法律义务具有道德认识,而且道德义务总是或多或少地以让渡权利和牺牲自我为前提。对法律关系的承认旨在强化一种规范性社会要素,它不以获得某种相应的权利或好处为目的,而是为了更好地调整社会道德关系,净化社会道德风气,养成高尚道德品质。

权利在人们对法律关系的承认中,其公共性为互动伙伴所承认并且普遍化,使得主体在认识上获得自我尊重。"随着在法律上诉诸权利的选择活动,个体现在获得了一种象征的表达手段,其社会有效性每次都能向他显示出来,以至于他们普遍地作为道德责任个人而相互承认。"[②] 权利是互动伙伴彼此相互承认和尊重的产物,承认是权利产生的条件,尊重是权利实现的保证。权利的

[①] 〔德〕阿克塞尔·霍耐特:《为承认而斗争》,胡继华译,上海:上海人民出版社,2006,第119页。
[②] 〔德〕阿克塞尔·霍耐特:《为承认而斗争》,胡继华译,上海:上海人民出版社,2006,第126页。

存在有赖于互动伙伴主体间的相互尊重，权利实现的内在动力也正是主体之间对正当权利的相互尊重。权利的承认形式相对应地构成社会伦理阶段。权利公平是社会和谐的重要基础。实现权利公平就要充分保障每个公民的知情权、参与权、选择权和监督权，使得公民能够依法行使民主权利；保证立法权的公平，消除部门利益立法和背离公共意志的立法倾向；保证司法过程的公平，做到有法必依，执法必严，违法必究，维护司法公正。"人都是在法律的强迫之下，才走到正义这条路上来的。"① 法律关系维护权利公平，既要使所有公民依法平等地行使权利和履行义务，任何公民不能被排除在法律所赋予的权利之外，又要限制凌驾于法律之上或超然于法律之外的任何特权，使一切权利主体享有相同或相等的权利，还要维护所有公民的合法权利，保障所有公民不会受到歧视。

3. 价值关系的承认

价值关系体现的是主体间在法律关系获得普遍有效性承认基础之上的社会尊重。"为了能获得一种未扭曲的自我关系，人类主体除了情感关怀和法律承认的经验之外，还永远需要一种允许他们积极地与其具体特征和能力相关联的社会重视形式。"② 法律关系的承认主要解决的是人之为人的一般特征，但是随着社会结构从传统社会向现代社会的深刻转型，人们对社会尊重的认识不再以集体特性为价值取向，而是转向个体生命历史发展能力，开始以一般方式来表达人类主体的个性差异。对价值关系的承认，使每个个体能够认识到社会价值共同体中的一员，其自身价值为价值共同体其他成员所承认，这种自豪感（自我价值感）意味着主体间承认的群体认同阶段。

---

① 〔古希腊〕柏拉图：《理想国》，郭斌和、张竹明译，北京：商务印书馆，1986，第47页。
② 〔德〕阿克塞尔·霍耐特：《为承认而斗争》，胡继华译，上海：上海人民出版社，2006，第127页。

价值关系的承认形式表现为团结,其在人格维度体现的是个体生命的特性和能力。作为第三种主体间承认形式,团结表现为主体间对等尊重而又相互参与不同生活方式的互动关系。"只有自我和他者共有一种价值和目标取向,彼此显示出他们的品质对他者生活的意义和贡献,他们才作为个体化的人相互重视。"① 社会成员通过走向共同目标的构想,并且互相地把他人的特性和能力视为对共同实践有意义,就会形成一个价值共同体。在现代社会条件下,"为了获得成功生活的规范普遍性,始于个人完整性主体间条件的努力,最终也必须包罗相关于社会团结的承认模式,而团结只能从集体共同的目标中产生出来"②。社会团结的前提是个体化主体间对等重视的社会关系,在每一个个体都有能力自重的程度上,社会团结才真正有意义,在价值关系承认中贡献原则具有优先权。与第三种承认形式——团结相对应的第三种蔑视形式是诽谤侮辱,这种情形使得主体受到人格贬黜和心灵伤害,它以个体的社会价值被否定性对待的形式伤害人的基本自重(自豪)。作为一种道德规范,团结的社会功用在于使社会群体具有凝聚力和向心力进而在意志、行动、情感上和谐统一。"天时不如地利,地利不如人和"③ 说的就是团结的强大威力和丰厚回报。团结的基础是共同理想,只有"志同道合"才能团结一致,并保持各自个性差异,发现各自的优点、发挥各自的潜能,促进个体与群体共同进步。

团结在人们对价值关系的承认中表现为个体为社会重视而进行竞争的群体关系。"只有作为一个整体的群体才能感到是社会重视的受众。这种承认经验允许个体获得的实际自我关系就是一种

---

① 〔德〕阿克塞尔·霍耐特:《为承认而斗争》,胡继华译,上海:上海人民出版社,2006,第127页。
② 〔德〕阿克塞尔·霍耐特:《为承认而斗争》,胡继华译,上海:上海人民出版社,2006,第185页。
③ 《孟子·公孙丑下》。

群体自豪感或集体荣誉感。"① 只要个体遵循团结合作路线而被组织起来,那么在价值关系中个体就会被允许获得社会尊重;同时,社会结构的深刻转型和以集体目标为框架的社会劳动分工共同导致并推动了团结的力量,这大大提高了主体获得社会尊重和自我实现的可能性,以至于个体差异和集体差别的经验逐渐成为一系列政治运动的动力。"群体价值又是从社会地位决定的对现实社会目标所作的集体贡献的程度中浮现出来的。"② 这种贡献是精神与物质的双重付出、人格魅力和道德信仰的高度统一,既表现为一种真诚自愿的道德行为,又表现为一种纯洁高尚的价值追求。贡献既是一种付出,也是一种回报。人生的真正价值在于奉献,人只有在贡献中才能实现自我。一个人为集体每做出一点贡献,生命的价值就会得到一次升华。贡献于国、于家、于人、于己都是一件好事、乐事。马克思以他自己奉献的一生,实践着他在青年时代立下的道德准则:"如果我们选择了最能为人类而工作的职业,那么,重担就不能把我们压倒,因为这是为大家作出的牺牲;那时我们所享受的就不是可怜的、有限的、自私的乐趣,我们的幸福将属于千百万人,我们的事业将悄然无声地存在下去,但是它会永远发挥作用,而面对我们的骨灰,高尚的人们将洒下热泪。"③

(三) 道德信仰的认同模式

道德信仰在本质上是人的完整性在道德生活的价值导向,人们所持有的道德信仰反映的正是人类所关心的承认关系。霍耐特在《为承认而斗争》一书中,沿着黑格尔、米德、哈贝马斯等人的思想源流,体系再现地分析了社会承认关系的结构。在霍耐特看来,道德角色是在承认关系的发展过程中被赋予的,在道德的

---

① 〔德〕阿克塞尔·霍耐特:《为承认而斗争》,胡继华译,上海:上海人民出版社,2006,第133页。
② 〔德〕阿克塞尔·霍耐特:《为承认而斗争》,胡继华译,上海:上海人民出版社,2006,第129页。
③ 《马克思恩格斯全集》(第一卷),北京:人民出版社,1995,第460页。

发展过程中,"爱、法律和团结,这三种承认形式构成了人类主体发展出肯定的自我观念的条件"[①],社会整合过程就是社会行为主体之间"为承认而斗争"。霍耐特这个极具后形而上学语境的承认理论,把主体间交往的三种模式归结于德性生活,从爱的需要、受尊重的需要和自我实现的需要三个维度,为道德信仰提供了"从情感认同到权利认同再到价值认同"的逻辑进路。

1. 情感认同——在他者身上的自我存在

道德信仰在个人品性上表现为以道德情感为初始引发的道德良心,它源于具有本源性的爱的承认关系。爱是人类所特有的一种高级而复杂的强烈内心体验,在爱的关系维系中需要原则具有优先权。"爱"这种心理现象是一种原始关系的承认形式,其在人格维度体现的是道德需要和情感关怀。在这里,"爱"是一种超越了男女之间具有性别含义的关系,这种本源关系被理解为类似母子关系的"在他者身上的自我存在",它兼具情感认可和情感鼓励性质,代表了道德信仰认同的第一个阶段。道德信仰在承认方式上需要道德情感上的关怀支持,作为"在他者身上的自我存在",原始关系的"爱"使主体在同时拥有独立存在和融入他者的经验基础之上,能够以轻松自由的方式实现主体间双方的自我联系,并获得了对象化、身份化的情感认同,这也使得主体在实践的自我关系中保持基本自信。道德信仰不论在逻辑上还是在发生学上都需要爱的力量和情感关怀,人们情愿发生某种道德行为的深层原因就在于爱的关系所折射出来的"自我相关性"和主体间的共生状态以及由此带来的愉悦感和幸福感。

2. 权利认同——普遍化他者

依据普遍主义道德概念,法律关系被理解为全体社会成员普遍利益的表达,它是通过采取"普遍化他者"的立场去增长社

[①] 〔德〕阿克塞尔·霍耐特:《为承认而斗争》,胡继华译,上海:上海人民出版社,2006,第175页。

幸福总和的，在法律的承认关系当中不允许存在任何特权和例外。"人都是在法律的强迫之下，才走到正义这条路上来的。"① 法律关系是爱的关系的延展和补充。由于爱的关系具有道德优选主义要素，它不能超越基本的社会关系领域，所以，主体要获得普遍化的道德尊重，就必须走出爱的关系，去到法律关系中寻求互动伙伴之间的自由与平等。法律关系的承认形式是权利，其在人格维度表现为道德义务，代表了道德信仰认同的第二个阶段。基于法律关系的权利意味着对"个人意志自由"普遍尊重，以至于主体必须以一种在道德上受个人特征强制的方式对全体个人采取行动，并普遍地作为道德责任个人而相互承认。道德信仰在承认方式上需要法律认识上的基本尊重，在法律关系的承认经验中，"普遍化他者"意味着自己要想成为权利的承担者就必须对他者承担义务，这使主体获得了普遍化、解构化的权利认同，也使主体在实践的自我关系中获得自我尊重。

3. 价值认同——集体荣誉感

为了能获得一种未扭曲的自我关系，人类主体在获得基本自信和自尊的经验之外，开始以一种主体间强制的方式表达个性差异，个人的成就和能力将在其他社会成员那里得到价值关系承认。当个体获得的实践自我关系只有作为一个整体的群体才能受到社会承认时，集体荣誉感也就进入社会重视的竞争领域了。集体荣誉感使每个成员都意识到彼此间对等重视，也使得社会群体在互动形式上获得团结关系的性质。价值关系的承认形式是团结，其在人格维度表现为特性和能力，代表了道德信仰认同的第三个阶段。"为了获得成功生活的规范普遍性，始于个人完整性主体间条件的努力，最终也必须包罗相关于社会团结的承认模式，而团结

---

① 〔古希腊〕柏拉图：《理想国》，郭斌和、张竹明译，北京：商务印书馆，1986，第47页。

只能从集体共同的目标中产生出来。"① 基于价值关系的团结意味着社会成员因为共同目标和共同实践形成一个价值共同体,在这个群体中每个成员都有能力依据社会价值相互评价,每个成员只有主动关怀其他成员的个性特征与能力的发展,群体的目标才能得以实现。道德信仰在承认方式上需要社会交往中的对等重视,在价值关系的承认经验中贡献原则具有优先权,"集体荣誉感"意味着个体要获得"荣誉"就必须使自己融入集体之中并成为对社会有价值的个体存在,这使主体获得了个体化、平等化的群体认同,也使主体在实践的自我关系中获得自我价值感。集体主义是建立在唯物史观基础上的人的两重属性即个体性与社会性的和谐论者,这一方面体现在对正当的合法的个人利益的尊重、关注和保护,并不否认个人的作用,也不会漠视个人利益,另一方面体现在集体利益的正当性和优先性是社会共同利益的需要,这是一种基于把许多个人内在地联系起来的普遍性和"类"需要。

正确对待"集体荣誉感",需要对"真实的集体"和"虚幻的集体"有个清醒的认识。任何无视集体利益的个人主义和以个人名义否定集体,最终必然会导致个人利益受到损害,同样,一味强调集体利益而忽视个人利益,随意地以集体名义压制个人,集体就会失去凝聚力和生命力。马克思在对"虚幻的集体"进行深刻批判基础上描述了"真实的集体"的基本轮廓,他一针见血地指出,"从前各个个人所结成的那种虚构的集体,总是作为某种独立的东西而使自己与各个个人对立起来……在真实的集体的条件下,各个个人在自己的联合中并通过这种联合获得自由"②。从道德视角审视个人与集体的关系,"虚幻的集体"总是拘泥于"机械团结"——同质性个体的松散结合,在这样的集体中,集体利益压制甚至排除个人利益,往往是有些人假借集体之名而谋个人

---

① 〔德〕阿克塞尔·霍耐特:《为承认而斗争》,胡继华译,上海:上海人民出版社,2006,第184~185页。
② 《马克思恩格斯文集》(第一卷),北京:人民出版社,2009,第119页。

之实。个人与集体的关系紧张，既无法产生真实的集体，也很难培养健全的个人。"真实的集体"是自由人的联合体，是建立在相互依赖基础上的"有机团结"——异质性个体的有机结合，这个集体必须旗帜鲜明地维护个人的正当利益。培养集体主义观念是社会主义道德教育的根本任务与核心内容，要正确处理个体之我与集体之我的辩证关系。

三 道德信仰的思维工具与概念隐喻

道德信仰蕴含"自我与他者的对称性"的理论品质和实践智慧，要求我们以不偏不倚的观点去进行道德思维，从可普遍化视角去理解和考虑每个人的利益。道德信仰涉及自我与他人的承认关系，道德行动表面上关系到促进他人的利益，但实际上也有利于促进行动者自身的幸福，人们情愿道德地生活正是"为承认而斗争"。道德信仰究竟能在何种程度上为人们所接受，有赖于道德语言能否被人们熟练巧妙地运用，也需要对道德思维的认知方式与认同模式进行理性反思。道德信仰与人们关于利益、幸福和责任的基本经验有关，由义利关系、德福关系和群己关系的隐喻而触发的一系列因果关系的概念化，为我们全景式、链条化地展示了道德信仰是如何由概念隐喻的复杂系统建构而成的。

(一) 道德语言：道德信仰的思维工具

道德语言是人们的道德生活中一个不可或缺的思维工具，既具有"描述性意义"，同时也具有"评价性意义"。一种道德原则与规范能否最终为人们所接受，在根本上说，取决于它能否正确反映道德关系的本质，是否符合社会发展规律和适应生产力发展水平；但与此同时，这种道德原则与规范究竟能在何种程度上为人们所认同接受，很大程度上取决于道德语言能否被熟练巧妙使用。在行为问题日益复杂而令人烦恼的现实生活中，道德语言的混乱，不仅导致道德理论上的纠缠不清，而且会导致道德实践中不必要的选择困惑。对道德语言表达的澄清,有助于避免和消除道德教育中因语言模糊和表达不当所造成的道德认知分歧、道德观念曲解谬传。

1. 道德赞同——道德语言的规定性

道德语言在作用上表现为一种规定性语言,而不是纯粹的主观情绪表达。道德语言的规定性体现在其通过回答"我们应该做什么"的问题来指导我们的行为。在黑尔看来,如果主体认同"我应当做 X"这一判断,那么他就必须同时认同"让我做 X"这一命令。道德语言兼具"描述性意义"和"评价性意义",这就使其具有科学性(描述事实)和实践性(指导行为)的基本特征。道德语言的主要使用旨趣在于帮助人们进行价值判断,指导人们做出行为选择和原则决定。但是,价值判断也有道德判断与非道德判断之分,恰如"善""好的""正当""应当"等价值词均有道德用法与非道德用法一样,这两类判断、两种用法之间是有所差异的。价值词的非道德用法广泛运用于各个方面各种事物,而价值词的道德用法限定于人的品格与行为。道德语言蕴含一定的道德逻辑规则,这是一个道德推理的三段论模型:(1)大前提是一种行为原则(全称祈使句:在某种情境下,所有人应当做某种行为);(2)小前提是一种事实陈述(陈述句:某主体处于该情境下);(3)结论是一个道德判断(单称规定:该主体应当做这种行为)。我们应注意道德语言与命令在逻辑上的区别,尽管二者同属规定语言,但是道德语言既不是一种诉诸情感的命令,也不存在任何直接的说服和劝告的企图。"在逻辑上说,吩咐某人去做某事的过程与使他去做某事的过程是完全不同的。"[①] 道德语言就是要对某一确定的实践表达一种"道德赞同"态度——"认为"其正当的气质倾向,而这种想法可能是由我们的某些行为方式显露出

---

① 〔英〕理查德·麦尔文·黑尔:《道德语言》,万俊人译,北京:商务印书馆,2005,第17页。

来，这是主体道德需要的内在理性逻辑的表达，是一种听从于自我内心的神圣的道德法则。

2. 想象成为他人——道德语言的可普遍化性

道德语言又是一种可普遍化性语言。黑尔的可普遍化性命题是一个假言判断，也就是说，如果某个人同意了一个道德判断，那么这个人就同意了接受一个普遍原则的指导。在这里，黑尔的观点是"想象成为他人"，就是说想象"我"之个体失掉现实中的全部普遍属性，但具有了"他"之个体的全部普遍属性。黑尔在论证道德语言的可普遍化性规则时一再表明，他的命题不是道德命题而是一个逻辑命题，在这里，所有道德判断都蕴含着普遍原则，但这个普遍原则不是主张"被普遍接受的道德原则"，也不要求某种道德原则被普遍接受，更不是说所有道德原则都是被普遍接受的。"道德语言最重要的效用之一就在于道德教导。"[①] 道德教育首先表现为教育者对道德知识之"教"（传授）和受教育者对道德需要之"学"（习得），这对道德教育交往行为中的道德语言有效性提出要求。道德语言的目的在于达到道德认同、达成道德共识，而这种认同与共识是以道德判断的可普遍化性相应的有效性要求的认可为基础的，它要求公正地关切所有利益相关者。所以，如果一个人赞同"在这个事例中，行为 X 是应当做的"这个判断，那么，不论他在其中扮演任何角色，都必须赞同这个判断适用于所有普遍属性相同的事例。

3. 主体间的对话、交谈——道德语言的有效性要求

道德语言是道德主体存在之家，道德语言只有被主体所接受和理解，才会真正对主体的道德思维发挥作用。马克思在《德意志意识形态》中谈到"语言是一种实践的、既为别人存在因而也为我自身而存在的、现实的意识"[②]。道德语言是人类内在德性气

---

① 〔英〕理查德·麦尔文·黑尔：《道德语言》，万俊人译，北京：商务印书馆，2005，第6页。
② 《马克思恩格斯文集》（第一卷），北京：人民出版社，2009，第533页。

质的主体性彰显，又是主体间道德领域中交往的基本形式。道德实践主要是通过道德言说、对话、交谈、讨论等过程展开的，在道德判断层面，道德语言涉及描述、表达和规范的相互关系。哈贝马斯提出了以主体间的对话、交谈为重要方面的交谈伦理学，他认为，交往行为中的"言说"包含着四个方面的有效性要求：（1）合乎语言规则的可理解性；（2）事实陈述的真理性；（3）道德规范的正当性；（4）内心表达的真诚性。这里的"有效性"是指，言说的内容、态度和方式只有在合道德性时才是本真意义上的言说行为。如果把主体的德性人格看作主体境界的话，那么真正的"言说"既不是语言本能，也不是思想本质，而是道德行为，是主体间的伦理关系，在个体维度上表现为主体德性的养成，在社会维度上表现为道德秩序的维护。所以，道德教育要遵守道德语言的规则，以概念的清晰性、描述的形象性来增强道德言说的可理解性，以内容的规定性和形式的可普遍化性来增强道德言说的真理性，以规范的共识性和表述的逻辑性来增强道德言说的正当性，以交往的互动性和参与的平等性来增强道德言说的真诚性。道德教育的根本使命是使受教育者成为有德之人，使人们过上富有道德意义的生活。道德语言是人格和德性在社会历史进程中的应然、实然与必然的统一，道德言说是"说"与"在"、"言"与"行"的统一。纠正道德停滞和语言腐败的方法，就是学会按照原来设计道德语言的目的来使用道德语言。"要在道德上成熟起来……就是要学会使用'应当'语句，并认识到'应当'语句只有通过诉诸一种标准或一组原则才能得到检验，而我们正是通过我们自己的决定而接受并创造我们自己的这些标准和这些原则的。"[1] 道德教育不仅要学会言说我们赞成的道德原则，还要学会践行我们赞成的道德原则，要做到由表及里、言传身教、知行合一，以道德思维去发动良知，

---

[1] 〔英〕理查德·麦尔文·黑尔：《道德语言》，万俊人译，北京：商务印书馆，2005，第188～189页。

以道德语言去发现良心，以道德信仰去发挥良能。

（二）道德隐喻：道德信仰的概念隐喻

我们在思考和表达道德何以信仰时，会发现概念隐喻被广泛地使用，正是日常生活中的一些基本经验引发了道德隐喻。道德隐喻的建构与解读，主要是基于意象图式、具身感知和认知语境三个维度，对道德认知、道德情感和道德意志进行概念隐喻的，这有助于加深我们对道德信仰的理解、认同和接受。理解、建构和表达道德这个抽象概念，需要借助道德隐喻将已知的、熟知的具体概念领域（始源域），映射到道德这个不易理解和感知的抽象概念领域（目标域）。道德隐喻是研究道德新情况、新现象和新问题的一个重要方式和有力工具，有助于加深我们对道德信仰、道德思维和道德问题的理解与反思。

1. 概念隐喻与思维认知

隐喻是一种自然现象，无论是在语言和行为上还是在思维和思想中，日常生活中隐喻无处不在、无时不有。隐喻不仅仅是语言的修饰和名称的转用，而且是人类普遍的认知模式和思维方式。"隐喻的本质就是通过另一种事物来理解和体验当前的事物。"[①] 对隐喻的理解和表达，既要重视词语和句子的层面，又要关注其在话语层面与认知、情感、意象、行为过程的关系互动。隐喻涉及始源域和目标域两个心理空间，其在本质上是一种心理假设和心理映射。隐喻作为一种认知手段和思维方式，借助此事物与彼事物之间的外在表象联系或内在特性关联，将此事物映射、延展到彼事物上，实现从始源域向目标域的跨越，使人们对意义、真理和思维的本质有更新的认识、更深的理解。"隐喻之所以给人以惊奇感、新颖感，也恰恰是因为隐喻把两个本来相距遥远的东西放在一起，隐喻实质上利用了两个事物之间的相似性。"[②] 隐喻研究

---

① 〔美〕乔治·莱考夫、马克·约翰逊：《我们赖以生存的隐喻》，何文忠译，杭州：浙江大学出版社，2015，第3页。
② 汪堂家：《哲学的追问》，上海：复旦大学出版社，2012，第183页。

经历了从"替代论"和"比较论"到"互动论"和"映射论"再到"概念合成论"的理论发展历程,这是隐喻从修辞学的一种修辞格发展成为人类学的一种认知方式的历史演进轨迹,使隐喻从偏重修辞形式的语言分析转向对语言、思维、社会和文化的积极认知,从而使其与人类的认知方式和思维机制结合起来,进而寻求人类活动深层的、内在的心理机制、思维规律、文化基因。

"概念隐喻"这个术语是乔治·莱考夫和马克·约翰逊在1980年出版的《我们赖以生存的隐喻》中首次提出的,这也开启了隐喻研究的新领域、新境界。莱考夫和约翰逊在书中指出,概念系统是我们赖以生存的基础,它建构了我们的感知系统和思维能力,构成了我们的生存方式和人际关系。"隐喻只能通过概念的经验基础来帮助理解概念。"[1] 概念系统大部分是隐喻的,我们平时并不一定能够意识得到,但它在我们的日常生活中无处不在,而且支配和管辖着我们的语言、思想和行动,乃至一些细枝末节的平凡琐事。人们能够系统地使用从一个概念域来思考另一个概念域的推理模式,这种能以跨域的系统对应方式支配概念形成和运作的思维现象就是"概念隐喻"。在他们看来,"我们最根本的想法,不只是时间,而是事件、因果关系、道德、自我等,几乎完全是由概念隐喻的复杂系统建构的"[2]。人类生活中的概念系统是通过隐喻建构起来的,换言之,日常概念系统在本质上都是隐喻的。在隐喻映射关系中,目标域可能在字面上出现空缺,但始源域是须臾不可或缺的,离开始源域的隐喻将会是无源之水、无本之木。

概念隐喻是人类思维和交往的自然组成部分,它不仅根植于人们的身体和文化之中,而且影响着人们的经验和行为,为我们如何建构思维描绘了更为清晰的图景和提供了极具说服力的逻辑

---

[1] 〔美〕乔治·莱考夫、马克·约翰逊:《我们赖以生存的隐喻》,何文忠译,杭州:浙江大学出版社,2015,第17页。
[2] 〔美〕乔治·莱考夫、马克·约翰逊:《我们赖以生存的隐喻》,何文忠译,杭州:浙江大学出版社,2015,第216页。

表达。概念隐喻突破了传统隐喻的辞格观，更加关注人类思维层面的认知方式，重点强调概念的隐喻本质和隐喻的认知功能。乔治·莱考夫和马克·约翰逊把概念隐喻人为地划分为方位隐喻、本体隐喻和结构隐喻三种类型，正如他们所说，"所有的隐喻都是结构隐喻（它们将结构映射到另外的结构）；也都是本体隐喻（它们创建目标域实体）；许多隐喻也都是方位隐喻（它们映射空间图式）"[1]。方位隐喻借助空间方位为人们理解抽象概念提供了完整的框架；本体隐喻借助物质物体把抽象概念实体化来描述人类的共同经验；结构隐喻借助概念结构把隐藏在人类思维深层中不易被察觉的经验突出和完整地揭示出来。概念隐喻的建构与解读，可以从方位隐喻、本体隐喻、结构隐喻三个维度切入，通过探视始源域的实现方式，深入了解把握概念隐喻的表征维度和心理机制。

2. 道德信仰的方位隐喻

方位隐喻以空间为始源域，通过组织一个相互关联的空间概念提供一个空间方位的概念。方位概念是人们与大自然相互作用、可以直接理解的概念。人们将具体的方位概念投射于身体状况、情绪状态、社会地位等抽象概念上，用空间方位来体现不同的身体经验、时间经验和文化经验。有关"上－下、高－低、大－小、中心－外围、长－短、宽－窄、厚－薄"的方位隐喻都与人们拥有的世界知识、身体基础和社会经验有关。乔治·莱考夫和马克·约翰逊认为，方位隐喻并不是随意安排和任意表征的，它与空间方位概念在多大程度上与人的经验相吻合有关，扎根于我们的物理环境、具身认知和文化经验之中。例如，在"心情高兴为上/情绪低落为下"的方位隐喻中，身体基础可以为隐喻建构提供启发性、合理性的解释，向上扩展的姿势通常用来表达愉悦的、积极的情感状态，而向下低

---

[1] 〔美〕乔治·莱考夫、马克·约翰逊：《我们赖以生存的隐喻》，何文忠译，杭州：浙江大学出版社，2015，第227页。

垂的姿势往往与郁闷伤感联系在一起。

道德信仰在认知维度上多从方位隐喻视角来进行意向表征，尽管会因文化不同而存在差异，但基本上还是与人类的经验基础相吻合的。道德信仰的方位隐喻存在诸多身体和社会基础，这些典型的能被直接理解的空间概念是基于身体经验和文化经验的，在道德认知和道德信仰形成中居于经验前景化的基础地位。在道德认知中，存在"道德为上/堕落为下"的方位隐喻。有道德的方位表征是"向上"维度，即"高、大、上、长、宽、厚"，描述有道德的人或事常用的褒义词语和积极评价有：高尚、高风亮节、大度、大仁大义、上进、上善若水、长处、浩气长存、宽恕、宽宏大量、厚道、忠厚仁义等。不道德的方位表征是"向下"维度，即"低、小、下、短、窄、薄"，形容缺德之人或事常用的贬义词语和消极评价有：低俗、低级趣味、小人、小肚鸡肠、下流、下贱、下三烂、短处、短浅、心胸狭窄、冤家路窄、浅薄、薄情寡义等。在英语中，"high, large, up, long, wide, thick"常与有道德的人或事联系在一起，"low, small, down, short, narrow, thin"常与缺德之人或事联系在一起。因为身体基础与社会基础、文化基础的连贯性和相关性，"高-低、大-小、长-短、宽-窄、厚-薄"等也表现出与"上-下"方位隐喻的一致性。道德信仰的方位表征是一种复杂的语言现象和文化现象，既具有一定的社会性和广泛性，又具有一定的民族性和地域性，尽管不同民族、地域文化不同会导致某些方位概念被赋予不同的方向性，但是，大多数道德信仰的方位表征惊人地相似。

方位隐喻为道德认知表达提供了基于意向图式的逻辑性共识，这种共识源于"善为上，恶为下"的物理经验基础。善恶是道德标准的逻辑本源，善恶矛盾也是道德领域最基本的社会现象。"善"即"好"，意味着"道德高尚"，而"好为上""高为上"，故"善为上"。"恶"即"坏"，意味着"道德低俗"，而"坏为下""低为下"，故"恶为下"。"'思想'一旦离开'利益'，就一定会使自己出丑。"①，同样，道德信仰（善恶评价）一旦离开利益，就会成为空洞的说教、干瘪的词汇。善恶概念是历史的、变化的，但道德总是以善恶为标准的，而这个标准是利益标准。"善（恶）"之所以是向上（向下）的，是因为"善（恶）"的原始目的就是肯定符合（否定违背）人类利益的行为和现象，善行总是与个人的安康富裕、社会的安宁和谐相关。道德隐喻借助具体的、简单的方位概念来表达和理解抽象的、复杂的道德信仰，实现了人在道德认知结构中的角色在场和角色承担。道德信仰是"人为"的，更是"为人"的，是手段而非目的。正如颜元所说，"世有耕种而不谋收获者乎？世有荷纲持钩而不计得鱼者乎？"② 商君也讲，"民之生：度而取长，称而取重，权而索利"③。从功用角度来说，道德信仰既是"利己"的，又是"利他"的，是互利的协调。"善为上"的方位隐喻赋予了"上"这一方向以道德高尚的指向，而这个指向与"从善如登""安康为上""富裕为上""福利为上""更多为上"这些例子是连贯的、一致的。"纠正道德停滞和腐败的方法，就是学会按照原来设计价值语言的目的来使用价值语言。"④ 脱离现实生活的道德语言是不可能为大众普遍接受的，其结果反而会导致道德异化和伪善盛行。从隐喻的角度讲，"善"（道德高尚）意味和隐含着对"利益"的"合理增长"与"正当获得"，而不是"正谊明道"却全不谋利计功。

3. 道德信仰的本体隐喻

本体隐喻以物体和物质为始源域，通过把对自然物体（特别是我们的身体）的经验看成实体或物质，把实体结构投射到非实体概念上，为这个非实体概念提供一个实体方式的概念。本体隐

---

① 《马克思恩格斯文集》（第一卷），北京：人民出版社，2009，第286页。
② 《颜习斋先生言行录·教及门》。
③ 《商君书·算地》。
④ 〔英〕理查德·麦尔文·黑尔：《道德语言》，万俊人译，北京：商务印书馆，2005，第143页。

喻主要是将抽象的事件、行为、活动、情感、想法以及状态等概念化、具体化为有形的实体和物质。乔治·莱考夫和马克·约翰逊认为,本体隐喻的主要认知手段就是"事件和行为被概念化为物体,活动被概念化为物质,状态被概念化为容器"①,常用类型有"实体隐喻"(将关于实体和物质的体验映射到抽象的复杂的概念上)、"容器隐喻"(将非容器或边界模糊的本体看作容器)、"拟人隐喻"(将物体描述为人并通过人的特征和经验来理解更为广泛的概念)。"大脑是机器""我在参加比赛""生活愚弄了他"等都是通过对经验做出相应的实体或物质性、拟人化的描述,使隐喻更具解释力和可理解性。"也许最明显的本体隐喻是那些自然物体被拟人化的隐喻。这类隐喻通过人类动机、特点以及活动等让我们理解各种非人类实体的经历。"② 拟人隐喻是管道隐喻的衍生形式,其映射是"认知→大脑→身体→环境"的递进嵌入机制,"嵌入"就意味着从一个容器到另一个容器。

道德信仰在情感维度上多从本体隐喻视角来进行意象表征,主要是通过将义务感、责任感、公正感、自尊感、荣誉感、羞耻感等道德情感具体化,反映道德认知结构的系统性和身体感知的体悟性。道德信仰存在"净-脏""明-暗""暖-冷""强-弱"等具身隐喻,有道德的本体表征是"(喜)好"维度即"净、明、暖、强、直",不道德的本体表征是"(厌)恶"维度即"脏、暗、冷、弱、曲",常使用"干净的、明亮的、香味的、温暖的、强壮的、正直的"来形容有道德,而使用"肮脏的、黑暗的、臭味的、冰冷的、软弱的、歪曲的"去形容不道德。道德情感是一个关乎苦乐感受和义务法则的概念,其重要性不仅仅在于它使人们对道德法则产生兴趣,更在于它恰当地表明了自己的态度以及他人对自

---

① 〔美〕乔治·莱考夫、马克·约翰逊:《我们赖以生存的隐喻》,何文忠译,杭州:浙江大学出版社,2015,第28页。
② 〔美〕乔治·莱考夫、马克·约翰逊:《我们赖以生存的隐喻》,何文忠译,杭州:浙江大学出版社,2015,第30页。

己的态度。对于道德义务感受来说，道德情感尽管是一个主观条件而非客观条件，但是为了促进道德进步必须在人类共同体中创造和表达出来。人们如果能吃到洁净而非腐烂的食物，能看到光明而非黑暗，能嗅到香味而非臭味，能感到温暖而非寒冷，能养到强壮而非虚弱，能做到直立行走而非屈膝爬行，那么人们通常是会感觉"幸福"的。"人类有特殊的身体构造和发达的大脑，它们以独特的方式感知着客观世界，从而形成独特的思维和语言能力。"① 我们也正是通过这些典型的、具体的"身体经验"来体验幸福的。英语中表达"福祉、幸福"的体验用的是"well-being"，这说明道德隐喻在人类经验和理解中存在基本相似的"共同经验"。道德信仰的本体表征植根于我们的身体构造、日常经验和生活知识，借助客观事物抒发思想情感，把真情实感融入实物实景，使客观的景象充盈着浓厚的情感，达到触景生情、寄情于景、亦情亦景、情景交融。

本体隐喻为道德情感表达提供了基于具身感知的体悟性共识，这种共识源于"情感是身体"、"大脑是容器"和"道德是有机体"的生理经验基础。人是道德理性的实践者，道德法则的执行者，道德责任的承担者。人类身体的器官具备感知考察外部世界的各种潜质，人类独特的大脑活动和感觉肌肉运动系统为隐喻连贯性提供了具身性的生理经验基础。道德情感是个人依据一定的道德标准，对现实生活中的道德关系和人际交往中的道德行为所产生的爱憎好恶等心理体验。在明暗隐喻中，人们通常认为好人是光明磊落的，好事是光明正大的；而坏人是阴险狡诈的，坏事是暗中进行见不得人的。在洁净隐喻中，道德之人是洁身自好、冰清玉洁的，以至于对人的印象有"一白遮百丑"之说，道德之事也是干干净净、清清爽爽的；而人要改变霉运，盗贼改邪归正，往

---

① 王寅：《语言的体验性——从体验哲学和认知语言学看语言体验观》，《外语教学与研究》2005 年第 1 期。

往要通过洗手驱除内心的道德阴影。一个很干净的地方,人们往往不好意思丢垃圾,但是一旦有垃圾出现,就会有人效仿而且对自己的丑行不以为然。在热冷隐喻中,热情、温暖会给人友善、和蔼、积极的一面;而冷酷的表情、寒冷的环境让人觉得不友好和无助。道德情感与身体感知运动系统之间有着稳定联系,人们往往是通过具体的感知觉经验来认识把握道德情感的,所以,道德情感概念的具体范畴在隐喻表征上具有心理现实性和经验具身性。"道德行动的真正可能性不仅依赖于我们对人类状况的认识和理解,也取决于我们内心深处的某些情感与这种认识和理解的契合。"① 幸福的确在心理体验上表现为快乐的感觉,但其在根本上关联着人格完善和德性追求。道德隐喻与人们关于幸福的基本经验有关,由德福关系隐喻而触发的一系列的因果关系的概念化,为我们全景式、链条化地展示了道德是如何由概念隐喻的复杂系统建构而成的。健康、财富、权力、地位、荣誉往往被人们视为幸福生活的主要保障,但这些很大程度上也是优良品德的回馈和善行义举的结果。"一切有生命和爱的动物,一切生存着和希望生存的生物之最根本的和最原始的活动就是对幸福的追求。"② 德福一致的社会机制既是个人发展的理性诉求,又是社会进步的必然选择。真正的幸福总是以道德为前提的,真正的道德又是以幸福为归宿的。不幸福的道德是伪善的,不道德的幸福是虚假的。所以,道德总是与人生幸福如影随形,它是人的安身立命之本,也是幸福快乐之源。

4. 道德信仰的结构隐喻

结构隐喻以概念的结构为始源域,用一个高度结构化的清晰界定的概念去建构另一个较为抽象的模糊的概念。结构隐喻既是一种特殊的语言现象和修辞手段,又是一种复杂的认知现象和思

---

① 徐向东:《康德论道德情感和道德选择》,《伦理学研究》2014年第1期。
② 〔德〕费尔巴哈:《费尔巴哈哲学著作选》,荣震华、李金山译,北京:商务印书馆,1984,第543页。

维方式,"既表现为相关概念的结构对应关系,又表现为已知概念的特征词语对新概念的侵入"①。道德隐喻的产生原因也是多方面的,有认知原因(道德思维贫困)、语言原因(道德语言匮乏)和社会原因(道德语境复杂)。不论缘于何种原因,道德隐喻都是施喻者出于表达自己诸如认知、情感和意志的内在需要而触发的,借此唤起受喻者思想上的共鸣、心理上的共情,并达成特定社会行为的语境化共识和协同性目的。在方位隐喻、本体隐喻中,目标概念只是以空间方位、实体和物质等简单的物理概念和生理概念被指称并量化,这些隐喻尽管是重要的、基础的,但其表达还不够丰富,难以深刻表达我们微妙的生活体验和深厚的集体经验。因此,结构隐喻就成为人们探索、表达、理解和解释道德新情况、新现象和新问题的一个重要方式和有力工具。结构隐喻的目标和始源之间存在人们已感知的某种相似性(异质同构性),人们是通过已知的事物结构去理解认识陌生事物的。乔治·莱考夫和马克·约翰逊对因果关系原型的隐喻延伸进行了多维度分析,认为"因果关系"是结构隐喻的逻辑认知基础,"它是依据'直接操控'原型的家族相似性来刻画的"②。"因果关系"存在一些基本隐喻类型:"变化"(change)隐喻——从一种状态到另一种状态去拥有新形式和新功能;"创造"(creation)隐喻——一个物体从一个容器里出来;"浮现"(emergence)隐喻——精神和情感状态被视为某一行为或事件的起因。③ 在结构隐喻中,异质系统之间的相似性不再是简单的"形似",而是抽象的"神似","传神"把某些现象关系背后的"异质同构性"揭示出来,在喻体和本体之间以心理相似

---

① 殷晓芳、任志鹏:《结构隐喻的理论基源及系统性语用特征》,《天津大学学报》(社会科学版)2003年第3期。
② 〔美〕乔治·莱考夫、马克·约翰逊:《我们赖以生存的隐喻》,何文忠译,杭州:浙江大学出版社,2015,第74页。
③ 〔美〕乔治·莱考夫、马克·约翰逊:《我们赖以生存的隐喻》,何文忠译,杭州:浙江大学出版社,2015,第71~73页。

第一章　道德信仰的认同逻辑

性联系的方式建立等值的或对等的方式。例如，"知识就是力量""时间就是金钱""人生是一段旅程"，这三个结构隐喻都是以人们对生活中熟悉的事物经验为原料，然后通过分析想象和联系陌生、抽象概念与原料之间的相似性，去建构一个兼具施喻者和受喻者主体自洽的合理系统。

　　道德信仰在意志维度上多从结构隐喻视角来进行意愿表征，主要是通过将客观物质世界中对人类生存、适应和进化有积极意义的事物特征，向道德信仰的认知域进行映射，揭示客观物质世界与道德信仰之间在心理体验和心理经验上的某些对应性和相似性。人类复杂微妙的道德思维是抽象的，为了生动形象深刻地表达理解它，人们需要以熟悉的认知经验基础去隐喻映射道德信仰。道德实践的具体逻辑起点是伦理同化，道德意志（当然更包括道德认知、道德情感）不等于并且也不一定带来道德行为。在具体道德实践中，纯粹认识与现实行为之间从内在本质来说是不存在必然的因果逻辑关系的，抽象的善良意志和现实的行为意志之间也不具有自然的递进衔接关系，人类道德行为面临着不可避免的道德意志艰难，而这种艰难的本质在于对存在普遍性的认识能力的局限性和有限性。"事实性的经历和评价性的认知一起，构成道德行为的完整主观效果，创造出自我关于道德存在效果的切身把握。"[①] 道德隐喻的结构表征能够不断同化自我的本真道德存在认知，并深刻影响自我的具体道德行为意志。例如，在"道德是真理之花""道德是做人的根本""美德好像战场，我们要过美好的生活，要常常和自己斗争"这些结构隐喻中，"异质同构"的道德隐喻场以相似性为结构，形成同构关系和"再生"能力，这样一来，道德信仰的抽象意义被赋予了存在上的体验感受性和发生上的经验激发性。

　　结构隐喻为道德意志表达提供了基于施动意图的责任性共识，

[①] 崔平：《道德经验批判》，上海：上海文化出版社，2006，第180页。

这种共识源于"道德是人性的产物"、"意志是行动的理由"和"责任是道德的根基"的伦理经验基础。道德意志抉择是一个从"我思"到"我欲"的心理转换，是在道德信仰的确认和道德情感的认同基础上的道德意愿的接受。从道德理由的可能形态到现实形态的转换，取决于道德理性审察、道德情感认同及道德意志接受之间的互动情况。"认识的获得必须用一个将结构主义（Structuralism）和建构主义（Constructivism）紧密地联结起来的理论来说明，也就是说，每一个结构都是心理发生的结果，而心理发生就是从一个较初级的结构转化为一个不那么初级的（或较复杂的）结构。"[1] 我们不能局限于只了解道德判断的具体内容，还必须清楚道德思维的结构才能了解道德信仰的真正内涵。所以，道德意志隐喻经常把道德经验整理成结构化整体，这有助于人们理解、认同和接受道德观念中隐含的"因果关系"，强化道德选择的意愿（方向）和毅力（动力）。儒家文化常用"君子－小人"关系来进行道德隐喻。"君子""小人"的称谓最初是等级身份的泛指，君子是大人物、贵族统治者的代名词，小人是被统治的平民和奴隶的统称。人们常把"君子－小人"与道德人格相提并论，如在"君子怀德，小人怀土"[2]"君子之德风，小人之德草"[3]"君子之交淡若水，小人之交甘若醴。君子淡以亲，小人甘以绝"[4]"君子与君子以同道为朋，小人与小人以同利为朋"[5]"君子淡如水，岁久情愈真。小人口如蜜，转眼如仇人"[6] 中，都把"君子""小人"的地位概念赋予了道德意蕴，这种结构化的经验完形是理解我们经验连贯性的关键。关于"君子""小人"有一精彩之喻：

---

[1] 〔瑞士〕皮亚杰：《发生认识论原理》，王宪钢等译，北京：商务印书馆，1995，第10页（序言）。

[2] 《论语·里仁》。

[3] 《论语·颜渊》。

[4] 《庄子·山木》。

[5] （宋）欧阳修《朋党论》。

[6] 《逊志斋集》。

"君子如水，小人如油。水，君子也。其性凉，其质白，其味冲；其为用也，可以浣不洁者而使洁。即沸汤中投以油，亦自分别而不相混，诚哉君子也。油，小人也。其性滑，其味浓；其为用也，可以污洁者而使不洁。倘滚油中投一水，必致搏击而不相容，诚哉小人也。"①"君子如水，小人如油"的根隐喻是"道德是液体"。"水"与"油"给人的视觉、触觉、味觉、嗅觉、形态、功能、关系等方面的隐喻，鞭辟入里、入木三分地刻画了"君子"与"小人"的形象、表现和关系，也惟妙惟肖、活灵活现地描绘了善恶的内涵表征与互动关系。在这个结构隐喻中，"水"与"油"是生活经验中已熟知的、具体的概念范畴，"君子"与"小人"是文化经验中待认知的、抽象的概念模式，我们将已熟知的始源域概念映射到待认知的目标域概念，从而使目标域概念具有"身体感知"，目标域意象图式又会与始源域意象原型相互映射进而创生新的感悟和认知。儒家文化一直追求一种理想人格和大同世界，"君子文化"蕴含"成己为人、成人达己"的个人成就感和社会责任感，其背后是有浓厚的生活积累和深层的文化根基的，所以，君子就成为理想人格的物质载体和德化社会的最佳隐喻。道德责任作为一种关乎荣辱的德行力量，正是体现在主观与客观、自律与他律、内在与外在的矛盾与张力之中，内含对特定事件与人物的价值判断，反映人的个人价值和社会价值。道德信仰天性决定了我们不仅会关注自身和关爱家庭，而且会同情他人、有益于社会，只要环境适宜还会把利他倾向扩展到全人类。从人类演化和道德起源来看，人类的道德前景将是由世界各国和整个人类共同组成的道德共同体。

5. 道德信仰的隐喻机制

道德隐喻普遍存在于我们的精神生活之中，影响着人们生活中的判断选择，在很大程度上决定着我们如何做人和怎样生活。

---

① 《逊志堂杂钞》乙集。

一些感觉运动领域的推论直接影响着有关道德领域的推断结论，以至于我们必须认真反思以往理解关于道德的概念、意义、知识、语言的方式。基于意象图式、具身感知和认知语境三个维度，对道德认知、道德情感和道德意志进行概念隐喻考察，为我们展示了道德信仰何以理解、认同和接受以及道德教化的心理机制。道德隐喻映射模式的建构策略——我们可以通过方位、本体、结构三个维度，相应地对道德认知、道德情感、道德意志进行概念隐喻，对应的映射建构策略是复杂概念简单化、抽象概念具体化、本质概念现象化。这是基于"本我→自我→超我"的道德映射关系展开的，当然这种划分是人为的，因而不是绝对的。道德隐喻心理机制的运作策略——对道德认知、道德情感、道德意志相应进行方位、本体、结构三个维度的概念隐喻，主要是基于"意向（自信）→意象（自尊）→意志（自重）"的道德心理机制，沿着"理由（我思）→原因（我悦）→动机（我欲）"的递进关系展开的，以强化目标域概念文本对始源域概念文本的默会作用、认同作用和统摄作用，实现对道德信仰的意象领会和理解、意向关联和体认、意义连贯和统一。道德隐喻映射关系的互动策略——对道德认知、道德情感、道德意志相应进行方位隐喻、本体隐喻、结构隐喻，是分别基于物理、生理、伦理三个维度的感知相似性，映射到道德客体的"可信之信"、道德主体的"确信之信"、道德主客体之间的"信信与共"。这是一个"听话（被动）→说话（主动）→对话（互动）"的道德话语模式，三个维度的相似性在隐喻建构中相应地发生着从本体到喻体的转移、转换和转化。

第二章　青少年道德信仰的基本内涵

青少年时期是人生发展成长的黄金时期和道德品质形成的关键时期。道德信仰是青少年生存和发展的价值依存和精神支柱，可以赋予青少年无限的人生价值和美好的生活意义，并能够从中充分体验人生幸福与生活快乐。作为一种相对稳定的价值观念体系，道德信仰是主体对社会关系的思维方式和解释框架，道德思维可以为青少年提供生活行为的善恶标准，使之形成规范有序的道德价值体系，为人生历程指明奋斗目标和行为选择。青少年道德信仰一旦形成，对一生的道德认知、道德情感、道德意志和道德行为都会产生重大影响。新时代社会主要矛盾发生新变化，社会转型带来道德信仰的转变，也深刻地影响着青少年的道德生活，这就需要构建一种符合新时代需要的道德体系，积极营造一种顺应新发展的道德环境，促进新时期青少年的道德信仰形成。

一　青少年道德信仰的基本含义

道德信仰是保持做人的尊严亦即人之为人的基本条件，它体现的是"我者"（自我、我们、我类）与"他者"（社会、国家、自然、他人）之间共存、共进、共利、共济、共享、共荣的智慧。道德信仰作为一种特殊的社会意识形态，不只是自我安身立命的追求，同时也具有约束性、协调性，强调的是调整我者与他者之间关系的规范，其现实指向是在善待他者的基础上建立人类社会的和谐共生场。一个人具有了道德信仰才能成为一个真正自由的、幸福的、富足的人。青少年时期既是成长期又是叛逆期，这个时期的青少年思想活跃、好奇心强、可塑性大，因此该时期是道德信仰生成的关键时期。对于青少年而言，道德信仰是其生存和发展的精神支柱和道德力量，对他们世界观、人生观和价值观的形成具有非常重要的指导作用和实践意义。

（一）青少年善良意志的主观需要

道德信仰起源于人类社会利益关系调整的需要，按照约定俗成的原则或规范，规定人们的权利和义务，分配各自的利益和责任，从而达到社会整体的和谐有序。道德既是一种行为规范，又是人实现人格统一、精神完善的一种价值观念；既是人们遵守一定社会的道德规范及行为准则所表现出来的相对稳定的心理倾向、心理特征及其行为习惯，又是人们作为"道德人"所应具备和达到的道德品格与道德境界。道德信仰是一种特殊的社会意识和社会调控方式，它向人们提出"应当怎样"和"不应当怎样"，在保证社会秩序得到遵守的同时，积极引导人们朝着合理社会行动、充实精神生活和自我发展完善的方向前进，更多的是从人性向善、从善、至善的角度强调个体与社会的良性互动与和谐发展。道德信仰是人的一种理性自觉和道德自律，是一种非强制性的自我约束，在某种程度上说是一种"必要的恶"，这种约束是人们不断超越自我的一种方式和获得道德自由的一种形式。道德信仰主要是以主体自觉崇善、向善、行善的方式来实现的，是人们将道德权利与道德义务内化于心、外化于行、固化于制，形成个体的内在道德需要、道德认知、道德情感、道德意志、道德行为，升华为道德良心、道德信念、道德人格。

青少年处在道德信仰生成的重要阶段。青少年道德人格具有极大的可变性和可塑性，这也昭示着培养、提升、改变青少年道德人格的可能性与可行性。青少年不可避免地会遭遇青春期问题，青春期发生的生物性的、身体上的变化也会导致文化的、社会的和个人的连锁反应，激素的变化会导致身体功能的许多变化和第一性征、第二性征的快速发育。青少年在经历青春期生物性的急剧变化时，往往只在同伴中间自行交流身体变化的感受和信息，家长和学校往往不能敏锐发现和及时跟进，以至于青少年往往对青春期的心理和社会影响一知半解。青春期是一个成长期，也是一个抉择期，这一时期生理日益成熟、心理日趋敏感，原有的朦胧不清的、未分化的、不成熟的自我被否定后又尚未找到新的自我，为此常常陷入需要自由与压抑冲动的冲突中。面对纷繁的变化与纷乱的选择，青少年往往会对之前所建立起来的一致性与连续性表示怀疑，感到手足无措、惘然而迷惑，陷入一种内心与外界之间的不平衡与不稳定之中，进而遭遇"自我统一性危机"。从实践的角度来说，道德信仰是人存在的标志，正是道德信仰才使人成为道德行为的真正主体。在当今社会转型期和信息网络时代，人们的自由度和自主性越来越大，社会他律的控制力有所减弱，所以，当今社会对道德自律的要求就越来越高，道德信仰就显得越来越重要。特别是，对于青少年来说，尽管自我观念蓬勃发展、主体意识不断增强，但道德人格尚存在于自主性、矛盾性和发展性错综交织之中。就青少年主体性建构而言，道德信仰是青少年道德教育不可或缺的重要内容，也是青少年道德活动不可忽视的重要形式。

（二）青少年认以为真的思维方式

一个社会的道德状况和伦理秩序如何，取决于社会成员所遵循和实践道德规范和行为准则的广度和深度，其衡量的主要指标是人们的道德自觉程度和效度。"道德是人类在社会生活中，为了社会生活顺畅地存续和发展而对自身的思想和行为提出的规范的体系。"[1] 道德作为一种利益合作体系目的是降低人类生存成本、

---

[1] 王启康：《再论道德自我》，《华中师范大学学报》（哲学社会科学版）1997年第6期。

提升社会和谐效度、增进人类社会福祉。在现实生活中，道德信仰的生成和伦理秩序的维持关键在于个体能否把道德规范和伦理要求内化为思维方式和行为。叔本华认为人类行为存在三个基本源头："（a）利己主义；意欲自己的福利，而且是无限的。（b）邪恶；意欲别人的灾祸，而且可能发展成极度残忍。（c）同情；意欲别人的福利，而且可能提高到高尚与宽宏大量的程度。"[①] 他特别指出，"同情是唯一的非利己主义的刺激，因而是唯一真正的道德动机"[②]。道德动机就是"不要损害任何人；相反，要就你力所能及，帮助所有的人"[③]。站在人类历史发展长河和社会永续繁荣的角度来说，个人利益与社会利益、我者利益和他者利益在道德规范和伦理要求上是存在价值统一性和内在一致性的。若欲求"增进全社会与每个人的利益总量"，就必须依靠道德的力量走出"公共牧场悲剧"，从根本上解决人类异化和片面发展问题，避免人类陷入增长的极限、对抗的极限、施恶的极限。从价值取向上讲，"道德的命令性质，它对个人的历史积极性和社会创造性具有内部推动力的作用"[④]。在康德看来，道德就是"定言命令"即绝对命令。这是一种认以为真的思维方式，它基于人们对自身存在、发展与完善的自觉观照和良知召唤，并完全无条件地对内在必然性（道德法则）自觉尊重与服从，其根本旨趣是成为一个道德自觉、自律、自为的人。

道德信仰既是主观精神的和个体内在的，又是客观现实的和社会整体的，是个体性与社会性的有机统一。青少年道德人格魅力是在个体人到社会人、感性人到理性人的进化过程中逐步实现的，这离不开道德信仰的灵魂浸润和精神滋养。道德信仰在个人

---

① 〔德〕叔本华：《伦理学的两个基本问题》，北京：商务印书馆，1996，第235页。
② 〔德〕叔本华：《伦理学的两个基本问题》，北京：商务印书馆，1996，第260页。
③ 〔德〕叔本华：《伦理学的两个基本问题》，北京：商务印书馆，1996，第238页。
④ 〔苏〕季塔连科：《马克思主义伦理学》，上海：上海译文出版社，1981，第105页。

层面表现为理性上意识到的职责,只有将这种职责或责任内化为一种内在的道德信念时,人们才自觉地去履行。青少年在道德信仰生成中会感受到道德作为一种义务的约束和限制,这种义务总是或多或少地以自我奉献和自我牺牲为前提,而不是以获得某种相应的权利或好处为目的。但是正如黑格尔所说,"道德之所以是道德,全在于具有知道自己履行了义务这样一种意识"①。道德义务正是在人们的内心信念驱使下的一种完全自觉和高度自律基础上的行为方式,既是责任、使命"应然",又是信仰、意志"使然"。对青少年道德行为的认可、表扬和赞许,可以激发青少年道德信仰的内生动力,这些触动心灵的思想感受和价值体验从心理机制角度说是满足感、愉悦感、幸福感,从社会价值来看更是获得感、自豪感、荣誉感。青少年对家庭、集体和社会的依恋关系需要通过道德信仰的认同与生成而得以肯定和强化。青少年必须把自己融入集体和社会之中,主动追寻有品位、有意义、有价值的精神生活,积极与他人、群体、社会交往联系,并表现出应有的责任、义务和担当,才能培育出良好道德品质和高尚人格魅力,在道德境界提升中找到真正自我,实现真正有价值的人生。

(三)青少年观察世界的理性法则

需要和道德的关系是密不可分的。需要是人整个行为的原始动力和根本目的,更是人们衡量自身活动及结果的最终价值尺度。有什么样的需要就会催生什么样的行为,正当合理需要是道德的温床。但是每个人的需要并不是都能如愿以偿的,让所有人的需要都得到满足更是不切实际的,所以利益冲突就成为人类社会生活中最根本、最深刻而又不可避免的普遍现象。正所谓,"冲突是道德之母。哪里有冲突,哪里就有道德问题发生。在没有任何冲突的时间和地点,道德将会保持沉默或者休眠。而在人类生活世界的各种冲突中,利益的冲突又是最基本最深刻的,它是其他各

---

① 〔德〕黑格尔:《精神现象学》(下卷),北京:商务印书馆,1979,第157页。

种冲突的根源。因此，人类道德的第一动因便是调节或协调各种人际、群际，以及个体与整体之间的利益关系，减弱或消解各种利益矛盾和价值冲突，这是道德作为人类现实生活实践之普遍行为规范的主要依据之所在"[1]。而道德的核心议题恰恰就是处理人类社会生活中的各种利益关系，抑制、消解各种利益矛盾的价值冲突，处理好个人正当利益和社会共同利益的关系。单从单个个体来说，道德是对需要和欲望的一种压抑和阻碍；但从道德发生学的角度来看，道德在维持人类社会整体利益的同时又最大限度地满足和增进个体的需要和欲望。个人利益与社会利益存在达成一致的重要一面，而人类道德行为最重要、最根本的动机就是寻求个人与社会的互利双赢。人的个人行为的原始动力可能是利己，但人类道德行为的根本动机应该是通过利他而利己。互利鄙视自私自利，"一个行为泄露了带有自私的动机，它的道德价值就降低了；如果那个行为动机赤裸裸凸显，其道德价值则全被毁灭"[2]。互利共赢思想体现了人类精神自律，一切行为只有在互利的情况下，相关行为主体的道德行为才会付诸实践，才能从互利的动机到互利的行动。可见，"互利的协调"才是道德伦理的"第一功能"。

需要和道德的关系是可以实现良性互动的。青少年道德问题应该从青少年的需要中去发现端倪和寻找答案。马斯洛在1943年出版的《人类动机的理论》一书中提出，人的需要包括生理需要、安全需要、社会交往（归属和爱）需要、尊重需要、自我实现需要依次由低到高的五类需要，这些需要包括物质需要和精神需要，有低级需要和高级需要。需要层次理论的构成依据有三个基本假设：首先，人要生存，他的需要能够影响他的行为，只有未满足的需要能够影响行为，满足了的需要不能充当激励工具；其次，人的需要按重要性和层次性排成一定的次序，从基本的（如食物

---

[1] 万俊人：《人为什么要有道德？》（上），《现代哲学》2003年第1期。
[2] 〔德〕叔本华：《伦理学的两个基本问题》，北京：商务印书馆，1996，第229页。

和住房）到复杂的（如自我实现）；最后，当人的某一级的需要得到最低限度满足后，才会追求高一级的需要，如此逐级上升，成为推动继续努力的内在动力。在马斯洛看来，"需要满足的特性产生的后果与一般品质有很大关系：仁慈、慷慨、无私、宽容、沉着平静、愉快满意以及其他诸如此类的品质。这些品质似乎是一般需要满足的间接后果，即不断改善的心理生活状况的间接后果"①。生理和安全的需要是道德信仰的物质前提，"仓廪实而知礼节，衣食足而知荣辱"说的就是这个道理。从年龄阶段和心理状况的一般特征来看，青少年的主导需要是社会交往需要和尊重需要，在社会生活中他们更需要他人及群体的合作，更需要他人及群体的关注、关心、理解、尊重、友谊、爱等和谐融洽的关系。青少年最大的成长烦恼主要集中在尊重得不到满足、爱的匮乏和归属感缺失。青少年道德信仰生成必须结合其主导需要和一般需要、区分其正当需要和不当需要、把握其潜在需要和显性需要，使青少年的道德需要既符合年龄与身心特征又符合教育和认知规律。

二 青少年道德信仰的结构模式

道德信仰是一种社会存在、人生智慧和实践精神，它不是先验的而是后天习得的，只有在社会交往中才能习得善恶，只有在实践活动中才能领悟智慧，只有在契约精神中才能信仰道德。人们信仰道德何为？道德信仰何以可能？这是道德信仰研究的根本问题和基本内容。这需要从道德信仰的"主体—客体"结构模式入手，厘清道德信仰的主体（谁在信）、客体（信什么）、主客体关系（怎么信）。青少年道德信仰研究必须从青少年、道德信仰以及青少年与道德信仰关系三个维度去个性化、分众化研判探究。

---

① 〔美〕亚伯拉罕·马斯洛：《马斯洛人本哲学》，成明编译，九州出版社，2003，第76页。

(一) 青少年——确信之信的主体

道德信仰主体是"人",这个"人"包括人类、人群、个人,是社会人、群体人和个体人。从人的本质来看,社会人体现的是具有普遍性的将人与动物区分开来的劳动——人的类本质,群体人体现的是具有一般性的将社会中不同人群区分开来的社会关系——人的群体本质,个体人体现的是具有特殊性的社会物质条件所决定的人的个性——人的个体本质。道德就是为了调节个人与社会、个人与群体、个人与他人的关系需要而产生的。依据人的本质属性的相互联系和辩证关系,我们需要从人类、人群和个人三个层面去理解道德信仰主体。以往道德建设过多关注社会人这个主体,过多地强调工具善和道德的工具性价值,而相对于个体人这个主体又往往只承认目的善和道德的目的性价值,特别是关注群体人这个主体时又往往用普遍性代表一般性,忽视群体的社会关系。过分强调社会本位和注重工具理性,就会把道德信仰主体对象化、客体化、"物化",忽视个体人的权利、无视个体人的需要、漠视个体人的发展,造成异化的人、片面的人、依附性人格的人的普遍存在。这种对人的理解方式是"人→物"的异化思维,最终导致道德建设在理论和实践上出现"人学空场"。马克思主义人本思想坚持"从现实的、有生命的个人本身出发,把意识仅仅看做是他们的意识"[1],把每个人的自由发展作为人的发展目的和理论构建的归宿,"人以一种全面的方式,就是说,作为一个完整的人,占有自己的全面的本质"[2],使人终于成为自己与社会结合的主人,从而也就成为自然界的主人、自己的主人和自由的人,这是对人的理解方式由社会本位到以人为本的根本转换。个人是在历史发展过程中不断表现和实现其自身需要、能力、社会关系和个性的,这是一个从"人的依赖"到"物的依赖"再到"自由个性"三种

---

[1] 《马克思恩格斯文集》(第一卷),北京:人民出版社,2009,第525页。
[2] 《马克思恩格斯文集》(第一卷),北京:人民出版社,2009,第189页。

第二章 青少年道德信仰的基本内涵

存在形态渐次演进的过程。道德信仰主体必然生活在感性世界之中,又无法置身理性世界之外。道德信仰生成不能单从抽象的社会人出发,应更多地从社会关系、特定的物质基础和周围生活条件入手来观察人们,关注具体的、活生生的个人的生活方式和生存状态,从而全面把握人的类本质、群体本质和个体本质。

"青少年期"是从青春期开始到成年期到达之间的一个生命历程。青少年是指介于童年和成年之间的阶段,本课题主要是指12~18岁阶段的未成年人。进入青春发育期,青少年的脑和神经系统从结构到机能上逐步发育成熟,这为青少年心理发展特别是逻辑思维发展奠定了坚实的物质基础。青少年身上激素的变化导致了身体功能的显著变化和第一性征、第二性征的发育。青春期身体成长包括生长突增、肌肉量的增加(尤其是男孩)、体脂肪的增加(尤其是女孩),心脏和肺也显著成长(尤其是男孩)。青少年期是一种文化建构,青少年必须提高扮演新的社会角色和获得新的社会地位的能力,这意味着他们要按文化界定的成年人的要求去学习完成成人角色和成人责任。要理解青少年期最重要的是,不仅仅要把青少年期作为一个人生发展阶段,而且要将其作为科学探索的领域,要使用特定的标准方法和特定的惯例来确定其有效性。[①] 在康德道德哲学中,世界上理性健全的普通人都是既服从自然律又服从道德律的"有限的理性存在者",这些现实的人努力使感性的幸福追求和理性的道德规范相匹配和统一,他们就是道德信仰的主体。青少年随着生理、心理、认知、行为、交往、社会适应等各方面成长性需求的变化,认知发展水平会有较大跃升。青少年期(大抵是中学阶段)是伦理观形成的关键时期,青少年的道德信仰迅速生成与发展。在少年期(大抵是初中阶段),个体的道德观已开始形成,但很大程度上在他律道德和自律道德之间

---

① 〔美〕杰弗瑞·简森·阿内特:《阿内特青少年心理学》,雷雳等译,北京:中国人民大学出版社,2016,第3页。

摇摆。青年期（大抵是高中阶段）的道德观则逐步成熟，可以自觉运用一定的道德原则、道德规范来调节自己的行为，伴之而来的是世界观、人生观、价值观的初步形成。青少年的个人需求和社会需求构成了青少年期发展性任务：接受自己身体，并有效运用自己身体；在同龄人中建立跨性别的更为成熟的人际关系；习得社会性别角色；获得情感的独立性；为职业生涯做准备；为婚姻家庭生活做准备；寻求并履行社会责任；习得作为行为指南的价值观和理论体系。① 青少年期是成长黄金期，也是问题多发期。青少年相比儿童来说，能在更大程度上采纳别人的观点，认真审视自我人格，但他们的世界观、人生观和价值观往往是建立在直接经历和感官经验之上，具有高度主观性和极大摇摆性。独立与依赖的矛盾、成熟与幼稚的并存、理想与现实的碰撞、自我与外界的张力，使得青少年必须认真面对和深入思考道德问题，在道德发展中完成"角色同一性"向"自我同一性"的华丽转身。

（二）道德信仰——可信之信的客体

道德的内容与效用源于行为主体的自主意志，其最终意愿可归溯为利益需求。契约论伦理学认为，道德是个体为了其彼此益处而相互订立的一种契约；道德规范虽然对每个人的自由有一定程度的限制，但相对于没有道德规范的自然状态而言，一种安定有序的社会生活由此得到了保障，这合乎所有人的最大利益。"道德之所以有劝导和示范作用，正是因为它在陈述事实时表达了一种情感和愿望，表达了判断者的态度和信念，否则，它就是一个冷冰冰的、无法触及其他人情感的语句。"② 道德既是一种事实的判断，具有描述性意义，又是一种价值的判断和情感的共鸣，具

---

① 〔美〕金·盖尔·多金、菲利普·赖斯:《青春期心理学：青少年的成长、发展和面临的问题》，王晓丽、王俊译，北京：机械工业出版社，2016，第36~37页。
② 陈根法:《心灵的秩序——道德哲学理论与实践》，上海：复旦大学出版社，1986，第6页。

有评价性意义，所以，触动人心，砥砺品性，真正成为人自身的内在规定性。道德规范是基于可普遍化视角制定的，要求人们基于一种不偏不倚的观察者立场去做出研判和遵守执行，不论是利他主义者，还是利己主义者，同等地适用于所有的人。道德是人把握现实世界的特殊方式，它不是人主观自生的，而是蕴藏于社会生活之中，受社会关系特别是经济关系的制约。"道德不仅同人的现实需要和主体意志有关，而且同人的实践活动过程直接耦合；不仅要显示现实世界的状况，以及现实世界同人的需要之间的实有关系，而且要直接沟通现实世界和人的需要之间的应有关系。"① 道德作为一种实践精神，使人在日常生活的经验中，深刻理解、理性把握自己与世界的关系，努力寻找人类和谐和社会繁荣的理想境界。道德一方面通过价值判断把世界分为善的与恶的、正义的与非正义的，另一方面用这种评价来指导人们的行为，把"应该""不应该"变成一种道德命令去执行。道德强调"自律"和义务，以"应该"的形式来实现。正如黑格尔所说："道德之所以是道德，全在于具有知道自己履行了义务这样一种意识。"② 道德规范在个人面前表现为理性责任，只有将这种责任内化为一种道德信念时，人们才自觉地去履行。虽然人们履行道德义务会有一个从不自觉到自觉的过程，但是从最终意义来看，它不仅是一种自觉自愿的行为，而且是一种不感到有任何约束而感到是一种解放的自由行为。普遍性和规范化的道德原则总是凝结于人们日常生活中的观念和行为，不同文化也会有不同的道德规范，但是美德作为成功生活所需品质都有相同的一般价值。古希腊"四主德"——智慧、勇敢、节制、正义，中国春秋战国时期形成的"五常"——仁、义、礼、智、信，等等，都是人类所共有的基本心理和行为特征。"我们已经进化为社会动物，与群体生活在一起，想彼此相伴，需相互合

---

① 罗国杰：《伦理学》，北京：人民出版社，1989，第74~75页。
② ［德］黑格尔：《精神现象学》（下卷），北京：商务印书馆，1979，第157页。

作，能够关怀彼此的福利。"① 善良意志是道德法则的最高表现。道德信仰何以成为可信之信或者说道德要成为一种信仰，首先要基于充足理由的道德判断，其次还要公平地考虑每一个个体的利益。人们之所以会公平地关心其行为影响所及之人的利益，在于他深思熟虑并确信其有效性之后才会接受相应的道德行为规范。

　　道德规范是道德信仰的具体指向和直接表现。没有具体的道德规范，道德信仰就无法表现自己，道德信仰主体面对道德判断和道德选择时也就无所适从。"一切道德都是一个包括有许多规则的系统，而一切道德的实质就在于个人学会去遵守这些规则。"②从存在形态的历史演进来看，道德规范经历了从自发形态（远古的图腾、禁忌、习俗等）到自觉形态（礼仪节文、警句格言等）再到自主形态（道德纲目、行为准则、义务、责任），是一个日趋明晰、渐次严谨、逐步深入的发展过程。道德规范的生命力源于它具备理性与人性的双重要求，兼顾社会与个人的双重利益。2001年9月20日，中共中央印发《公民道德建设实施纲要》（以下简称《纲要》），这是新时期加强公民道德建设的指导性文件，它第一次系统、集中地提出了我国公民基本道德规范，阐明了公民道德建设的指导思想和方针原则。《纲要》用"爱国守法、明礼诚信、团结友善、勤俭自强、敬业奉献"20个字，高度概括了公民基本道德规范的基本内容，这些内容既具有普遍适用性，又体现鲜明时代性。《纲要》强调，公民道德建设要坚持社会主义道德建设与社会主义市场经济相适应；坚持继承优良传统与弘扬时代精神相结合；坚持尊重个人合法权益与承担社会责任相统一；坚持注重效率与维护社会公平相协调；坚持把先进性要求与广泛性要求结合起来；坚持道德教育与社会管理相配合。青少年道德信仰生成应以社会

---

① 〔美〕詹姆斯·雷切尔斯：《道德的理由》，杨宗元译，北京：中国人民大学出版社，2009，第197页。
② 〔瑞士〕皮亚杰：《儿童的道德判断》，傅统先、陆有铨译，济南：山东教育出版社，1984，第1页。

第二章　青少年道德信仰的基本内涵

主义核心价值观和公民基本道德规范的基本内容为基本遵循，使之内化为社会和个人的道德意识，外化为群体和个体的行为规范，为建设富强民主文明和谐美丽的社会主义现代化强国集聚强大道德力量和优良社会风尚。2013年12月，中共中央办公厅印发《关于培育和践行社会主义核心价值观的意见》，在国家层面倡导"富强、民主、文明、和谐"的价值目标，在社会层面倡导"自由、平等、公正、法治"的价值取向，在公民个人层面倡导"爱国、敬业、诚信、友善"的价值准则，积极培育和践行社会主义核心价值观。国家发展需要价值导航，社会进步需要共识引领，人生理想需要信仰驱动。社会主义核心价值观正是因应这三个层面的时代要求和现实需要，可谓民心所向、大势所趋、正当其时。"核心价值观，其实就是一种德，既是个人的德，也是一种大德，就是国家的德、社会的德。"[①] 实现立德树人就是要修德，修个人的私德、社会的公德、国家的大德，使受教育者成为有德行的人。社会主义核心价值观就是当前进行青少年道德信仰教育的根本落脚点。

《公民道德建设实施纲要》体现了理论与实践、历史与未来、理想与现实的结合，从不同角度阐述了加强和改进公民道德建设中最根本、最重要、最关键、最核心的思想和现实问题，富有思想性、系统性和可操作性。青少年道德建设应当把这些主要内容具体化、规范化，使之成为普遍认同和自觉遵守的行为准则。爱国是一个公民起码的道德，是一种忠诚、一种责任、一种情感。公民对伟大祖国的深沉的爱，是推动历史发展的精神支柱，是维护祖国统一和民族团结的情感纽带，更是实现民族伟大复兴的强大动力。守法是一个现代公民的起码要求，也是公民的基本行为准则。守法就要做到知法、懂法，还要守法、护法，自觉履行宪法和法律规定的各项义务，积极承担应尽的社会责任。明礼就是

[①] 习近平：《青年要自觉践行社会主义核心价值观——在北京大学师生座谈会上的讲话》，《人民日报》2014年5月5日。

要求人们在社会公共生活中要懂礼节、知礼仪、讲礼貌、明礼让。诚信是做人处事的基本原则,又是治理国家必须遵守的规范,调节着人与人之间的关系,维系着社会正常秩序。诚信不仅是一种品行,更是一种责任;不仅是一种道义,更是一种准则;不仅是一种声誉,更是一种资源。"人而无信,不知其可也。"[1] 诚信要求社会成员自觉遵守社会规则、规章制度和公共秩序,并按这些规范行事。团结作为一种道德规范,其社会功用在于使群体和社会具有凝聚力和向心力,从而让人们在意志、行动、情感上和谐统一。"团结就是在共同点上把矛盾的各方统一起来。"[2] 团结不是消除异己、整齐划一,而是和谐共处、步调一致,是在尊重差异和分歧的基础上,发现各自的优点、发挥各自的潜能,促进共同进步并使得集体事业发展。友善表现在公共生活中就是善待他人,"己欲立而立人,己欲达而达人"[3]。友善是沟通心灵的桥梁,多一分友善便可多一分宽厚与谦和。友善是联结情感的纽带,多一分友善便可多一分理解与体谅。友善是孕育和睦的沃土,多一分友善便可多一分惬意与温馨。中华民族历来就有勤俭持家、厉行节约的良好生活传统。作为一种精神状态,勤俭能够砥砺意志、陶冶情操,激发艰苦奋斗的光荣传统,形成凝聚人心、战胜困难的强大力量。自强就是要积极进取、发奋图强。自强首先表现为自尊自重,就是要尊重自己的人格,坚持自己的操守,注意自己的言行,珍惜自己的名誉,重视自己的形象。"胜人者有力,自胜者强。"[4] 自强还要学会克制自己、战胜自己的弱点,既保持清醒的理智,又不断超越自我。敬业强调的是生活态度问题,奉献强调的是人生价值问题。敬业就是尊重自己的职业和事业,对自己从事的工作和事情尽心尽责、兢兢业业。敬业的前提是爱岗。一旦

---

[1] 《论语·为政》。
[2] 《周恩来选集》(下卷),北京:人民出版社,1984,第29~30页。
[3] 《论语·雍也》。
[4] 《道德经》。

选择了某一个职业，无论其职务高低、岗位大小，都要严肃认真、兢兢业业、脚踏实地、一丝不苟。敬业就是要干一行，爱一行，钻一行，成一行。奉献是精神和物质上的双重付出、人格魅力和道德情操的高度统一，既表现为一种真诚自愿的付出行为，又表现为一种纯洁高尚的精神境界。奉献既是一种物质付出，也是一种精神回报。一个人在成就自己的同时，每做出一点奉献，生命的质就会得到一次跨越，思想境界就会得到一次升华。

（三）青少年与道德信仰——信信与共的主客体关系

道德信仰主体和客体的关系是在反映道德领域中实然和应然关系中的一对基本范畴，是研究和揭示人与道德之间关系的基本前提。"道德之于个人、之于社会，都具有基础性意义，做人做事第一位的是崇德修身。"[①] 人是有理性的，正是理性的存在才让人选择了道德的生活方式和行为方式。同时，人最终是生活在感性世界中，作为有限的理性存在，人所追求的目的是人生幸福。道德虽然指向至善，但终究还是以人们日常生活世界为前提的，所以不能算是"整个的和完满的善"[②]，完满的善应该包含幸福因素在内。"道德意识决不能放弃幸福，决不能把幸福这个环节从它的绝对目的中排除掉。"[③] 在黑格尔看来，道德至善中一定要包含幸福维度。德福一致应该是理性的直接确定性和先决条件，这是理性的一种要求，更是一种信念。个体利益和福祉在人们的思想形成中起着重要作用。"人们为之奋斗的一切，都同他们的利益有关"[④]，利益是思想的基础，"'思想'一旦离开'利益'，就一定会使自己出丑"[⑤]。道德建设必须与满足人作为主体的利益需求和幸福追

---

① 《习近平谈治国理政》，北京：外文出版社，2014，第173页。
② 〔德〕康德：《实践理性批判》，韩水法译，北京：商务印书馆，2003，第126~127页。
③ 〔德〕黑格尔：《精神现象学》（下卷），贺麟、王玖兴译，北京：商务印书馆，1997，第127页。
④ 《马克思恩格斯全集》（第一卷），北京：人民出版社，1997，第187页。
⑤ 《马克思恩格斯文集》（第一卷），北京：人民出版社，2009，第286页。

求相联系，否则就很难得到普遍认同和广泛支持。邓小平同志也明确地讲："不重视物质利益，对少数先进分子可以，对广大群众不行，一段时间可以，长期不行。……革命是在物质利益的基础上产生的，如果只讲牺牲精神，不讲物质利益，那就是唯心论。"① 空洞的、脱离了社会实际的道德说教绝不可能为大众普遍接受，道德本身的合理性就会受到质疑，结果就造成了虚假与伪善的盛行、道德和幸福相对立。虽然幸福并不是道德的目的，但是一个理性的合理的社会应该是一个德福一致的社会。我们需要建立健全合理的道德"奖惩"评价机制和社会制度，从制度层面为人们的道德信仰提供信心和保障，这是一个带有根本性、全局性、稳定性和长期性的问题。邓小平在《党和国家领导制度的改革》的讲话中指出："我们过去发生的各种错误，固然与某些领导人的思想、作风有关，但是组织制度、工作制度方面的问题更重要。这些方面的制度好可以使坏人无法任意横行，制度不好可以使好人无法充分做好事，甚至会走向反面。……这种制度问题，关系到党和国家是否改变颜色，必须引起全党的高度重视。"② 我们在制度设计和安排上要体现出"善有善报、恶有恶报"，使德性成为获得幸福的必要条件和充分条件，让"有德者有福""德高者望重"成为一种价值承诺和精神追求，才能使主体的确信之信与客体的可信之信之间形成同频共振、达成信信与共。

青少年是道德信仰需求最迫切的群体，这是由青少年的认知发展水平阶段和社会性发展需要决定的。随着思维能力水平的提升，社会对青少年独立思考能力的要求不断提高，青少年在独立性和批判性方面的思维品质也会有显著发展，但是受思辨能力和社会阅历所限，看问题往往是只看现象，忽视本质；只见树木，不见森林，容易表面化、片面化和偏执叛逆、钻牛角尖，有时还

---

① 《邓小平文选》（第二卷），北京：人民出版社，1994，第 146 页。
② 《邓小平文选》（第二卷），北京：人民出版社，1994，第 333 页。

会冒险走极端,这些都是青少年社会化必须面对的发展性问题。青少年期的生理、心理、认知、情感和品德等发展变化特点,影响着青少年的自我意识、社会交往、性别角色认同、亲社会行为的培养和性格定型。青少年的个人品德处于未定又待定的阶段,朋辈群体对青少年的思想、情感、关系和行为的影响越来越大,友谊关系成为与家庭关系、师生关系平行的三大亲密关系之一。青少年的朋辈友谊关系是以选择和承诺为基础建立的,较之家庭关系和师生关系,友谊关系更具私密性、平等性、交互性。青少年更渴望用感受观察、理解体验、移情共感、表现表达来有意识地运用道德情感,在与自我的关系中体验自尊自爱、自信自豪等立足自我、改善自我的道德情感,在与他人的关系中体验真诚信任、关怀同情等人际关爱取向的道德情感,在与社会的关系中体验责任使命、团结合作、荣誉成就等公正崇高取向的道德情感。青少年要加强道德修养,注重道德实践,"踏踏实实修好公德、私德,学会劳动、学会勤俭、学会感恩、学会助人、学会谦让、学会宽容、学会自省、学会自律"[①]。青少年能够从有利于他人、集体和社会的道德行为中获得自我肯定的深刻体验,从而形成履行道德义务的高度荣誉感和强大内驱力。这种精神满足和心灵体验会使青少年把道德本身作为追求的直接对象与目标,在道德人格完善中获得一种崇高感和幸福感,并扬弃自发层次上义务的外在性和自觉层次上良心的主观性,形成道德的绝对命令,表现出道德情感意志的自发性、道德判断的直接性,实现在生活实践基础上的社会之我和个体之我的统一。

三 青少年道德信仰的主要功能

道德信仰是人把握现实世界的特殊方式,其独特价值在于它

[①] 《习近平谈治国理政》,北京:外文出版社,2014,第173页。

体现了道德精神的实践本质，是理想人格的内生动力、和谐社会的精神要件、现代国家的价值导向。"道德不仅同人的现实需要和主体意志有关，而且同人的实践活动过程直接耦合；不仅要显示现实世界的状况，以及现实世界同人的需要之间的实有关系，而且要直接沟通现实世界和人的需要之间的应有关系。"[①] 作为一种相对稳定的价值观念体系，道德信仰赋予青少年存在的意义和人生的价值，又促使他们去实现这一意义和价值，进而从中体验感悟人生的快乐与生活幸福。青少年道德信仰的功能问题可以从国家、社会、教育和个人四个维度来分析，相应地具有定向、调节、教育和自律四个方面的功能。

（一）定向功能——明德治国

全球化使我们正在更大范围、更宽领域和更高层次上扩大对外开放，有助于开阔眼界、增长见识、活跃思想，更好地吸收借鉴国外道德建设中一些有益成果。"全球化既是一种事实，也是一种发展趋势。无论承认与否，它都无情地影响着世界的历史进程。"[②] 世界范围内各种思想文化相互激荡，西方国家一些腐朽的价值观念、生活方式和思想文化不可避免地会对一部分群众产生负面影响，特别是，西方敌对势力把我国作为西化、分化的主要目标，加紧与我国争夺群众、争夺青少年。这就迫切要求我国采取有效措施抵御西化、分化的政治图谋和应对外来腐朽文化的冲击，用先进的思想道德把青少年团结和凝聚起来。"国无德不兴，人无德不立。如果一个民族、一个国家没有共同的核心价值观，莫衷一是，行无依归，那这个民族、这个国家就无法前进。这样的情形，在我国历史上，在当今世界上，都屡见不鲜。"[③] 共同的理想信念、共同的核心价值观是我们党治国理政的旗帜：一个人有了坚定的

[①] 罗国杰：《伦理学》，北京：人民出版社，1989，第74~75页。
[②] 曹天予：《现代化、全球化与中国道路》，北京：社会科学文献出版社，2003，第1页。
[③] 《习近平谈治国理政》，北京：外文出版社，2014，第168页。

理想信念与核心价值观,就有了立身之本、力量之源,就能自觉为党和人民的事业而不懈奋斗;一个民族有了坚定的理想信念与核心价值观,就能够强基固本、凝聚力量,有效整合社会各方利益诉求;一个国家有了坚定的理想信念与核心价值观,就能形成共同思想意志,实现政治稳定、人民团结、国家繁荣、社会和谐。"人类社会发展的历史表明,对一个民族、一个国家来说,最持久、最深层的力量是全社会共同认可的核心价值观。核心价值观,承载着一个民族、一个国家的精神追求,体现着一个社会评判是非曲直的价值标准。"[1] 正确的理想信念与核心价值观不是凭空臆想出来的,必须同这个国家和民族的历史文化相契合、同需要解决的时代问题相吻合。当代中国青少年要牢固树立中国特色社会主义的共同理想,培育和践行社会主义核心价值观,大力弘扬以爱国主义为核心的伟大民族精神和以改革创新为核心的时代精神,继承中华民族几千年来形成的传统美德,发扬我们党在革命与建设实践中形成的优良作风,积极借鉴世界各国道德建设的成功经验,自觉地把个人追求融入中国特色社会主义的共同理想之中,把个人奋斗融入实现中华民族伟大复兴的中国梦之中。

(二) 调节功能——崇德齐家

社会是人们交互作用的产物,是人类以物质资料生产活动为基础而相互联系的人类生活的共同体。社会是过程的集合体,而不是既成事物的集合体。社会治理包括道德治理必须深入分析和准确研判当前世情国情社情,把握时代特征,切合社会现实,遵循治理规律,确保社会既充满活力又和谐有序。"从整个社会发展的角度来看,认同问题的凸显,也必然使人们思考现代社会应该用什么样的价值观念来统领整个社会,从而使人们获得归属感和稳定感。"[2] 当前,中国特色社会主义进入新时代,全面建成小康

---

[1] 《习近平谈治国理政》,北京:外文出版社,2014,第168页。
[2] 韩震、吴玉军:《当代和谐社会建构中的文化认同问题论纲》,《山东社会科学》2008年第11期。

社会进入决胜阶段,国内外形势正在发生深刻复杂变化,我国事业发展正处于重要战略机遇期,各项改革逐步进入关键期和深水区。我国社会主要矛盾已经转化为人民日益增长的美好生活需要和不平衡不充分的发展之间的矛盾。伴随人口流动的加速、新社会阶层的崛起、社会阶层结构的复杂化、社区组织与劳动关系的多样化等,社会生活日益多样、社会思潮日渐多元、社会矛盾日趋多发,不同社会成员、社会群体、社会阶层之间的利益关系越来越复杂,统筹兼顾各方面利益的难度不断加大。面对新时代、新形势、新矛盾、新问题,如何发挥道德在调节各种社会关系和利益冲突中的重要作用,引导人们正确处理各种利益关系,理性合法地表达利益诉求和解决利益冲突,自觉地维护改革发展稳定大局,为决胜全面建成小康社会、夺取新时代中国特色社会主义伟大胜利、实现中华民族伟大复兴的中国梦、实现人民对美好生活的向往,创造安定团结和谐有序的道德环境,是亟待解决的社会问题和时代课题。"道德建设的成功与否,关系到社会主义市场经济的良性发展,关系到社会正常秩序的维持,关系到广大人民群众的实际幸福,也关系到社会主义现代化的真正实现。"[1] 道德建设必须着眼于人的全面发展与社会和谐发展,正确应对现实中的矛盾和问题,实施有效的社会管理,推进社会资源整合,激发全社会的创造活力,妥善协调各方面的利益关系,正确处理各种社会矛盾,保障社会公平正义。"青年的价值取向决定了未来整个社会的价值取向,而青年又处在价值观形成和确立的时期,抓好这一时期的价值观养成十分重要。这就像穿衣服扣扣子一样,如果第一粒扣子扣错了,剩余的扣子都会扣错。人生的扣子从一开始就要扣好。"[2] 青少年要从我做起、从身边做起、从小事做起,以社会主义核心价值观为基本遵循,积极倡导和谐文明的社会风尚。

---

[1] 罗国杰:《道德建设论》,长沙:湖南人民出版社,1997,第608页。
[2] 《习近平谈治国理政》,北京:外文出版社,2014,第168页。

(三) 教育功能——立德树人

教育是国家之基、民生之本，立德树人是教育的根本任务。"大学之道，在明明德，在亲民，在止于至善。"[①] "修身、齐家、治国、平天下。"[②] "师者，所以传道授业解惑也。"[③] 其中"明德""修身""传道"所强调的就是要立德树人。党的十九大报告中指出，要全面贯彻党的教育方针，落实立德树人根本任务。我们党继承和发扬中华文化教育思想的优良传统，始终把立德树人作为教育的根本任务。"立德"是前提和基础，"树人"是目的与归宿。"教育系统在伦理、公民和道德教育中应发挥一种基本的作用，并与家庭所起作用相互补充。"[④] 学校作为一种学缘性的生活共同体，是进行系统道德信仰教育的重要阵地和主要渠道。学校道德教育的最直接功能是提升学生道德情操和德性水平，以此改善道德风尚，净化社会环境，这有利于人与社会、自然、他人的关系协调，可以满足社会、自然、他人的发展需要，这是手段价值和工具理性的体现。学校道德教育的最根本初衷是培养学生的道德人格、塑造学生的道德自我，以此满足人的内在需求和发展需要，使学生在陶冶情操中感受到一种自我肯定和超越现实的满足，从而获得崇高感、价值感和幸福感，体验人生的美好、精神的愉悦，最终达到全面自由发展的目的。目的价值和手段价值在本质上是道德功能和作用的两种不同表现，目的价值是内在价值，强调的是人之为人的内在规定性，有利于弘扬人在道德面前的主体性，但走向极端的话往往落入唯意志论的窠臼；手段价值是外在价值，强调的是人并不是为了道德而活着，道德只是人为了达到更高目的的手段和工具，有利于彰显人在道德面前的客体性，但过分强

---

① 《大学》。
② 《礼记·大学》。
③ 《师说》。
④ 《全球教育发展的历史轨迹——国际教育大会60年建议书》，联合国教科文组织教育丛书，赵中建译，北京：教育科学出版社，1999，第503页。

调将导致实用主义的泛滥。目的和手段是相互依存的，一方的存在是以另一方的存在为前提的。目的需要借助一定的手段加以实现，而手段是为一定的目的服务的，是目的得以提出的前提条件。同时，目的和手段又相互促进，互动发展，在一定条件下可以互相转化。随着中国特色社会主义进入新时代，我国教育事业发展也站在了新的历史起点上，落实立德树人根本任务是促进人的全面发展的必然要求和重要举措。学校道德教育必须正视当前道德教育中存在的期望相对过高与效果相对不佳的现实矛盾，不断创新道德教育方法、手段、内容和途径，把客观的知识按照其固有规律组织在主体的目的性活动之中，为现实对象的规律性存在建立起合乎目的性的有效形式。学校道德教育，一方面，在内容上要针对学生的不同层次采用不同主题的教育内容，因材施教，循序渐进；另一方面，在形式上针对年龄的不同阶段采用不同的教育形式，分类指导，有序衔接，如小学采用游戏或故事教育，动之以情，中学采用情景剧或历史教育，晓之以理，最终实现"勉之以恒，持之以恒，学之以恒，行之以德，道之以德，齐之以礼，有耻且格"[1]。学校道德教育应体现目的与手段的统一，使学生既敬慕崇尚道德，又驾驭运用道德，保持对道德的一种批判性理解和创造性运用，使道德为人的全面发展与社会的和谐发展服务。

（四）自律功能——习德修身

道德信仰是道德行为和道德评价的内部力量，它不仅是实践青少年道德行为的前提和青少年道德规范内化成功的重要保障，而且是青少年树立科学信仰的基础。"道德的产生是有助于个人好的生活，但不是说人是为了体现道德而存在。"[2] 而道德信仰本身就具有为人生指明方向和提供有价值的生活方式的作用。青少年道德信仰习得是在生活实践中根据自身的道德需要，积极主动地

---

[1] 《论语·为政》。
[2] 〔美〕弗兰克纳：《善的求索：道德哲学导论》，黄伟合译，沈阳：辽宁人民出版社，1987，第247页。

感知、体验、选择、认同道德规范,自主建构主体性道德人格的学习过程。这种学习过程是一种以体验为核心的道德认知过程,完成这一过程,需要实现由"体悟"向"领悟"、由"认知"向"认同"、由"情感"向"信仰"的转向。"关于道德价值的问题,我们要考虑的不是我们能看见的行为,乃是我们看不见的那些发生行为的内心原则。"[①] 道德知识属于"缄默知识",这种个体化知识主要依赖体验、领悟和反思而习得。青少年道德信仰习得需要通过体验把道德知识带入生活情境,这样才能把自己的主观感受与生活经验联系起来。当他们发自内心体验到道德的作用,开始产生认同和敬畏抑或拒绝和厌恶的道德情感时,才会具有道德需要和产生道德信仰。道德反思是青少年进入高级道德思维状态的集中体现,是青少年道德自我完善、道德人格健全的主要方式。青少年道德发展重要任务是解决"同一性扭曲"和"同一性混乱"的问题,这其中蕴含青少年承认关系的发展逻辑。青少年在成长过程中受到不公正对待的情感和被蔑视的经验,赋予了他们在承认关系发展过程中的道德角色。青少年通过自察、自悟、自励、自省、自诫、自警等方式,完成对自我的道德反思和道德定位,才能不断培养独立人格、自律精神和批判意识,才能真正体验生活的乐趣和生命的价值,进而不断发现自我、调整自我和提升自我,从而进入更高的道德境界。青少年道德信仰的培养既应通过高尚道德的凝聚和引领,激发青少年对远大目标的敬仰和追求,引导他们成为"国民表率、社会栋梁",又要同自我人生追求相结合,在日常生活中有意识地去修身养性、完善人格,不断提升道德选择和评价能力。青少年道德信仰是在道德原则与道德规范内化过程中逐步完成的,其建构呈现从依从到认同再到内化的递进过程。

---

① 〔德〕康德:《道德形上学探本》,唐钺译,北京:商务印书馆,1957,第22页。

第三章　青少年道德信仰的认同模式

青少年在成长发展过程中不可避免地会遇到主体之我与客体之我、精神之我与肉体之我、理想之我与现实之我、社会之我与个体之我之间的矛盾冲突，而且这种由青少年道德信仰发展任务带来的矛盾与冲突在家庭关系、师生关系和朋辈关系面前会变得更加突出和尖锐，正是个体心理发展水平与社会伦理关系要求之间的矛盾推动了青少年对道德信仰的认知与认同。认真梳理道德认同理论的发展进路，深刻检视青少年道德信仰生成与发展过程中道德认知、道德情感、道德意志、道德行为的相互关系，以及其间发生的变化过程及其相互联系，有助于发现和揭示青少年道德信仰生成与发展的内在规律与认同模式。

一　青少年道德信仰的认同维度

伴随着生理心理的迅速发展，青少年自我的独立意识越来越强，但本能冲动的高涨也会带来问题，同时，社会对青少年的成人意识和成人角色要求越来越高，青少年伦理问题随之越来越多，而且在面对新的社会要求和社会冲突时往往会感到迷茫困扰和角色混乱。青少年的主要危机是自我同一性与角色混乱之间的矛盾，所以，青少年道德信仰的认同机制应重点围绕自我同一性的建立和忠诚道德品质展开。青少年道德信仰是在一定的社会环境和物质条件影响和制约下生成并发展起来的，而这只是道德信仰生成与发展的外在客观条件,并没有解决"如何生成"或"怎样生成"的问题。要进一步探讨这一问题,必须深入研究青少年道德信仰的内在心理机制和外在表现形式。

(一) 青少年道德认知

青少年期是个体由儿童向成人过渡转变的发展时期。对青少年期的研究和探讨是世界各国学者研究的一个长盛不衰、历久弥新的关注点,其中"危机期"(crisis period)理论是一个较为流行的学术观点。危机期理论把青少年期称为"自我的第二次诞生期"(斯普兰格,E. Spranger)和"心理断乳期"(荷林渥斯,L. S. Hollingworth),认为这个时期是个体在人生旅途中不可避免的而且无法平静又动荡不安的"疾风怒涛期"(霍尔,S. Hall),青少年在未知的环境中无法明确自己的行为方式,却又想摆脱父母和家庭依赖去要求获得平等与独立地位,这会导致青少年与成人世界和社会现实的激烈冲突,容易导致他们成为介于儿童与成人之间的"边缘人"(勒温,K. Lewin)。危机论者认为,"危机性"是这个过渡期的主要本质和基本特征,自我同一性的确立、防御自我同一性扩散以及避免自我同一性危机(埃里克森,E. H. Erikson)是青少年发展的核心任务。埃里克森把同一性危机理论用于解释青少年对社会不满和犯罪等社会问题上,他认为青少年需要通过积极的探求、亲身的体验,来获得自我同一感并以此来防止角色混乱和消极同一性,只有解决了"时间前景对时间混乱"、"自我肯定对自我意识"、"角色试验对角色固定"、"训练对工作瘫痪"、"性别极化对性别混乱"、"领导和服从对权威混乱"和"意识形态信奉对价值混乱"等各种冲突后,[①]才能解决角色混乱和自我同一性危机,建立起稳定的个人同一性和社会同一性。埃里克森的自我同一性理论为我们理解和研究青少年道德信仰问题提供了一

---

① 〔美〕埃里克·H. 埃里克森:《同一性:青少年与危机》,孙明之译,北京:中央编译出版社,2017,第65页。

种新的认知视角和思维方式。"青春期关于同一性和角色混乱的特殊斗争可能是一个人生命中最复杂的危机。"① 青少年需要建立一个新的同一感或自己在别人眼中的形象,明确自己的生活目标,确定自己生活的策略,获得自我同一性,形成信任、忠诚和尊重的美德,同时,战胜角色混乱的不确定性,确定自己在社会集体中所占的情感位置,从而正确清晰地选择合适的人生角色,并忠诚地为之奋斗。从青少年发展的角度来看,自我同一性的确立应是青少年道德信仰生成的核心问题。这不仅涉及对"我是谁""我是(或不是)一个什么样的人""我想(或不想)成为一个什么样的人""我该(或不该)成为这样的人"的哲学追问,而且涉及将青少年道德信仰生成的过去经验、现在状态和未来目标贯通起来的实践问题。

青少年道德认知是其道德信仰生成与发展的前提。青少年随着生理和心理的发展成熟,成人意识越来越强烈,一方面,在成人角色胜任感的驱动下,青少年会自觉遵守社会规则,自觉成为一个"有良心的人";另一方面,青少年会想方设法"从父母那里摆脱自己",但青春期的驱动力增加是具有"破坏性的"。青少年需要掌握一定的道德知识(包括道德原则和道德规范),才能全面认识社会道德生活、道德现象以及个体与自我、他人、社会、自然的道德关系,形成正确的道德判断、道德抉择和道德评价,为个体道德信仰生成与发展奠定坚实的认识论基础。根据皮亚杰道德认知发展阶段划分,青少年期处在经历了前道德阶段、他律道德阶段、自律道德阶段之后的公正阶段,青少年的道德观念开始倾向于从利他主义角度去考虑,这便产生了公正的观念,这种公正观念是一种出于关心与同情的真正道德关系,而不是一种单纯的是非判断式的规则关系。按照科尔伯格道德发展阶段理论,青少年处在

---

① 〔美〕约翰·马丁·里奇、约瑟佛·L. 戴维提斯:《道德发展的理论》,姜飞月译,哈尔滨:黑龙江人民出版社,2003,第63页。

社会制度和良心阶段，在这个阶段，"所谓的对：履行个人所承诺的义务，严格守法，除非它们呈现与其他规定的社会责任及权利相冲突的极端情况。对也是指对社会、群体或机构有所贡献。做得对的理由：致力于使机构作为一个整体，避免破坏制度，或迫使良心符合规定的责任。社会观点：把社会观点与人际的协调或动机区分开来。采纳一种制度观点，并据以制定角色和规则。依据制度来考虑个人之间的关系"①。通常情况下，随着自主性和能动性的提高，青少年会以更加自律的方式去学习道德，公正感、责任感、忠诚感、自豪感、自信感、自尊感都会不断发展提升。

青少年期的发展课题是对青少年自我同一性的发展状态和形成过程的重点关注与综合干预，自我同一性确立的方法路径需要认真研究，自我同一性扩散问题更应该深入探讨。埃里克森认为，在青少年自我同一性形成过程中，往往伴随着各种各样的危机和失败，两个极端情形是：（1）"狂热主义"（fanaticism）——自我同一性过剩；（2）"拒偿"（repudiation）——自我同一性缺乏。"狂热主义"心理容易导致青少年过分地卷入特定团体或特定角色中而绝对地排他，并将自己的理想信念和生活方式强加于人而且不考虑他人感受。这种"过于自我"的理想主义状态和"非黑即白"的思维方式容易导致青少年迷信权威、个人崇拜、极端狂躁、自我中心等不良社会态度，自己完全被"狂热"所左右和束缚而丧失清醒理智。"拒偿"心理容易导致青少年抛弃自己的准成人角色、游离于主流社会之外，与社会、集体和他人的距离感失调，不是拒绝或逃避与他人交往，就是被他人所孤立或完全依附于他人，特别是参加一些非正式的非主流的社会组织、群体，并甘愿接受被否定、排斥和抛弃的社会现实和生活方式，而沉湎于虚而不实、离谱怪诞的奇思幻想，或热衷于一些神秘力量、秘密组织、

---

① 〔美〕科尔伯格：《道德发展心理学——道德阶段的本质与确证》，郭本禹等译，上海：华东师范大学出版社，2002，第166页。

暴力倾向的精神麻痹。主体之我与客体之我的反差，精神之我与肉体之我的张力，理想之我与现实之我的距离，社会之我与个体之我的矛盾，会对青少年自我同一性造成一定的挑战性和挫败感，会造成青少年思想偏激和行为极端，要么放荡不羁、不受约束地去率性而为、肆意妄为，要么无所适从、漫无目的地去激烈对抗、彻底逃避，暴力、网瘾、吸毒、早恋、孤僻、厌学、厌世都是青少年自我同一性缺失、扩散和角色混乱的具体表现。

（二）青少年道德情感

道德情感是在道德认知过程中发生发展的一种高级的复杂的道德心理体验，它体现了主体对道德信仰、道德原则、道德规范的主观情绪和积极态度。"没有情感，就没有良心的刺痛、社会责任的强制、尊重的感受和道德的应然。"[①] 作为人类情感的核心内容与高级形态，道德情感是从人类的原始自然情感、现实社会情感系统中孕育演化而来的，是个体心理结构中最深沉、最稳定、最持久的精神体验，直接影响着个体的思想观念、生活方式及行为习惯。道德情感既是个体道德信仰生成的心理基础，又是个体道德信仰生成的情绪动力，往往直接影响着个体对道德信仰的认同感和归属感。道德情感是一种有助于将道德信仰付诸行动的美好情感，个体如果违背道德规范就会经历内疚或者不良的情感。"没有道德情感就没有道德行为，只有当下、直接的情感才能激发意志，产生行动。"[②] 在现实生活中，"口言善，身行恶"的现象屡见不鲜，道德认知只是道德信仰的前提，道德情感的缺失将使道德认知变得无足轻重、一文不值，道德原则和规范也燃不起道德信仰一丝火花、激不起行为半点涟漪。正如苏霍姆林斯基所说："没有情感的道德就变成了干枯的苍白的语句，这语句只能培养出

---

① 〔美〕乔纳森·特纳、简·斯戴兹：《情感社会学》，孙俊才、文军译，上海：上海人民出版社，2007，第217页。
② 周辅成：《西方著名伦理学家评传》，上海：上海人民出版社，1987，第361页。

伪君子。"[①] 道德情感本质特征是一种具有亲社会行为倾向的利他主义诱因。一种情感越是倾向于诱发他人的利益、社会的福祉，就越会被视为一种道德情感，在此种意义上讲，道德情感就是作为人类自身适应机制演化而来的利他主义倾向。道德信仰主体一旦具有了真挚的丰富的道德情感，就会自觉履行道德义务、主动承担道德责任，"正是这种情感使我们不加思索地去援救我们所见到的受苦的人"[②]。朱小蔓认为道德情感可以从内容、形式和能力三个维度来理解：（1）自我认知感、对人同情感、对自然敬畏感和对社会责任感；（2）自然感性道德感、幻化想象性道德感、社会理性道德感和悟性超越性道德感；（3）道德情感知觉感受能力、道德情感理解体验能力、道德情感移情能力和道德情感反应调控能力。[③] 在现实社会生活中，道德情感和道德理性是如影随形、和谐统一的。道德情感是具体的、现实的、感性的，是个体道德生活的直接体现和"实然性"表达；道德理性是抽象的、间接的、理智的，是个体道德生活的间接反映和"应然性"诉求。在人类道德发展历程中，各种来自生活实践的冲突使得人们将道德情感与道德理性相结合，并在道德反思中做出正确合理的道德抉择。

道德情感是支撑青少年道德信仰和道德生活的牢固根基。道德学习包括体验式、情景式、感悟式、生成式学习，相应地，道德情感教育应以情感教育机制而不是照搬认知教育机制去展开，需要关注情感态度和感受体验，使认知与情感相互交融、彼此促进。"在道德学习中，无论是掌握事实性知识，还是掌握评价性知识，或是了解人事性知识，都需要学习者将自己的热情、激情融

---

① 〔苏联〕苏霍姆林斯基：《苏霍姆林斯基选集》，北京：教育科学出版社，2001，第108页。
② 〔法〕卢梭：《论人类不平等的起源和基础》，李常山译，北京：商务印书馆，1962，第103页。
③ 朱小蔓、梅仲荪：《道德情感教育初论》，《思想理论教育》2001年第10期。

合进去,通过生动的接触,触及心灵的震撼,获得独特色调的觉知和意识。"① 如果一个人的行为符合道德理性的要求,个体就会因道德需要得到满足而感到愉悦和幸福,而产生自豪、自尊、自爱的道德情感;反之,一个人的行为若背离道德理性的要求,个体就会因道德需要没有实现而痛苦和内疚,而产生自卑、自责、自悔的道德情感。道德情感蕴含道德理性的感官自觉,只有基于情感体验的道德理性才是真正的道德理性,道德理性只有把握道德情感现象背后的文化本质,才能真正发挥道德理性的导向作用。一个人"在他超常地受荣誉影响的情况下,其道德感便可称强,相反情况下则可称弱"②。它们可能表现为肯定性的积极情绪反应,如爱国主义、集体主义、正义感、自豪感、良心感、羞耻感、尊严感、是非感、义务感、责任感、荣誉感和利他行为后的愉悦感,也可以表现为否定性的积极情绪反应,如羞愧感、内疚感等。但无论哪一种情绪反应都以当下或者未来出现满足、愉快、安心、尊严等自我肯定的情绪体验为精神报偿。青少年道德情感是需要精心培养、用心呵护的,需要以内心体验、情感共鸣为主要内在机制,创设情境,再现生活,触动心灵,把道德认知与道德体验结合起来,在特定的情感场域而非单一的知识场域中特定生成。

青少年道德情感应从公正、关爱、崇高、忠诚四个方面的价值取向去培养自我同一性和亲社会行为。公正取向道德情感的道德基础是人类长期面临共同公平分享劳动成果的社会现实,个体对共同利益和社会规则的遵守和维护催生了公正的道德情感。公正取向道德情感的典型表征是对公正行为的欣喜、满意和赞赏,对不公正事件的轻蔑、愤怒和憎恶。公平地分享在绝大多数社会文化中被认为是善的,而剥夺他人特别是用不公平手段剥夺他人则被认为是恶的。公正取向道德情感包括社会责任感、合作意识、

---

① 朱小蔓:《情感德育论》,北京:人民教育出版社,2005,第43~44页。
② 〔英〕边沁:《道德与立法原理导论》,时殷弘译,北京:商务印书馆,2000,第105页。

正义感、安全感、秩序感等复杂情感。青少年自我意识不断增强，开始寻求生活意义，对社会、群体、他人、自己接纳更加敏感，对权利公平、制度公平、分配公平等社会问题和热点事件更加关注。公正取向道德情感有助于培养青少年社会责任感、历史使命感，提升青少年亲社会行为的道德勇气。关爱取向道德情感的道德基础是基于幼儿与母亲之间依恋关系的原初情感，幼儿痛苦和危难的表情或需求激发了关爱的道德情感。关爱取向道德情感的典型表征是对幼弱者、受害者的同情，对作恶者、施害者的愤怒。减少自己和他人的痛苦会被认为是善的，而引发伤害或痛苦则被认为是恶的。关爱取向道德情感包括依恋动机、利他动机、互惠动机、补偿动机四个能力系统，主要包含信任、爱、崇高、移情、同情（怜悯）、感激、自豪、内疚、宽恕、谦逊十种核心的道德情感能力。[1] 青少年在同学关系、师生关系、友谊关系、家庭关系中，人际关系突破单向度的依恋、依靠与依从，转向双向互动的关注、关心与关爱，信任、同情、友谊、感恩成为道德心理发展的动力源和生长点。崇高取向道德情感的道德基础是那些激荡、震撼我们的感官以至心灵的对象，英雄人物在生存和死亡的选择中遵从了道义原则的壮举产生了崇高的道德情感。崇高取向道德情感的典型表征是对爱国人士、英雄人物的敬仰、赞美，对丧失国格、损害民族尊严的卑鄙行径的蔑视与鄙夷，推崇的是爱国情怀、民族气节、精神感召、人格魅力。正是在各种冲突和艰难险阻中，崇高感唤起了人们发自内心的道德召唤，显示出一种抵抗、超越自身的道德能力。崇高取向道德情感包括景仰、景慕、敬畏。青少年需要从英雄人物"无我、无畏、无怨、无悔"的伟大人格魅力中，效仿善行义举，激发道德信仰，汲取净化灵魂、振奋精神、启迪人生的榜样力量。忠诚取向道德情感的道德基础是在群

---

[1] 郑信军：《青少年的道德情感：结构与发展》，杭州：浙江大学出版社，2015，第217页。

体合作中对合作成果被掠夺的担忧，个体对群体背叛者和欺骗者的高度警惕及自身忠于群体的承诺促成了忠诚的道德情感。忠诚取向道德情感的典型表征是对爱国、奉献、自我牺牲的赞美、欣赏、尊重，对背叛、欺骗、泄密的愤慨、羞愧和内疚。强调支持自己的群体、团队、党派、民族、国家是善的，而拒绝支持或破坏他们则是恶的。忠诚取向道德情感包括崇敬、信任、欣慰。青少年发展成长很重要的一点就是要处理好个人与群体、集体、国家的关系，与群体一并成长，与集体一同进步、与国家一起发展。忠诚取向道德情感有助于培养青少年的爱国情感、民族情怀、集体荣誉、群体意识、奉献精神，使个体对群体发展抱有强烈的责任感、对集体荣誉抱有积极的成就感、对国家命运抱有崇高的使命感。

（三）青少年道德意志

道德意志是个体在道德生活中自主地确定目的，自觉地在道德实践中克服困难，实现预定道德目的的坚决决心和不屈毅力。道德意志是道德心理的重要品质因素，是个体促使道德认知、道德情感转化为道德行为的调节阀和助推器。个体之所以能够抗拒不道德诱惑、战胜不道德动机、抑制不道德行为，全在于道德意志对道德认知的把控和对道德情感的调节。"全部道德文化的主要目的在于塑造和培养理性意志，使之成为全部行为的调节原则。"[1]道德意志体现的是对道德认知的理性执着。"理智试图把握呈现给感官的东西，而理性试图理解其意义。"[2] 理性要求人们处理问题应按照事物发展的规律和自然进化原则去考虑。"道德意志则是意志中指向善的那一部分，从行为指向上，它是趋善避恶的。"[3] 没

---

[1] 〔德〕包尔生：《伦理学体系》，何怀宏等译，北京：中国社会科学出版社，1988，第412页。
[2] 〔美〕汉娜·阿伦特：《精神生活·思维》，南京：江苏教育出版社，2006，第63页。
[3] 易小明、吴昌强：《意志、道德意志、善良意志》，《学术交流》2010年第12期。

有以善良为目的的意志就不能称之为道德意志。个体道德意志坚强，可以增进和助推积极的道德情感，抑制和克服消极的道德情感，反之，个体道德意志薄弱，则会压制和挫伤积极的道德情感，放任和助长消极的道德情感。良心作为主体的"道德法庭"体现的是对内心法则和普遍道德律令的尊重，它是道德自我的核心内容，也是道德意志的一种表现形式。"真实的良心是希求自在自为的善的东西的心境，所以它具有固定的原则，而这些原则对它来说是自为的客观规定和义务。"[1] 良心对个体行为过程中的认知、情感、意志进行自觉监督、控制和自我剖析审判，对于符合个体道德需要的情况给予认可和强化，对那些不符合个体道德需要的情况给予纠偏和弱化。"良心不过是社会的客观道德义务，经过道德规范从他律向自律的转化过程，而在道德主体的内心深处，以自律准则（内心的道德法则）的形式积淀下来的人的道德自制能力。"[2] 可以说，没有良心也就无所谓道德，一个人最可悲之处莫过于良心的沦丧。良心既是公诉人又是审判员，人们做善事是"对得起良心"，做坏事就会受到"良心谴责"，当然也会"良心发现"。

青少年道德意志培养需要不断强化道德信仰的自主性、自觉性和自控性，使个体道德行为不受外界干扰因素的影响。青少年期个体道德动机日趋信念化，道德意志逐步形成，但在坚定性和自制力方面还存在很大的不稳定性。青少年道德意志很容易受到环境和情绪的影响而呈现一定的波动和摇摆。譬如，青少年的纪律意识在纪律严明的班集体和纪律涣散的班集体，可能会有截然不同的表现；青少年的生活行为在顺境中和在逆境中，可能出现判若两人的表现。尽管青少年道德动机已经具有一定的目的性和指向性，但道德意志存在待定未定的摇摆性和波动性，这种道德认知与道德意志的匹配错位会导致青少年道德行为的间歇性和情

---

[1] 〔德〕黑格尔：《精神现象学》（下卷），贺麟、王玖兴译，北京：商务印书馆，1979，第149页。
[2] 罗国杰：《伦理学》，北京：人民出版社，1989，第207页。

绪性，青少年存在知行脱节、言行不一的问题大抵由此而来。当前青少年独生子女居多，而且大多没有经过艰难困苦面前的意志磨炼，道德意志相对薄弱，存在相当程度的依赖性和从众性，主要表现在道德行为的发生往往依赖老师、同学、家长的关注和监督，在学校或正规场合的行为表现往往好于家庭或非正规场合。对性格软弱、易受暗示的青少年要有针对性地培养其道德意志自主性，对性格执拗、固执己见的青少年要重点培养其道德意志自觉性，对冒失草率、缺乏毅力的青少年要重点培养其道德意志自控性。青少年道德信仰生成是一个从他律到自律的发展过程，个人通过道德实践活动，把道德规范内化为自身的道德信仰和道德需要，从而实现自身的个体价值与社会价值，获得社会荣誉、地位和尊重。道德意志存在一定的主观性和伸缩性，尤其是在道德意志形成的最初阶段，往往会呈现一定的波动性与反复性等，这就需要通过道德模仿和道德社会化来形成。青少年通过接触道德榜样，学习榜样的感人事迹，感受榜样的人格魅力，体会榜样的道德境界，在交流互动、心灵震撼中提升道德意志力。"道德同一性由自我意识激发，是一种自我连续感和一种个人对道德要求的定向。"[1] 在社会道德行为实践中，青少年应该根据自己的道德需要，正确地支配、调节、控制自己的道德认知、道德情感、道德信念，战胜各种困难，不断提升个人的道德素质，优化促进社会道德风尚，推动完善社会伦理秩序。

（四）青少年道德行为

道德行为是主体在道德认知学习、道德情感体验和道德意志磨炼基础之上形成的对他人或社会具有道德意义的自主选择行为。道德行为与道德认知、道德情感、道德意志是一个统一的完整的道德实践过程。道德行为是在道德意志激励下对道德认知的行为模仿与对道德情感的情景再现。道德行为发端于个体对道德情境

---

[1] 万增奎：《道德同一性及其建构》，《外国教育研究》2009年第12期。

的触动与关注，当个体意识到面临道德事件需要做出道德判断时，道德认知系统便开始启动，个体就需要运用已有道德知识和经验对眼前的道德情境做出道德回应和道德解释。个体对道德事件的敏感程度和对道德情境的反映方式与其认知水平、社会经验、角色意识、思维能力、移情能力等有直接关系。道德判断涉及善恶分辨、利弊权衡，这就会触发道德情感系统，道德抉择会触动个体把道德认知渗透到道德情感体验之中。个体在计算得失并做出道德抉择后，道德意志系统便发挥作用，道德决定的选择与执行还需要道德意志的力量去实现动机和效果的统一。个体的价值取向、社会角色、预判能力、承受能力等会对道德抉择产生重要影响。在道德认知、道德情感、道德意志交互作用下，个体将道德意向付诸实践活动之中，于是内在的道德动机便转化为外在的道德行为。个体道德行为方式与其道德经验、道德习惯、思维方式等因素有关。"道德行为的产生不是偶然和突发的，能否把道德反应、道德判断和道德激励转化为道德实践，关键在于人有没有能力把一个道德反应的心理模式建构出来，有没有能力把一个居于支配地位的道德理性建立起来。"[1] 道德行为展现了个体以道德的方式体会、认识、理解、把握、改造主客观世界的过程。自觉、自愿、自然的道德情境多次反复地呈现、出现，可以使得个体道德行为在长期道德实践活动中"习惯成自然"。道德习惯的养成有助于道德行为发生成为一件自然而然、随心所欲、简单易行的生活方式。

青少年道德行为与青春期的成长特点和发展任务是如影随形、密不可分的。卢梭把青春期比作个体的"第二次诞生"[2]，从青春期开始，青少年的神经生理—心理迅速发展，这为个体道德心理从儿童期的萌芽状态进入青少年期的形象化发展阶段提供了坚实

---

[1] 马进：《论道德行为形成的四要素、四阶段模式》，《道德与文明》2009年第2期。
[2] 〔法〕卢梭：《爱弥儿》，李平沤译，北京：商务印书馆，2011，第317页。

基础。青少年开始从心灵的最初活动中产生了良心，能够从爱与恨的情感中产生善恶的基本观念，这意味着青少年"终于进入了道德的境界"。青春期面临诸多发展任务："（1）获得新的、更成熟的两性同龄伙伴关系；（2）获得男性或女性社会角色；（3）接受自己的身体，并有效地使用身体；（4）获得不受父母和其他成人支配的情绪独立；（5）获得经济独立的保证；（6）选择职业和为职业做准备；（7）为婚姻和家庭生活做准备；（8）发展胜任公民身份所需的智力技能和观念；（9）期望和获得负责任的社会行为；（10）获得一组指导行为的价值观和伦理体系。"[①] 这些发展任务不仅具有描述性，而且具有可普遍性，它规定了青少年要想成为幸福的和成功的人，就必须获得一组成熟的能够指导自己行为的价值观和伦理体系，使自己的道德发展符合好人和好公民的合适特质。与青少年道德发展直接相关的是"期望和获得负责任的社会行为"和"获得一组指导行为的价值观和伦理体系"这两项任务，青少年道德行为养成的核心任务是实现从自爱到爱人、从利己到利他的价值观转变。由自爱而产生的对他者的爱是人类同情之心和恻隐之心的结果，也是人类正义的本源，青少年需要培养和学会为了家庭、团体、社区、社会的更大利益而做出奉献牺牲。"经过细心培养的青年人易于感受的第一个情感，不是爱情而是友谊。……把蒙昧无知的时期加以延长，还可以获得另外一个好处，那就是：利用日益成长的感性给这个青年人的心中投下博爱的种子。在人的一生中，只有这个时候对他的关心教养才能取得真正的成效，所以这个好处的意义更为重大。"[②] 青少年日益成长的想象力首先使个体意识到自己生来不是要单独一个人生活，而是需要心怀博爱地去关注关心他人，去同情、援助那些遭遇不幸和遭受痛苦的人们。

---

① 〔美〕约翰·马丁·里奇、约瑟佛·L. 戴维提斯：《道德发展的理论》，姜飞月译，哈尔滨：黑龙江人民出版社，2003，第55~56页。
② 〔法〕卢梭：《爱弥儿》，李平沤译，北京：商务印书馆，2011，第332页。

青少年道德行为发展是一个从感性到理性的过程。在少年期，个体道德行为逐步摆脱童年期的桎梏，同情心、责任感、荣辱感开始有强烈的表现。道德行为规范不再是直接学习父母和家庭而是更多地遵从学校和老师；道德行为表现不再是直观了解和学习道德榜样而是开始模仿和设计崇拜对象；道德行为判断不再是单纯从自我角度来识别对错，而是开始从家庭、团队、班级、学校的整体利益和集体荣誉来判别是非。基础不牢，地动山摇。少年期是个体道德行为培养的打基础阶段，个体道德品质的缺陷和败坏往往肇始于少年期的不良社会风气和恶劣学校环境。在青年期，个体开始自我发现、自我反省，想方设法去摆脱对父母和家庭的依赖性，对友谊、爱情和社会交往活动的需求和向往与日俱增，对人生价值、生活意义无限憧憬和遐想，对荣誉、成就、良好人际关系充满渴望。青年期的发展需求客观上要求个体对道德关系进行积极探索和理性思考。个体道德行为在青年期将不再满足于对道德模范的一味崇拜，而是开始依据社会道德关系把道德规范内化为自己的道德需要，进而使自己的道德信仰具备现实而又真诚的道德意义。成长过程中的道德两难困境是每个青少年都必然要经历的，它会迫使青少年去掌握一种道德同一性的感觉，这种感觉是一种在过去的经历中形成的内在持续性和同一感。尽管它以不成熟的方式满足欲望，而且拥有的渴望还会与现实世界相抵触，但他们还是会积极地接受、欣然地享受这个过程。作为一种反思能力，道德同一性与自我的各种经验有关，道德同一性的自我生成使得个体道德行为的自觉性和意志力不断提升，促使道德行为的自主性和倾向性日益理性化和明朗化。

二 青少年道德信仰的认同理论

长期以来，道德发展的理论探讨和实证研究大都是围绕着青少年对道德的认知、情感、意志和行为四种成分展开的，存在心理学、人类学、社会学、文化学的理论取向，不同的道德发展理论强调各自不同的道德成分。认知发展理论强调道德的认知成分，认为青少年的是非判断是随着其成长成熟而发生急剧变化的。精神分析理论强调道德的情感成分，认为青少年是为了体验自豪和自信等积极情感、避免羞耻和愧疚等消极情感，而遵照道德原则去采取行动的。社会角色理论强调道德的意志成分，认为青少年社会化是一个通过"泛化他人"而进行强化互动的"角色扮演"的演进过程。社会学习理论强调道德的行为成分，有助于理解青少年怎样学会抵制欺骗、说谎和盗窃等违反道德规则的行为诱惑和最终采取亲社会行为的发生机制。考察这些道德发展理论及其相应研究的互动关系，有助于我们对青少年道德信仰认同模式的深刻思考和深入讨论。

（一）思维能力说：认知发展理论

社会发展理论的创始人、瑞士心理学家 J. 皮亚杰是图式论的集大成者，他在《儿童心理学》一书中把图式（Schema）定义为"动作的结构或组织，这些动作在同样或类似的环境中由于重复而引起迁移或概括"[①]。图式代表了个体与环境互动过程中所使用的原始思维模式，是主体建构客体的中介和桥梁，可以解决主客体之间在"感性与知性""个别与一般""直观与概念"等方面的联结统一问题。人们在日常生活中都在自觉不自觉地利用"图式"认识、理解和解释客观世界，对新生事物的理解主要是通过存在的图式将过往的经历、已知的概念联系起来。皮亚杰认为，图式最初来自先天遗传的感觉动作图式，譬如呼吸、吮乳，正是这些最简单的图式构成了认知结构的起点与核心。认知发展的实质就是图式的形成和变化，动作图式经过适应、同化、顺应、平衡等基本过程影响，构造出表象图式、直观思维图式和运算思维图式等新的

---

① 〔瑞士〕皮亚杰、英海尔德：《儿童心理学》，吴福元译，北京：商务印书馆，1980，第5页。

第三章　青少年道德信仰的认同模式

图式和高级图式。道德发展与道德认知水平的发展是并行不悖的，有赖于同化与顺应这两种机能，并在主客体相互作用下，实现从最初不稳定或较低水平的平衡过渡到逐渐稳定的或较高水平的平衡。青少年道德信仰认同就是青少年在道德实践活动中，将那些与原初图式相一致的道德要求，采集、整合进自身内在道德图式的过程。

皮亚杰认为，个体认知能力发展受环境因素、大脑和神经系统成熟的共同影响。他的社会发展理论描述了孩子们学习和发展假设-演绎推理能力、抽象思维能力和反思判断能力的方法路径。皮亚杰把孩子长大过程中的思维发展分为四个阶段。(1) 感知运动阶段（0～1.5/2 岁，相当于婴儿期）。学习协调感知活动和运动活动，语言功能的出现标志着婴儿期的结束。(2) 前运算阶段（2～6/7 岁，相当于前学龄期）。能够使用符号表征，例如语言、记忆、延迟模仿、象征性游戏等。(3) 具体运算阶段（6/7～11/12 岁，相当于学龄初期小学阶段）。能够使用心理运算，但是只能对具体的、直接的体验进行运算，不能对假设进行思考。(4) 形式运算阶段（11/12～18 岁，11/12～14/15 岁相当于学龄中期初中阶段少年期，14/15～18 岁相当于学龄后期高中阶段青年期）。能够进行抽象逻辑思维，可以形成假设并系统地对其进行验证；思维更加复杂，能够进行元认知（对思维的思考）。在皮亚杰看来，0～6/7 岁儿童几乎不关注规则，处于幼儿他律阶段，道德情操和判断属于"单方尊敬"，包含爱和怕两方面因素，是劣势者向优势者的单向尊敬，"从道德判断的立场而言，他律的道德感引向一个有规则的结构"[1]，他们用规则绝对论看待道德问题："对的"就要遵守；"犯错"就要惩罚。6/7～11/12 岁儿童开始进入自律道德阶段，自律具有"双方尊敬"的主要特征，孩子们开始把道德规则

---

[1] 〔瑞士〕皮亚杰、英海尔德：《儿童心理学》，吴福元译，北京：商务印书馆，1980，第 94 页。

青少年道德认同：模式与路向

视为同他人合作的目的与协商的结果，通过民主方式获得一致性同意后，规则是可以修改的。在这种情形下，公正的道德感超越了服从的道德感，成为互敬和互惠的一个重要产物，① 孩子们自此开始具有两种明显不同的道德推理方式："他律道德"和"自律道德"。皮亚杰认为，认知发展的成熟（如道德敏感性、道德判断等技能习得）和社会经验的积累（如与同伴的平等交往）是儿童青少年从他律道德向自律道德发展所需要的两个不可或缺的重要条件。他对儿童青少年过分遵从规则和权威表示担忧，认为这会延缓道德发展进程。处于他律道德阶段的儿童青少年看重的是行为的客观后果而不是主观意图，在惩罚错误行为时主张抵罪式惩罚，而不考虑惩罚与被禁止行为之间的关系。青少年期处于形式运算阶段，此时青少年达到了较高水平的"自律道德"，思考道德的方式更加复杂化，他们开始更多地关注行为动机而不是只单纯地注重行为结果。自律道德的青少年开始意识到社会规则是人们主观制定的，现有规则在大家都同意的情况下是可以挑战和改变的，在惩罚违规行为时主张互惠式惩罚，更倾向于采取与违规行为"罪行"相对等的惩戒措施。

美国心理学家科尔伯格在皮亚杰的基础上继承和发展了社会发展理论，他把道德社会化划分为三水平、六阶段：水平一是前习俗道德，包括阶段 1（惩罚和和服从定向）和阶段 2（天真的快乐主义）；水平二是习俗性道德，包括阶段 3（"好孩子"定向）和阶段 4（维护社会秩序）；水平三是后习俗道德，包括阶段 5（社会契约定向）和阶段 6（个人良心道德原则）。特别是他采用故事法对青少年进行"道德两难问题"研究，改变了道德推理发展研究方式。科尔伯格精心设计一些"道德两难问题"对青少年进行临床访谈，要求被试在"为了满足人的某种需要"与"遵守

---

① 〔瑞士〕皮亚杰、英海尔德：《儿童心理学》，吴福元译，北京：商务印书馆，1980，第 96 页。

规则、法律或权威人物"二者之间进行选择。科尔伯格认为,道德发展水平和阶段是遵循具有普遍性的固定不变的顺序依次向更高水平和阶段发展的,并且一旦达到一个较高的道德推理水平,就不会再倒退到之前的那个阶段;认知能力发展也是以固定顺序依次向更高、更复杂的水平发展演进的,道德发展水平和阶段与认知发展的水平和阶段呈正相关关系。他的研究发现,青少年道德发展水平超越了皮亚杰自律道德阶段。在关于父母和同伴对青少年道德发展的影响中,科尔伯格认为,同伴互动的交互式、谈判式的讨论比父母单向的权威式、说教式的培养更有利于促进道德发展。由于科尔伯格的研究中的被试只有青少年男孩,所以他的理论不可避免地受到了来自女性学者的性别批判,其争议的焦点是科尔伯格的道德发展理论追求的是"公平导向"。批评者认为"公平导向"主要考察的是规则意识,男性相比女性来说在道德判断时更倾向于遵守规则,而处于青少年早期的女孩子更加注重亲密关系,在道德推理中更加关注"关怀导向"。

(二)重要他人说:精神分析理论

精神分析理论的创始人弗洛伊德建立了著名的人格理论,认为精神过程是一个无意识的过程。弗洛伊德一个重要的观点就是童年生活经验将对成年生活产生重大影响。他在《自我与本我》(1923)一书中提出"人格三结构:本我、自我和超我"。"本我"代表着与生俱来的各种原始本能,包含着生理的、心理的冲动和无意识记忆,所要遵守的是快乐原则,是自我与超我的社会基因;"自我"代表着生活世界的各种现实诉求,大多数情况下处于无意识之中,所要遵守的是现实原则,是联结本我与超我的桥梁纽带;"超我"代表着理想世界的各种善良意志,以"应该如何""必须如何"强化人格审查、意识检视和社会监控,所要遵守的是至善原则,是本我与自我的积淀升华。"非理性的本我,它寻求本能需要的即时满足;理性的自我,负责制定满足这些需要的与现实相符的计划;道德意义上的超我(或良心),它对自我的思想和行为的可接受性进行监控。"① 本我、自我和超我三者之间的有机协调共同构成了人格结构的理想模型。对本我的强调是弗洛伊德精神分析理论的一个基本观点和重要标志。温情、安全、相互回应的亲子关系比由恐惧引发的关系更可能使儿童表现出自觉的服从。相反，冷淡、烦躁、经常使用威胁和惩罚的父母极少与孩子分享积极情感，只可能使孩子产生情境性服从。可见，父母的人格特征和教养风格、家庭关系、家庭生活对孩子道德养成的影响是既深刻又深远的。儿童、青少年期的社会经历、家庭环境和父母人格对孩子后来生活影响的研究分析是弗洛伊德广为流传的理论贡献，但过分强调生理因素而忽视社会因素对人格塑造的影响也使众多学者诟病抨击其理论观点过于刻板化、教条化。

新精神分析学家埃里克森被誉为"新弗洛伊德主义者"，受弗洛伊德的影响和启发，他提出了著名的"自我同一性"理论，创立了被誉为新学科的"自我心理学"。埃里克森认为，人格发展是从儿童期一直扩展延续到老年期的终生事情。相比弗洛伊德过分强调本我的冲动，埃里克森则更为关心"理性"的自我世界，强调社会因素、文化因素对人格形成和发展的影响，超越了以本我冲动来分析"自居作用"的局限性。他在《儿童期与社会》一书中把道德社会化分为八个人生阶段，认为人格发展与八个人生阶段的发展任务密切相关，每个阶段是由"认同危机"来定义的，不同发展阶段会遇到不同的心理问题，每个人都要对特定阶段的特定要求做出积极的回应。这八个发展阶段对应八个认同危机，分别是信任与不信任（婴儿期）、自主与怀疑（儿童早期）、主动与内疚（学龄前）、勤奋与自卑（学龄期）、自我认同与角色混乱（青春期）、亲密与孤独（成年期）、代际关怀与自我沉浸（中年期）、完美与绝望（老年期）。埃里克森认为，每一个发展阶段都

---

① 〔美〕戴维·谢弗：《社会性与人格发展》（第5版），陈会昌等译，北京：人民邮电出版社，2012，第356页。

包含着积极与消极两个方面的心理品质和人格特质，一个稳定的自我认同取决于相对应的认同危机的积极解决；如果在某个阶段保持着积极品质，也就完成了这个阶段的发展任务，获得了健全的人格。可见，青少年期既不是自我同一性形成的开始期，也不是结束期，而是一个活跃期和关键期。埃里克森把青少年期视为一个社会心理延缓的过程，这是介于童年和成年之间的过渡阶段。在这个特殊时期，青少年可以通过不断分析和自由尝试各种社会角色，而且不必为所尝试角色承担过多责任。但是，如果青少年探索自我同一性失败将会导致自我怀疑、角色混乱，严重的可能会沉湎于惶恐焦虑、极端狂躁、自我毁灭。青少年期最重要的发展任务是寻求自我同一性、建立一种新的自我认同感、避免出现角色混乱不清。埃里克森认为，青少年自我认同形成在很大程度上是根据父母、朋友和儿童期所喜爱和敬佩的亲人的人格特质来塑造的，这种人格养成不是简单地模仿这些"重要他人"，而是把那些他们所喜爱和欣赏的行为和态度吸纳整合进自己的人格。他认为，爱情、工作和意识形态是青少年自我认同形成的三个主要领域，早闭、扩散、延迟和完成是青少年自我认同的四种状态模型。尽管埃里克森对自我认同理论影响很大，但是随着时间推移也招致一些批评的声音，例如，自我认同状态模型有些狭窄和过时；研究在性别上偏向男性发展、忽视女性角色；研究是以美国白人中产阶级青少年为文化背景的。道德自我是人格的重要组成部分，是个体对自身道德状态的看法和把握。道德认同是个人的道德系统和自我系统的有机融合，使道德感和认同感达到高度的联结统合。

（三）角色扮演说：符号互动理论

美国社会学家乔治·赫伯特·米德是早期对人类生活中社会角色和符号互动的意义进行系统研究的最为著名的学者，其经典之作《心灵、自我、社会》（1934）是符号互动论建立的重要标志。米德认为，行为是指某个人在特定情境下的全部反应，既包括人们的实际行动,又包括人们的感觉和想法;人类与动物的不同在于人类有自我意识;人类互动很大程度上受文化意义的影响,并且多数文化意义是象征性的;人类互动是基于有意义的符号之上的一种行动过程。米德把自我分为"主我"和"客我",在他看来,"主我是有机体对其他人的态度做出的反应,客我则是一个人自己采取的一组有组织的其他人的态度。其他人的态度构成了有组织的客我,然后,一个人就作为主我对这种客我做出反应"[1]。他把社会化分为模仿、嬉戏和博弈三个阶段,在这里,社会化过程就是一个心智、自我及社会通过符号互动而持续发展的过程。自我意识是随着符号能力的提高而发展起来的,自我人格是借助于"主我"与"客我"之间的符号互动、相互建构而得以生成的。自我从只能扮演简单的、有限的角色到可以扮演特定的、重要的角色,再到能够扮演普通的一般化他人的角色,具备了丰富的角色扮演能力,使个体能够站在他人视角观察自己,完成像与外在他人互动交流一样的内在自我交谈。可见,道德社会化的实质就是"角色扮演","主我"需要学会理解他人对于"客我"的角色期待,并按照这种期待发展角色扮演能力、从事角色职责行为。

   道德发展或道德推理水平提升离不开"角色承担技能的发展"和"重要的社会经验",认知发展的提升和社会经验的积累有助于儿童、青少年增进规则意识和道德思维。"角色"所要表现的是对社会或群体中具有某个特定身份的个体的行为期待。在每一次社会互动中,在每一个社会群体中,社会和群体的高度结构化为人们在现实生活中提供了一个用以指导角色扮演的"剧本"。每个人占有一定的地位,扮演相应的角色,角色期待和角色表现是社会和群体的高度组织化的重要内容。角色扮演在很大程度上影响着个人的自我认同。当角色期待与角色表现之间不相匹配的时候,

---

[1] 〔美〕乔治·赫伯特·米德:《心灵、自我与社会》,霍桂恒译,北京:华夏出版社,1999,第189页。

就会因二者之间的差距矛盾而导致角色失灵。角色失灵通常表现为角色失迷（认识不清，不知所措）、角色失常（状态不好，表现异常）、角色失效（准备不足，转型滞后）、角色失败（能力不够，无法胜任）。角色变化是角色失灵的重要诱因。一方面，人类社会的发展变化与社会变迁、社会流动、社会变革息息相关，相应的社会成员也需要不断地调整职业角色；另一方面，每个成员的家庭关系、生活方式、个人能力、身体机能都在随着年龄增长而发生变化，相应的家庭成员也需要不断地调整家庭角色。职业角色和家庭角色的各种变化要求每个人学会终止和跳出原先已经熟悉的惯常角色，再去重新开始和接受现在有些陌生的新鲜角色。人们都会扮演许多不同的社会角色，常常会遇到职业角色和家庭角色出现对立的情况，也会同时遇到职业角色中上级与下级间的关系冲突和家庭角色中长辈与晚辈间的关系冲突，来自不同方向、相互对立的角色牵引力量被置于同一角色的同一情境，角色冲突和角色紧张会导致分身无术、浑身乏力之感。青少年一方面要在自身生命周期"扮演"多重角色，诸如"好孩子""好学生""好朋友""好公民"等，另一方面面临着预期社会化的发展任务，"预演"未来的"成人角色"，做好未来角色的社会学习。青少年在生活方面日趋独立，而在经济方面大都依赖于家庭，这种角色冲突就会产生非常棘手的情感烦恼和代沟问题。

（四）观察学习说：社会学习理论

社会学习理论的创始人、美国心理学家阿尔伯特·班杜拉是新行为主义的主要代表人物之一，他在《社会学习与人格发展》（1963）、《社会学习理论》（1977）、《思想和行动的社会基础：社会认知论》（1986）等著作中，把社会学习理论运用于社会行为的研究中，其中最富代表性、最为鲜明的核心概念和理论主题是"观察学习"。观察学习亦称替代学习、示范作用过程，主要指的是"人们从观察别人中形成了有关新行为如何操作的观念，这一编码的信息在以后场合中就作为一个行动的导向。因为人们在操作任何行为之前，至少可以以一种近似的形式向榜样学习做些什么，所以可以避免一些不必要的错误"[1]。以往行为主义学派把研究旨趣放在直接经验的获得和强化上，班杜拉摈弃了传统行为主义对环境的依赖，认为任何直接经验都可以不用亲自体验和强化，而仅凭观察学习便可获得。他用交互决定论回应对环境决定论和个人决定论的批评，强调在观察学习中行为、认知和环境三者的交互作用。社会学习理论认为，人们主要是通过观察学习去提升道德判断能力、道德行为能力和自我调控能力的，成人的行为方式和角色榜样对青少年的影响远远大于口头教育。如果想要激励、塑造、培养青少年的优秀道德品质、亲社会行为、利他主义价值观等社会良知，那么成年人特别是家长、教师等最主要的是以身示范、身体力行这些美德便可以了。班杜拉把观察学习分为注意过程、保持过程、产出过程和动机过程四个部分。[2] 在这里，他十分强调要在理论上将道德行为能力与道德行为表现区分开来。其中，道德行为能力是一个认知过程，而道德行为表现则是一个动机过程，两者分别从属和依赖不同的心理机制。如果仅从行为技能的掌握的意义上说，示范行为的观察学习只需要注意过程、保持过程和产出过程这三个环节即可完成。动机过程是观察学习的一个关键环节。无论示范原型的行为表现具有多么大的吸引力并乐此不疲，如果这些表现不能给观察学习者带来奖赏性结果，那么即使获得并娴熟掌握道德的那些示范行为技能，人们仍然并不一定会实际表现他们所观察学习到的所有行为。社会学习理论认为道德行为与人们所认识到的具体情境有很大关系。一个人可能在某种具体情境中道德行为表现良好，却可能在另一种具体情境中表现欠佳。

---

[1] 〔美〕阿尔伯特·班杜拉：《社会学习理论》，陈欣银、李波黍译，北京：中国人民大学出版社，2016，第18页。
[2] 〔美〕阿尔伯特·班杜拉：《社会学习理论》，陈欣银、李波黍译，北京：中国人民大学出版社，2016，第18页。

道德品质是社会学习的产物,但道德品质并不是道德行为的充分条件。社会学习理论认为,道德品质虽然具有一定的一致性,但相对于特定情境而言并不是一种稳定的人格特质。虽然我们不能完全期望一个人道德品质具有跨时间、跨情境的完美一致性,但是道德品质反映的是一个人抵制败德行为的抗压能力,学会抵制败德诱惑是衡量道德水平的重要指标之一。强化、惩罚和榜样是社会学习理论研究儿童和青少年道德行为的三个主要议题。研究表明,强化道德行为,儿童和青少年一般愿意接纳态度温和成年人的表扬性的愿望和要求;惩罚对儿童和青少年确立道德禁令的作用是有限的反应抑制,对惩罚的因果解释(是内部归因还是外部归因)是道德自我概念训练的有效途径之一;榜样只有清楚地说明要遵守的规则的理由,才能有效地鼓励儿童和青少年表现出好的行为。引导、强迫命令、爱的回收是父母对子女道德发展影响常用的三种教育方式,各种不同的教育方式都是必要的,关键是父母要基于孩子的气质类型去采取"良好匹配"的教养方式。"引导"教育能够唤醒内部归因、促进道德成熟,"强迫命令"会引发外部归因、导致道德上的不成熟,"爱的回收"则收效不很显著。家庭道德教育社会化过程是双向互动的,有效的教育需要三种方式的完美组合——"经常的引导+偶尔的强迫命令+更多的爱"。

三 青少年道德信仰的认同模式

人类行为是受主体的需要、欲望和动机驱使的,人们生活中触发刺激的事件必须经由主体的选择、接受、加工、评价等认知中介过程才能引起相应的反应、情绪和行为。人类行为的一般模式是:S(刺激)-O(个人的实际情况)-R(反应)模式。这一模式所要呈现的是,个人的欲望会受到行为个体的内在因素、当时的心理状态、在场的环境因素和即刻的情境判断等各种主客观因素影响，同样的"刺激"作用在"不同个体"上所产生的"反应"可能是截然不同的。道德意味着一种行为能力，它使人能够明辨是非并按照是非判断负责任地做事，对自己符合道德标准的行为会产生自豪感与喜悦感，而对违背道德标准的行为会产生羞耻感和内疚感。道德信仰认同有赖于健全的自我意识，同时还需要个人以"公正的旁观者"立场去审视我者与他者之间的利益关系，这样道德认同才能作为一种精神实践活动使个人与社会在道德层面实现双向互动。如果把道德认知、道德情感、道德意志和道德行为这四个方面作为青少年道德信仰认同的刺激因素，那么社会发展理论、精神分析理论、符号互动理论和社会学习理论这四种理论就会对青少年道德信仰的认同模式提供一些理论解释和实证支持。基于青少年发展任务和身心特点，青少年道德信仰的认同模式可以分为"智慧认同模式——道德观察者（基于合理性与共惠取向）""情感认同模式——道德依恋者（基于合情性与他惠取向）""偶像认同模式——道德模仿者（基于合意性与普惠取向）""契约认同模式——道德缔约者（基于合法性与互惠取向）"。

（一）道德观察者——智慧认同模式

作为人类社会的一种理性，道德是一种表达关于"应当"的理性智慧。道德需要把握和解决许多问题：人"应当"成为什么样的人？"应当"怎样做人、怎样生活？人与他人应当怎样相处？社会应当如何建设发展？人类究竟应当何去何从？但从另一角度看，道德也是一种表达关于"可能"的理性，它是在若干种"可能"中，去判断选择最能吻合人类生存愿望和可持续发展理想的，也是最合理的那种"可能"。可见，道德既是"为人"（通过对道德原则的尊重获得他人的认同）的又是"为己"（通过道德自我实现而自主地践行道德原则）的。"道德不仅同人的现实需要和主体意志有关，而且同人的实践活动过程直接耦合；不仅要显示现实世界的状况，以及现实世界同人的需要之间的实有关系，而且要直接沟通现实世界和人的需要之间的应有关系。"① 青少年时期是个体生理成熟和心理健全的重要成长期，也是个体伦理道德发展的关键成型期。在这个时期，青少年的自我认知意识和思维发展水平开始达到一个逐步理性的新阶段，青少年在道德认同方面开始以符合自身规律和特点的方式，去思考和探索人生意义、人生价值、人生目的及人生道路。在此阶段，青少年的道德认同表现出明显的自主性，也是青少年道德认同开始从"他律"转向自律的一个主要特征。公正被认为是最基本的人类道德和"首要的必不可少的元德"②，亚里士多德把公正看作整个德性而不是德性的一部分。公正使社会成员之间、群体之间、阶层之间保持一种相互尊重、互惠互利的共生关系，促进人际和谐、维护社会稳定、消弭社会冲突，实现人与社会的良性互动。"公民道德除了具有道德的一般品行——主体道德性与社会秩序和谐性，还有其特殊品性——主体美德性与社会基本结构正义性。"③ 道德智慧体现了知性、感性和理性三种思维能力的高度融合，知性道德思维使人摆脱成见，感性道德思维让人体验他人的欲求，理性道德思维让人在任何时候都一致地指导行为。

"道德观察者"是青少年道德信仰的合理性认同模式，体现的是共惠利益取向。道德作为一种人类利益合作体系和机制，在社会生活中表现为互助、合作与共享的亲社会行为取向。道德合理性涉及道德信仰的合理性和道德决策的合理性。"伦理原则规定（codify）对待他人的方式要适于他人的价值，适于我们对待他们的同伴感情（fellow-feeling）。"④ "道德观察者"是站在每一个人的视角上去

---

① 罗国杰：《伦理学》，北京：人民出版社，1989，第74~75页。
② 〔德〕叔本华：《伦理学的两个基本问题》，任立、孟庆时译，北京：商务印书馆，1996，第254页。
③ 李兰芬：《当代中国德治研究》，北京：人民出版社，2008，第296页。
④ 〔美〕罗伯特·诺奇克：《合理性的本质》，葛四友、陈昉译，上海：上海译文出版社，2012，第51页。

思考和看待道德问题的,这个完善而又理性的个体不仅具备理想的同情心和想象力,而且超越功利主义在利己和利他之间的困境,站在普遍化思维立场上感悟和体验普遍人类理性的共通感。"这个道德主体既不是先验主体,也不是经验主体;既不是站在自我的立场上思维和判断,也不是站在他人的立场上思维和判断,而是站在彻底的'一致性'和'普遍性'的立场上进行纯形式化的主体的(我的)思维和判断。"① 公平正义、规则秩序、道义责任等道德规范是青少年道德认知观察和感知体验的最基本内容。青少年需要观察审视道德规范的公正取向,成为道德规范的"公正的守护者",才能正确理解社会生活中道德权利与道德义务的均衡状态,准确把握社会成员如何各司其职、各守其序、各尽所能、各得其所。而不公正的社会现象容易引发和导致人们道德心理的失衡、迷乱甚至扭曲,如破窗效应、仇富心理等。青少年的"心理断乳期"也是人生的"第二反抗期",在道德认同方面,他们开始不再一味地遵从"道德权威",对父母和老师的榜样和权威开始表现出怀疑甚至否定的态度。面对道德认知领域的是非问题,青少年迫切要求独立自主地认知学习和接受认同,强烈渴望成为主动的道德学习者和自主的道德践行者,希望自己成为道德规范的真正主人而不是沦为被动的道德奴仆。自我意识和自主人格的不断觉醒和逐步增强,为青少年主体性道德认同创造了良好条件。青少年只有自我主动领悟道德规范、自主独立思考道德问题,才能发展和完善独立的道德人格。青少年道德认同的自主性表现为道德信仰的自主性建构,是青少年对道德规范被动地接受、盲目地服从的一种思维方式上的根本性超越,这不仅是对道德规范的认知和记忆,更是对道德信仰的参悟与反思。

公正群体中的规则意识、平等意识、角色意识、民主意识是

---

① 王嘉:《论罗尔斯普遍化道德(政治)视角对"公正的观察者"的超越》,《道德与文明》2013年第6期。

群体团结的意志力和正能量,可以借助日常生活和热点事件中的鲜活案例,把公正理念与爱国情怀、民族情感、集体情谊、互惠情境有机融合,对青少年公正的基本价值观和意志品行的影响将是刻骨铭心、终生难忘的。随着社会生活互动参与水平的日渐提升,青少年关注的公正议题已不限于侮辱、欺凌、人身伤害等显性的结果公正问题,而是更加关注权利公平、制度公平、分配公平、程序公平等隐性的过程公正。青少年在不同场合和群体生活中的角色扮演都承载着公正道德取向的标准和要求,培养"公正的观察者"有赖于民主秩序、伙伴文化、群体意识等积极的道德气氛。相互尊重、平等参与、民主协商、群体决策的公正氛围能够吸引青少年参与解决复杂情境下的道德问题,鼓励青少年平衡自我利益、他人利益和群体利益。社会公正的实现程度影响决定着现实生活中人们的道德心理活动,青少年的道德规范认知、社会责任意识、人际交往规则等主要是以公正为核心展开的。公正作为整个道德的中心概念,是个体道德心理活动的社会根基和主要动因,蕴含着人类在社会实践中所积累和沉淀下来的道德智慧。道德规范作为一种特殊的规范调节方式,与法律、政治规范相比较而言,它是一种非制度化、非强制性、内化的规范。作为一种实践智慧,道德使人在日常生活的经验中,理解、把握自己与世界的关系,寻找社会发展和人类完善的理想境界。这种理解、把握、寻找不是简单地通过逻辑论证得到的知识体系,而是从自身经验中得出的世界的道德评价。道德作为一种智慧需要,就是帮助青少年如何正确认识自我与他人、个人与集体、眼前与长远之间的利益关系,使青少年在遇到自己与他人之间愿望、需要和价值的利益矛盾(道德两难情境)时做出合理抉择。青少年以智慧认同模式去认识道德规范,体现了自主道德的特质,强调行为的公正性和忠诚,一方面体现的是对道德规范的权威性的敬畏,另一方面是他们以道德行为对身体所产生的后果来认同行为好坏的思维方式,这也是道德自我服务的价值所在。

（二）道德依恋者——情感认同模式

与"公正"这个道德首要主题一同提及的是道德主题"仁爱"。前者以特质性的自我权利维护为目的，代表性人物是科尔伯格，其强调人的自主性和权利；后者以情境性的人际关系和谐为目的，代表性人物是吉利根，其强调人际的相互依赖关系和责任。仁爱包含仁慈、善良、友爱、爱人等美好情感，人性的真善美和众多美德都是由此衍生出来的。人类正是通过仁爱的同情心、同理心，体会感受他人在特定情境中的道德情感，从而达到判断对错、分辨善恶的目的。道德仁爱作为一种社会德性，源于人类同情机制的内在作用以及有用性的价值驱动，在道德理论体系中占有基础性的重要地位。儒家思想就特别强调，"仁者安仁，知者利仁"[1]，"博爱之谓仁"[2]，"仁者爱人"[3]。如果说"公正取向"是以道德的合理性来建立共惠道德原则的话，那么"仁爱取向"就是以道德的合情性和仁爱思想来建立他惠道德原则，在这里，道德自我不只是根据自主性来判断，更重要的是依据关系性来界定，公正与关爱作为道德的两种互补性存在，使道德规范表现出情理交融的"软规范"特性。人类不管在哪个年龄阶段都会有自己的依恋对象，这是一个最值得信赖的人、一个在困难降临之际会为你提供无私援助的人、一个能够帮你把潜能发挥到极限并以此为最大幸福快乐的人。这个依恋对象本身就是一个安全的个人基地，同时还会尽其所能地为我们提供一个安全基地。依恋行为被看作人类行为模式的一个重要组成部分，个体表现出的试图接近他人并保持亲近的依恋行为模式总是或多或少地留有儿时主要依恋对象的影子。"每个年龄阶段的健康人格功能（personality functioning）首先反映了个体识别那些乐意并能够提供安全基地的合适对象的能力，

---

[1] 《论语·里仁》。
[2] 《韩愈全集·原道》。
[3] 《孟子·离娄下》。

其次反映了他与这个对象以互惠的方式合作的能力。"[①] 对青少年来说，不同家庭环境和依恋关系对个体的道德社会化和道德情感发展的影响是奠基性的、决定性的。依恋理论为人类与重要他人建立强烈感情纽带提供了概念化的理论支持，也为不同形式的情感困扰和人格障碍提供了理论解释。道德认同需要认真审视主体与环境、个体与情境的互动关系，从建立、维持和发展良好人际关系中认识自我、熟悉自我和发展自我，从关注别人的需求、利益出发去维系好具有安全感、幸福感和获得感的情感纽带。人们的各种社会关系是从婴儿与母亲的依恋关系发展延伸而来的，并逐步形成一些特定的关系模式。道德问题往往是与各种关系的恢复与维持或紧张与破裂有直接关系的，道德动因在于能够主动站在他人的立场和角度对他人的需要和利益做出反应，通过给予他人关爱去保持积极的、良性的互动关系。

"道德依恋者"是青少年道德信仰的合情性认同模式，体现的是他惠利益取向。在关系主义视角下，道德行为包含了特定的情境性因素和丰富的社交性内涵，非契约性的社会关系和特定关系结构中的"重要他人"（important others）对道德行为的价值判断和行动意愿有着重要影响。青少年处在关系维度不断发展与变化的成长环境中，重要他人是建立道德情感联结的关键要素。对青少年道德信仰认同影响深刻的重要他人主要有父母、老师和同侪（同学、同伴）。生态系统理论认为，直接体验并置身其中的现实生活环境（如与青少年关系表征相关的主要环境是家庭和学校）会影响和促使个体在社会交往和群体互动中形成情境依赖和关系依恋。父母（家庭）、老师（学校）和同侪（朋辈群体）在青少年社会发展交往中相互传递着人生态度、人伦关系和人际情感，同时也创造着长期而又稳定的社会秩序联结——一种包含对自我、

[①] 〔英〕约翰·鲍尔比：《情感纽带的建立与破裂》，余萍、曾铮译，北京：世界图书出版公司，2017，第118页。

家庭、他人、社会乃至全人类的普遍责任。

从历时性维度来看，青少年随着年龄的增长，重要他人的类型变得越来越丰富、关系越来越复杂。青少年早期（early adolescence）的社会关系框架中，尽管老师（学校）和同侪（朋辈群体）已经成为交往互动频繁的重要他人，但是父母（家庭）的影响依然是最为重要的，亲子关系仍是青少年社会认知、角色情感、社会责任、行为方式的最基本的人际互动模式。家庭是社会的细胞，社会是家庭的延伸。家庭是个体完成社会化的首要场所，亲子关系是所有社会关系的样态雏形和情感基础，正是这种微观系统的家庭依恋关系奠定和巩固着宏观系统的社会秩序（依赖）关系。生活化（生存性）交往在青少年的人际关系中还占据着重要位置，这也是关爱道德取向的第一阶段，为了生存而对自己以"我"为圆心的自我关爱和家庭依恋。青少年中期（middle adolescence），随着在学校时间越来越长和与老师、同学交往互动越来越多，学业任务在成长发展中的关注度越来越高，由责任概念引发的自我与他人关系开始走出家庭系统，学校氛围、教师态度以及同龄群体的价值观逐渐成为高权重的影响力，家庭氛围、父母态度和亲子关系在青少年社会交往关系中开始出现暂时让位、逐步减弱和相对淡化的趋向，这就逐步进入关爱道德的第二阶段——关爱他人，青少年开始寻求家庭微观系统以外的归属认同感，学校系统、师生关系和同侪群体作为中观系统的亚文化成为青少年群体社会化的重要社会情境和特定人际关系。青少年后期（late adolescence），父母（家庭）、老师（学校）、同侪（朋辈群体）以及更为亲密的异性伴侣等来自不同方面的重要他人的影响开始不断发酵、累加、集聚，逐步形成一个准社会支持系统，青少年随着心智成熟开始能够在自己的一个小社会圈内以准成年人的方式去自主处理与不同重要他人之间的多重关系，逐步内化消除家庭依赖与社会责任之间的紧张关系，这就进入了关爱道德的第三阶段——伦理关爱。总之，父母依恋的高峰通常出现在青少年早期，父母需要更多地诉诸行为控制而非心理控制的方法去培养孩子的自主性;同侪遵从压力的高峰通常出现在青少年中期,这时青少年非常容易受同伴群体规范的影响,包括那些提倡不良行为的规范;[①] 老师权威的高峰通常出现在青少年后期,老师与学生之间课堂交流的质量影响着学生的学业表现和行为表现,学业表现的差异被认为是学生能力的差异、个人发展的鸿沟。

从共时性维度来看,重要他人在青少年某一特定发展时期的影响是各有分工、各安其位的。青少年道德同一性的形成与发展根植于个人心理系统、人际关系和社会互动等事实性认知和信念,涉及个人、他人、群体和社会之间错综复杂的利益冲突,也涉及个体内部需求冲突,父母(家庭)、老师(学校)、同侪(朋辈群体)在不同的生活领域中对青少年道德同一性形成各自发挥着相对独立的影响作用。父母(家庭)影响着青少年对社会现实的基本态度和对未来发展的设计规划,是在安全感、依恋感等心理情感领域的重要他人,父母的教养方式和家庭的交流方式影响着青少年的道德情感认同。老师(学校)影响着青少年对学业任务的评价和个人发展的期望,是在社会责任感、自我效能感等现实社会认知领域的重要他人,老师的教学风格和学校的学习氛围影响着青少年的道德权威认同。同侪(朋辈群体)影响着青少年对群体规范的认同接受和社交技能的迫切渴望,是在信任感、忠诚感等社会交往领域的重要他人,同侪的行为偏好和朋辈的群体习惯影响着青少年的道德规范认同。与不同类型的重要他人之间的良好人际互动关系可以在心理上和行为上帮助青少年更好地完成自我发展任务、人际发展任务和社会发展任务。

(三) 道德模仿者——偶像认同模式

偶像认同是个体出于对榜样的崇拜、仰慕、敬畏等趋同心理

---

① 〔美〕戴维·谢弗:《社会性与人格发展》,陈会昌等译,北京:人民邮电出版社,2012,第511页。

而产生的遵从和模仿现象。偶像认同的出发点是个人试图把"高于自我"的成功的人物和事件与本我的主观意愿相匹配,通过模仿榜样的善行义举来提高自我价值感、满足个人归属感。社会学习理论认为,鼓励利他并身体力行的成人对儿童青少年影响的方式有两种:其一,成人榜样对利他行为的身体力行;其二,成人在做出榜样行为的基础上经常做有关利他主义的宣讲和倡导,帮助儿童青少年内化社会责任、道德义务等利他性原则。[1] 榜样的精神感召力、行为带动力和心理共鸣力能够引发青少年产生尊崇和追随心理,榜样所体现的精神、理念、品质是人类社会中共通的美好价值追求。榜样越是平凡、越是真实,就越是可亲、越是感人,在人们的心目中就越是伟大、越是深刻。榜样所蕴含的强烈的道德提升感能够激发青少年的崇高感、钦佩感和敬畏感,使青少年具有对美德善行进行效仿的动机和意愿,更为重要的是,使个体因观察学习而形成的新的道德图式产生替代强化和情感循环。榜样润物无声地表达着人类的情感,使人自觉道德之必然和奉献之神圣。青少年的有效榜样是相对强大而又有足够能量的成人偶像或是身边的重要他人,他们把个体有限之我融入社会无限之我,在平常生活之中从他人身上看到另一个"自我",在本职工作中不断超越个体之我的人之"类"的自觉,实现社会之我的人格升华。榜样的责任担当蕴含着"我就是他""我即我们"的崇高哲理和"善待一切""吃亏是福"的宏大智慧,使"向善之我"普遍的整体存在性得以强化,获得人生幸福的自我实现感。道德模范是道德实践的榜样原型,蕴含鲜活生动的价值观和有形乐见的正能量。深入开展道德模范宣传教育学习活动,有益于把道德模范的榜样力量转化为春风化雨般的生动实践,在全社会形成崇德向善、明德从善、积德行善的浓厚氛围。

---

[1] 〔美〕戴维·谢弗:《社会性与人格发展》,陈会昌等译,北京:人民邮电出版社,2012,第351~352页。

第三章 青少年道德信仰的认同模式

"道德模仿者"是青少年道德信仰的偶像认同模式，体现的是普惠利益取向。道德榜样是在默默无闻的平静生活中涵养着一种超越自我存在的崇高美德，这是有限理性向无限存在的价值升华。道德榜样在不经意瞬间表现出的英勇果敢是优秀品质和良好习惯的集中爆发，他们这种义举已不再是功利的驱动，也不是纯粹的自我约束，几乎是一种平静的本能需要和内在的心灵呼唤。对道德榜样的偶像认同，可以使"尚美之我"产生思想共鸣和美感想象，获得人生幸福的自我愉悦感。最高境界的善行是泽被万物而不争名利。我们开展公民道德建设，就是需要通过褒扬和尊重身边的道德榜样，在社会上竖起时代标杆，确立一种美德风尚，弘扬一种主流价值理念，引导和鼓励人们成为平静生活中的道德榜样。"道德模范是社会道德建设的重要旗帜，要深入开展学习宣传道德模范活动，弘扬真善美，传播正能量。"[①] 崇高道德作为一种人类追求的精神境界，它基于榜样的力量，所倡导的是人们应不断超越自我、超越现实，其指向是鼓舞人们崇德励志、出类拔萃，使人们在推崇和颂扬美德的同时，感悟对无限存在的高峰追求，能够直接引导青少年崇尚美德、对榜样的高尚人格进行全方位持久性的模仿学习。"道德模仿者"是一个主体期望与榜样同一化的主客体相结合的社会学习过程。道德榜样应该是符合青少年认知发展水平，并且适合青少年通过角色扮演能够置身其中的生活原型。"道德动机的最高境界是一个人在心理最深层要求自己在道德上称为好人，道德和自我的融合在榜样人物身上具有更大的统合性。"[②] 青少年是基于自身的认知能力、思维方式、价值取向、道德判断来感知道德榜样的，最好的道德榜样首先最有可能是与自己关系亲密的家人和朋友，特别是父母和兄弟姐妹中的道德榜样更是在润物无声、潜移默化中成为心悦诚服的模仿客体。英雄人

[①] 《习近平谈治国理政》，北京：外文出版社，2014，第158页。
[②] 万增奎：《道德同一性的心理学研究》，上海：上海教育出版社，2009，第183~184页。

物、政治精英、文化名人、著名专家、知名学者、体育明星也是道德榜样认同的重要群体原型。过度狂热痴迷的偶像崇拜对青少年道德发展成熟是不利的，对道德榜样也不应该过分包装和过度拔高。模仿的榜样应该具有可亲性、可敬性、可信性、可学性，最好是青少年身边看得见、够得着、信得过、学得会的平民榜样。这样的榜样一经推出就会在全社会引起激烈共鸣和强烈反响，这就是平凡之人绽放的人性光辉、平静之心触发的思想震撼、平常之事激起的心灵感动。

  道德行为与其角色扮演技能和亲社会道德推理等方面有着密切联系，青少年应当学会把自己看作与崇拜对象一样富有爱心、乐于助人的利他主义者。利他的认知理论认为，青少年通过角色扮演训练能够表现出更多的利他行为，熟练的角色扮演者相比不熟练的角色扮演者而言更具有利他性、合作意识和善意归因倾向（benign attributional bias）。这说明角色扮演技能与利他行为之间呈正相关关系。角色扮演能向青少年提供以经验为基础的道德行为学习环境，角色承担技能的不断提升可以强化青少年理解、体验角色中所寄予的利他倾向和道德要求。直接的真实的道德情感体验和利他道德推理可以共情式唤醒道德良心和利他责任，进而使青少年真正理解认同和接受道德规范，把自己看作一个有道德之人。个体以道德良心为做人做事的原则来辨别是非、判断对错，这是有关普遍公正和普惠全人类权利的至善原则。"有道德同一性的青少年在描述自我或目标、人格时更多地使用道德术语，他们的个人目标和愿望是与道德信念联系在一起的，道德同一性就是一种道德行为的指示器。"[1] 角色扮演对青少年道德行为习惯养成具有重要作用。道德成熟的青少年屈从社会道德规范，不是害怕受到制裁，而是对败德行为感到羞耻和愧疚，也不是因为守德行

---

[1] 万增奎：《道德同一性的心理学研究》，上海：上海教育出版社，2009，第184页。

为想得到利益回报，而是对自己的道德行为感到欣慰自豪。确切地说，道德成熟意味着个体从他律道德向自律道德的行为转变，是道德同一性形成的重要里程碑。

（四）道德缔约者——契约认同模式

道德作为人类社会的共生性价值尺度，维系的是人与人、人与社会之间的共同利益与合作秩序。对美好生活的追求是人类社会发展孜孜以求的永恒主题。从根本上说，道德是人们为了寻求共同的美好生活在平等合作基础上建立起来的互惠性社会契约。人类交往由熟人社会向陌生人社会的变化，使得道德关系逐步跳出以血缘和地缘为基础的身份认同，而是更加依赖以事缘和业缘为平台的契约认同。道德契约是交往中基于彼此之间道德期望而产生的内隐协议，它既是道德理论发展的逻辑必然，也是现实道德生活的客观需要。[1] 人类社会出现道德危机的根本原因就在于道德契约功能缺失或作用淡化，导致道德规范在公共性与个人性、普遍性与情境性之间关系紧张。道德契约是一种基于彼此互信、平等互惠的社会期望，是人类"有目的"的自然选择的社会选择。进化论者认为，"道德始于良心，而良心的演化则始于由群体实施的系统性的、最初属于非道德范畴的社会控制"[2]。这里所谓的"社会控制"实际上是群体对"社会行为偏差者"进行的带有社会偏好性的惩罚，其目的是为道德共同体寻求一种更具普遍性的合法性。道德共同体在根本上体现的是一种互惠关系的契约行为，"通过这一行为，这个有道德的共同体便有它的统一性，并形成了共同的'我'，有了它自己的生命和意志"[3]。互惠关系是道德的本质特征，正是这种互惠机制为道德演化提供了合法性基础。道

---

[1] 石若坤、胡宜安：《道德契约：道德关系重建的重要取径》，《东南学术》2015年第1期。

[2] 〔美〕克里斯托弗·博姆：《道德的起源——美德、利他、羞耻的演化》，贾拥民、傅瑞蓉译，杭州：浙江大学出版社，2015，第17页。

[3] 〔法〕卢梭：《社会契约论》，李平沤译，北京：商务印书馆，2014，第20页。

德契约的合法性源泉在于它是在所有地方都为人所默认和公认的社会公约，每个结合者把自己和所拥有的一切权利已全部转让给整个集体了，而且这个转让是毫无保留的。正是由于道德共同体的每一个人都是把自己奉献给了共同体（整个集体）而不是某个人或某些人，同时又都能从其他人那里得到与自己转让权利同等或相同的权利，所以每个人的付出都得到了与之相应的等价物回报，而且这种超越自然状态或原始状态的互惠关系和协作形式创建了一种以共同体的力量来保障和维护每个结合者的一切权利，并且获得了更多更强的维系自己生存的主要手段和保护自己人身和财产的集体力量。[1] 青少年在认识道德关系时需要对"互惠"概念和互惠理论抱有清醒的认识，不能简单地把互惠和互利两个概念混为一谈。互惠关系并不是简单的利益交换，而是道德契约得以维系的合作机制。青少年要树立诚实守信的契约观念，培养良好的道德契约意识，在道德敬畏、道德信任和道德互惠中积极建构和谐的道德关系，这是人们诚信互动、友爱互助、共享福祉、共建和谐的现实基础。

"道德缔约者"是青少年道德信仰的契约认同模式，体现的是互惠利益取向。人类之所以能够从自然状态进入社会状态，是因为道德自由使人真正成为自己的主人，从而正义代替了本能、理性战胜了天性、文明驱赶了愚昧。"道德是社会整体的契约。"[2] 这就说明了道德契约是基于社会的整体性建构和对所有社会成员的普遍性要求而缔结的社会公约。道德共同体的每个成员既是道德主权的参与者，又是道德契约的缔造者。每一个道德缔约者都要真心实意、尽心竭力地去执行和维护道德契约的各项条款，只有这样道德契约才能具有约定效力而不至于成为一纸空文。道德契约具有互惠性。互惠是人类在文明进化中经过长期发展、不断博

---

[1] 〔法〕卢梭：《社会契约论》，李平沤译，北京：商务印书馆，2014，第19页。
[2] 〔美〕威廉·K. 弗兰克纳：《伦理学》，关键译，上海：三联书店，1987，第12页。

第三章 青少年道德信仰的认同模式

弈的最优化选择,体现的是道德权利和道德义务的均衡匹配。人类在自然状态下的生存障碍之大已经远远不是一人之力可以应对的,只有相互联手、共同协作、一致行动,才能克服阻力、战胜困难、维系生存。家庭亲情、朋辈友情、男女爱情、人间温情无不包含着相互间的道德期待和彼此间的互惠关系。道德通过代际互惠、人际互惠、情感互惠、利益互惠等方式调整着人们的相互关系,增进着相互的情感沟通。道德契约具有约束性,这要求道德缔约者彼此之间要以必要的道德理性约束去达到共同利益的最大化,相互约束也是每一个道德缔约者参与合作、履行承诺的应尽义务和个人品格。自己过得好,也要让别人过得好。青少年需要突破传统的"为了道德而道德"的思维方式,以道德缔约者的身份去建构双向互动、平等互助、共享互惠的现代道德关系。

道德契约的互惠利益取向体现了道德权利与道德义务之间相互依存、互为前提的辩证关系。没有无义务的权利,也没有无权利的义务。道德契约不能一味要求履行道德义务,还要大力呼吁分享道德权利,更要强调道德义务与道德权利的一致性和均衡性,这对于维护道德契约的合法性与有效性是至关重要和不可或缺的。道德权利涉及人的主体地位、选择自由和利益需要,道德义务强调人的主体自律、善良意志和社会责任。以往公民道德建设中,强调义务方面的东西多了些,存在道德权利淡化、弱化的问题,也存在道德美德化和美德道德化的认识误区。"道德是人类伦理的基础部分,美德是人类伦理的提升部分;道德是人类伦理的本体形态,美德却是人类伦理的拓展形态。"[1] 道德是人人遵守的社会规范,讲求社会功利、利益互惠,强调在权利与责任对等原则的规范下实现个人与社会的最大利益,需要进行社会治理;美德是人人敬仰的价值追求,以自我牺牲和无私奉献为基本要求而力所能及地去实现他人和社会的最大利益,需要灵魂拯救。美德是道

---

[1] 唐代兴:《道德与美德辨析》,《伦理学研究》2010年第1期。

德的自由形态和高蹈模式,可以大力倡导,不能全面推行。道德权利与道德义务的和谐统一体现了道德契约忠诚和道德自我忠实的完美结合,任何利己主义的聪明道德都无法取代个人道德忠诚,道德忠诚原则处在一种契约忠诚与自我忠实的道德和谐融合之中。① 青少年对道德契约的认同与遵从是一种配得上信任并唤起了信任的行为举止,青少年期的道德忠诚会影响整个人生的思维方式和行为方式。青少年道德教育要求正确处理道德权利与道德义务的关系,坚持把尊重个人合法权益与承担社会责任相统一,把先进性倡导与广泛性要求结合起来,把社会主义核心价值观的基本要求具体化、规范化,使之成为新时代青少年普遍认同和自觉遵守的行为准则。

---

① 〔德〕爱德华·封·哈特曼:《道德意识现象学——情感道德篇》,倪梁康译,北京:商务印书馆,2012,第120页。

第四章　青少年道德信仰的发展向度

青少年道德信仰认同与生成直接影响着他们的人格养成、精神追求、生活品位，事关国家的长治久安、社会的发展稳定、个人的成长成才，要探索合乎时代要求、遵循道德规律、符合青少年发展实际的道德信仰生成机制。青少年道德信仰生成不仅涉及各方面因素的交互影响与相互作用，还要在发挥青少年主观能动性与外界环境、氛围、情景的交往互动实践中逐渐选择、接受、内化、发展。道德同一性的建构不是一种主观的道德自我建构，而是在人与人的交流互动中的"关系中的自我"建构与被建构的联合行动。青少年需要父母老师的认同和肯定，也渴望同侪和社会的接纳和欣赏。各方因素在道德需要和道德信仰生成中具有广泛、密切的相互联系，不同重要他人以各自特有的影响机制和方式共同作用于青少年道德人格的发展与完善。青少年道德信仰认同与生成问题研究，应深刻认识现代社会"人本主义"之"危"和后现代社会"生态主义"之"机"，以生态文明为坐标去建构人类命运共同体，从理据、指向、规律的视角来探究青少年道德信仰的生成向度，这是加强和改进青少年思想道德建设的一项重要而又紧迫的工作内容。

一　青少年道德信仰生成的时代理据

伟大时代呼唤和孕育伟大理论，伟大理论发展和创造伟大时代。《习近平谈治国理政》对"人类命运共同体""社会主义核心价值观""公民道德建设""家庭家教家风建设"提出一系列新思想新观点，整合了古今中外的伦理思想精华，其在体系化基础上更加注重观念化，在理论性基础上更加注重实践性，在先进性基础上更加注重广泛性，对坚定理想信念这个灵魂、解决好世界观人生观价值观这个"总开关"问题，具有重大的政治意义、历史意义、理论意义和实践意义。

（一）人类命运共同体

任何一个国家、政党在选择和建立其基本制度时，都会将其主导推崇的政治理念以政治社会化的形式转化为全社会的主流意识形态，从而形成公众的道德信仰认同，降低社会治理成本。青少年道德信仰培育要强化对人类命运共同体的认同，这是因为它既立足于客观现实世界，又着眼于未来理想社会，是理想性与现实性的完美统一，代表了人类发展和社会进步的前进方向。"信仰作为一种精神纽带，能把人们的热情联结起来，形成一个共同体。有共同的理想信念，人们就有共同的价值目标和价值取向；人们的热情就会发生汇聚作用而相互激励；人们就有了共同的理论和概念而形成共同的思维方式。"[①] 当今世界，各国之间相互联系、相互依存日益加深，人类社会命运与共、休戚相关更为紧密，时代潮流和平发展、合作共赢更加强劲。中国作为世界上一个负责任的大国，顺应世界人民对未来美好生活的期盼，为增进人类福祉与促进世界和平积极贡献"中国智慧""中国方案"。

推动构建人类命运共同体是人类进入新世纪的一个重要时代课题。"人类命运共同体"的概念于2012年10月首次出现在党的十八大报告中，这是以习近平同志为核心的党中央在总结治国理政的成功经验和伟大成就的基础上，以人类的名义对繁荣社会发展、建设美好世界而发出的道德宣言。2013年3月，习近平在莫

[①] 刘建军：《追问信仰》，石家庄：河北人民出版社，1998，第319页。

第四章 青少年道德信仰的发展向度

斯科国际关系学院发表演讲，第一次向世界倡议建构人类生活的命运共同体①。习近平总书记站位人类发展和世界和平的全球视域提出了构建人类命运共同体重要战略思想，为引领时代发展潮流和推动人类文明进步提供了中国理念、中国智慧和中国方案。"人类命运共同体"思想植根于中华民族优秀传统文化之中，又与马克思关于"自由人联合体"的美好愿景是一脉相承的，体现了"各美其美，美人之美，美美与共，天下大同"的人类情怀和生命关照。2015年9月，习近平在第七十届联合国大会一般性辩论时强调："和平、发展、公平、正义、民主、自由，是全人类的共同价值……构建以合作共赢为核心的新型国际关系，打造人类命运共同体。"② 中国主张国与国之间相互尊重、平等相待、义利相兼、合作共赢，建立平等相待、互商互谅的伙伴关系，营造公道正义、共建共享的安全格局，谋求开放创新、包容互惠的发展前景，促进和而不同、兼收并蓄的文明交流，构筑尊崇自然、绿色发展的生态体系。中国坚持"发展繁荣、公平正义"的合作理念，始终做世界和平的建设者、全球发展的贡献者、国际秩序的维护者。2015年11月，习近平在气候变化巴黎大会开幕式上的讲话中进一步提出：推动建设人类命运共同体。这是当前人类应对全球气候变化的公正、合理、有效的解决方案，也是思考和探索人类可持续发展路径和未来全球治理模式的中国贡献。人类命运共同体的中国方案多次被写进联合国文件，受到国际社会的广泛赞誉和高度评价。各国人民对美好生活的向往从来没有像今天这样强烈，世界各国相互联系、相互依存的程度空前加深，人类生活的地球村越来越成为你中有我、我中有你的命运共同体。

合作共赢是构建人类命运共同体的道德基石。人类命运共同体以人类的生存、发展、幸福、自由为追求目标，以互帮互助、

---

① 《习近平谈治国理政》，北京：外文出版社，2014，第272页。
② 《习近平谈治国理政》（第二卷），北京：外文出版社，2017，第522页。

互惠互利、共商共建、共赢共享为伦理基础和价值导向,是新时代全人类的"共同价值观""核心价值观"。2017年1月,习近平在联合国日内瓦总部发表演讲,提出要坚持对话协商、共建共享、合作共赢、交流互鉴、绿色低碳,建设一个持久和平、普遍安全、共同繁荣、开放包容、清洁美丽的世界。[1] 共同打造不同文明和谐共融的利益共同体、责任共同体、命运共同体,体现了"以和为贵""和而不同""和合共生"的"和谐"思想,彰显着中华文化"海纳百川""兼容并蓄"的民族精神和"开放多元""包容共生"的思想品质。2017年10月,习近平在党的十九大报告中再次明确宣示中国特色社会主义进入新时代的人类思考:"构建人类命运共同体,促进全球治理体系变革。"[2] 习近平以中国"和合文化"为道德底色,把"富强民主文明和谐美丽"的国家治理理念推演成为全球治理理念,使人类命运共同体的理念超越了国家、民族、文化和意识形态的界限,让"中国人民之德"走向世界成为"人类社会之德"。人类命运共同体体现了中国共产党是为中国人民谋幸福、为中华民族谋复兴的主心骨和先锋队,也是为人类谋和平与发展、为人类进步事业而奋斗的世界大党。

(二) 社会主义核心价值观

一个国家、一个民族要同心同德迈向前进,就要用核心价值观这个"最大公约数"和"重要稳定器",去把全社会意志和各方面力量凝聚起来。党的十八大提出要倡导以"富强、民主、文明、和谐,自由、平等、公正、法治,爱国、敬业、诚信、友善"为主要内容的社会主义核心价值观,在价值要求方面旗帜鲜明地回答了"建设什么样的国家""构建什么样的社会""培育什么样的公民"的重大问题。培养和弘扬社会主义核心价值观,事关社会和谐稳定,事关国家长治久安。习近平总书记指出:"把培育和弘扬社

---

[1]《习近平谈治国理政》(第二卷),北京:外文出版社,2017,第541~544页。
[2] 习近平:《决胜全面建成小康社会 夺取新时代中国特色社会主义伟大胜利——在中国共产党第十九次全国代表大会上的报告》,《人民日报》2017年10月28日。

主义核心价值观作为凝魂聚气、强基固本的基础工程……积极引导人们讲道德、尊道德、守道德，追求高尚的道德理想，不断夯实中国特色社会主义的思想道德基础。"[1] 因此，要立足中华优秀传统文化，深入挖掘其中的"仁爱""正义""民本""诚信""和合""大同"等道德精髓，从中汲取丰富的思想道德滋养，不断涵养社会主义核心价值观的精气神和生命力。要大力弘扬爱国主义精神，扣好人生第一粒扣子，使爱国主义精神的种子在青少年中生根发芽、茁壮成长。要加强社会公德、职业道德、家庭美德和个人品德建设，在落细落小落实上下功夫，切实提高青少年在日常工作生活中的道德实践能力和自觉践行能力。

党的十八大根据社会发展现实需要和人民群众价值诉求，首次提出"倡导富强、民主、文明、和谐，倡导自由、平等、公正、法治，倡导爱国、敬业、诚信、友善"，"三个倡导"从国家、社会、公民三个层面，对社会主义核心价值观的基本内容进行明确规定。"社会主义核心价值观是国家治理现代化的重要组成，是创新国家治理体系和治理能力的人文精神内核和价值保证，它在推进国家治理现代化中的功能主要集中在导向功能、凝聚功能和激励功能三个方面。"[2] 社会主义核心价值观为更好地构筑中国精神、中国价值、中国力量提供了基本遵循和价值引领，为推进中国特色社会主义事业和实现中华民族伟大复兴的中国梦提供了精神动力和道德滋养。建设富强民主文明和谐美丽的社会主义现代化强国是坚持和发展中国特色社会主义的总任务。这就需要按照中国特色社会主义现代化建设"五位一体"总体布局，在经济建设上越来越富强，这是国家现代化的物质基础；在政治建设上越来越民主，这是国家现代化的政治保障；在文化建设上越来越文明，这是国家现代化的精神动力；在社会建设上越来越和谐，这是国

---

[1] 《习近平谈治国理政》，北京：外文出版社，2014，第163页。
[2] 刘九万：《社会主义核心价值观在国家治理现代化中的功能》，《延边大学学报》（社会科学版）2018年第5期。

家现代化的道德支撑；在生态建设上越来越美丽，这是国家现代化的环境要求。构建自由平等公正法治的社会主义和谐社会是社会治理的政治理想和治国方略。自由是社会治理现代化的重要标志，平等是社会治理现代化的内在要求，公正是社会治理现代化的基本特征，法治是社会治理现代化的重要基石。培育爱国敬业诚信友善的担当民族复兴大任的时代新人是新时代落实立德树人的根本任务。社会主义核心价值观明确了时代新人的政治底色、价值追求和使命担当。爱国是首要的公民之责，敬业是必要的工作之需，诚信是主要的立身之本，友善是重要的交往之道。

青少年道德信仰生成培育需要认真研究青少年的接受特点和认同规律，坚持显性教育与隐性教育相结合，只有这样，才能使青少年坚定对马克思主义的信仰，坚定对社会主义的信念，增强对改革开放和现代化建设的信心，增强对党和政府的信任。党的十八大以来，培育和践行社会主义核心价值观，被确立为思想道德建设的重要内容与核心工作。中共中央办公厅2013年12月印发《关于培育和践行社会主义核心价值观的意见》（中办发〔2013〕24号），中共中央办公厅、国务院办公厅2016年12月印发《关于进一步把社会主义核心价值观融入法治建设的指导意见》。这些指导性文件要求运用法律法规和公共政策向社会传导正确价值取向，把培育和践行社会主义核心价值观融入国民教育和法治建设全过程，落实到经济发展实践和社会治理中。"青年的价值取向决定了未来整个社会的价值取向，而青年又处在价值观形成和确立的时期，抓好这一时期的价值观养成十分重要。"[1] 要把社会主义核心价值观全方位贯穿于国民教育之中，深层次融入社会构建、文明创建、法制建设、学校教育、家庭教育、社区教育、网络教育的全过程和各方面，运用规范化的教育、生活化的场景、生活化的活动、具体化的载体，引导青少年"扣好人生第一粒扣子"。青少

---

[1] 《习近平谈治国理政》，北京：外文出版社，2014，第172页。

年要成为时代新人需要在有自信、尊道德、讲奉献等方面有新追求、新作为,自觉把社会主义核心价值观转化为自我的思想引领、情感认同和行为习惯。党的十九大报告指出,中国特色社会主义进入新时代,要建设富强民主文明和谐美丽的社会主义现代化强国。站在新的时代坐标和历史方位,培育和践行社会主义核心价值观是培养担当民族复兴大任的时代新人的铸魂工程,在教育引导上应以大中小学德育一体化为重点强化整体性,在实践养成上应以校内外合力育人共同体为抓手强化综合性,在制度保障上应以合力育人为导向强化长效性。[①]

(三) 公民道德建设

《公民道德建设实施纲要》(以下简称为《纲要》)于2001年9月20日由中共中央印发,这是新时期加强公民道德建设的指导性文件,它第一次系统、集中地提出了我国公民基本道德规范,阐明了公民道德建设的指导思想和方针原则。《纲要》强调,公民道德建设要坚持社会主义道德建设与社会主义市场经济相适应;坚持继承优良传统与弘扬时代精神相结合;坚持尊重个人合法权益与承担社会责任相统一;坚持注重效率与维护社会公平相协调;坚持把先进性要求与广泛性要求结合起来;坚持道德教育与社会管理相配合。《纲要》指出,社会主义道德建设要坚持以为人民服务为核心,以集体主义为原则,以爱祖国、爱人民、爱劳动、爱科学、爱社会主义为基本要求,以社会公德、职业道德、家庭美德(之后补充上"个人品德")为着力点,在公民道德建设中,应当把这些主要内容具体化、规范化,使之成为全体公民普遍认同和自觉遵守的行为准则。《纲要》内容丰富、深刻、科学、具体,体现了理论与实践、历史与未来、理想与现实的结合,从不同角度阐述了加强和改进公民道德建设中最根本、最重要、最关键、

[①] 翁铁慧:《培育和践行社会主义核心价值观的重要任务和关键抓手》,《思想理论教育》2018年第8期。

最核心的思想和现实问题，富有思想性、系统性和可操作性。《纲要》的颁布为新时期公民道德建设注入了强大动力，有力地推动了公民道德建设深入发展。《纲要》首次把"爱国守法、明礼诚信、团结友善、勤俭自强、敬业奉献"作为公民基本道德规范。公民基本道德规范主要包括社会公德、职业道德、家庭美德和个人品德四个基本组成部分。这四个部分调节的范围不同、关系不同，但作用对象一致，都是公民，基本属性一致，都是道德规范。道德信仰培育有助于强化青少年的公民意识，使其在个体与社会之间保持适度张力。青少年道德信仰就是青少年以道德原则和道德规范为标准，以行为动机和产生效果为依据，对自身行为做出善恶判断和行为调节，本质上是其在道德人格上的自我超越。

公民道德建设的目的就是要培养具有社会责任感和担当意识的新时代公民，使社会成员普遍自觉遵守道德规范，提升社会文明风尚和道德水平。党的十八大以来，习近平反复强调加强公民道德建设，把"四德"建设作为国家治理体系现代化的一个重要抓手和主要内容。2015年2月习近平在会见第四届全国文明城市、文明村镇、文明单位和未成年人思想道德建设工作先进代表时指出："大力加强社会公德、职业道德、家庭美德、个人品德建设，营造全社会崇德向善的浓厚氛围。"[1] 2017年10月习近平在党的十九大报告中强调："深入实施公民道德建设工程，推进社会公德、职业道德、家庭美德、个人品德建设，激励人们向上向善、孝老爱亲、忠于祖国、忠于人民。"[2] 社会公德是最起码的公共生活准则和社会文明程度的重要标志，需要在全社会形成人人自觉遵守的良好局面。随着人们公共生活领域的不断扩大和社会交往的日益增多，社会公德作为道德体系最基本、最基础的"底线道德"，其重要性和必要性愈来愈突出。青少年是祖国的未来和民族的希望，整个

---

[1] 《习近平谈治国理政》（第二卷），北京：外文出版社，2017，第324页。
[2] 习近平：《决胜全面建成小康社会 夺取新时代中国特色社会主义伟大胜利——在中国共产党第十九次全国代表大会上的报告》，《人民日报》2017年10月28日。

第四章 青少年道德信仰的发展向度

社会健康运转与和谐发展离不开青少年对社会道德的自觉遵守和积极实践。"社会公德的主要内容包括文明礼貌、助人为乐、爱护公物、保护环境和遵纪守法，其目标指向是鼓励人们在社会上做一个好公民。"① 职业道德是维护职业生涯秩序的特殊调节方法手段，随着社会分工的专业化程度不断增强，现代社会对职业技能、职业观念、职业作风的要求也会愈来愈严苛。"职业道德的主要内容包括爱岗敬业、诚实守信、办事公道、服务群众、奉献社会，其目标指向是鼓励人们在工作中做一个好职工。"② 职业生活关系事关社会的和谐稳定与健康发展，也是公民道德建设的重点领域。家庭美德是个人和顺的增稠剂、家庭和睦的黏合剂、社会和谐的润滑剂，不仅影响着一个个家庭是否幸福美满，也关系着整个社会的和谐稳定。"家庭美德主要包括尊老爱幼、男女平等、夫妻和睦、勤俭持家、邻里团结，其目标指向是鼓励人们在家庭里做一个好成员。"③ 个人品德是一定的社会道德在个体思想和行为中的表现，是社会公德、职业道德、家庭美德个体化的产物。"个人品德主要内容可概括为勤学好问、热爱生活、积极进取、志存高远、慎独力行，其目标指向是鼓励人们在心目中塑造一个好形象。"④ 个人品德是内化了的道德规范，是个体尊严、价值和品质的总和，是一个人整体道德面貌的标志，它要解决的是"应该如何做人和做一个什么样的人"的根本问题。个人品德建设是个人身心健康、生活幸福和价值实现的品格保证。青少年是公民道德教育的重要对象。新时代青少年公民道德建设必须以美好生活为目的，通过

---

① 魏雷东：《和谐社会视域下的公民道德建设研究》，北京：中国社会科学出版社，2011，第150页。
② 魏雷东：《和谐社会视域下的公民道德建设研究》，北京：中国社会科学出版社，2011，第154页。
③ 魏雷东：《和谐社会视域下的公民道德建设研究》，北京：中国社会科学出版社，2011，第157页。
④ 魏雷东：《和谐社会视域下的公民道德建设研究》，北京：中国社会科学出版社，2011，第154页。

培养青少年的社会公德、职业道德、家庭美德和个人品德来建构道德契约，不断为实现中华民族伟大复兴的中国梦提供强大的精神力量和丰润的道德滋养。青少年道德信仰培育，应切实加强社会公德、职业道德、家庭美德和个人品德建设，积极引导青少年践行"爱国守法、明礼诚信、团结友善、勤俭自强、敬业奉献"的公民基本道德规范，进而做一个有道德的人、一个有益于社会的人。青少年道德信仰生成培育，既要重视道德认知提高、道德情感陶冶，又要强化道德意志锤炼、道德习惯形成，不断把外在的道德规范固化为内在的道德修养，使青少年真正地自觉地自己支配自己。

（四）家庭家教家风建设

在中华民族五千多年的历史记忆和社会基因中，"家文化"始终是道德建设的重要内容。"天下之本在家"①"家和万事兴"，这些耳熟能详的名言警句讲述的是中华民族生生不息、薪火相传的家国情怀和家庭美德。习近平总书记曾强调：家庭是社会的基本细胞。"无论时代如何变化，无论经济社会如何发展，对一个社会来说，家庭的生活依托都不可替代，家庭的社会功能都不可替代，家庭的文明作用都不可替代。"② 家是小小国，国是万万家。家庭建设是社会建设的基础工程。家庭在中国始终是仁德传承弘扬的首要主渠道和社会和谐稳定的重要助推器。"尊老爱幼、妻贤夫安，母慈子孝、兄友弟恭，耕读传家、勤俭持家，知书达礼、遵纪守法，家和万事兴等中华民族传统家庭美德，铭记在中国人的心灵中，融入中国人的血脉中。"③ 家庭不仅是一种心理上的精神慰藉和情感牵挂，更是一个人安身立命、修身立德、建功立业的起跑线、加油站、避风港和观礼台。家庭是人生的第一个课堂，父母是孩子的第一任老师，家教是孩子的第一门课程，家风是孩

---

① 《申鉴·政体》。
② 《习近平谈治国理政》（第二卷），北京：外文出版社，2017，第353页。
③ 《习近平谈治国理政》（第二卷），北京：外文出版社，2017，第353页。

子的第一本教材。

青少年的品德形成、道德养成以及价值观培育和幸福观奠基是家庭建设的核心任务和中心议题，也是家庭和睦、社会和谐的逻辑起点和教育基点。父母道德底线的失守、缺失，家庭道德观念教育的缺位、错位，严重影响着优良家风的形成。"家风好，就能家道兴盛、和顺美满；家风差，难免殃及子孙、贻害社会。"[1] 优良家风是青少年美好道德观念培育和良好道德品格养成的宝贵精神财富，是精神文明建设工作和良好社会风气形成的重要组成部分。无论是家庭对子孙后代立身处世、持家治业的诫子家规、传世家训，还是记载以血缘关系为主体的家族世系繁衍和重要人物事迹的宗族家谱，都是家族生息、社会发展、文明延续的家庭记忆和道德基因。一本本家规、家训、家谱就是一部家族教育史、一部民族奋斗史、一部国家发展史。中国十大经典家训[2]都是这些先贤哲人修身养性、勤勉持家的品格写照和谆谆教诲。中华民族优秀传统"家文化"推崇忠孝节义、教导礼义廉耻，注重高尚道德情操和健康生活情趣，追求的是"家庭和睦、相亲相爱、向上向善"的优良传统美德，体现了"爱国爱家、成人达己、共建共享"的高尚家国情怀。

二 青少年道德信仰生成的当代指向

道德信仰的本质就是人在个体人格上的自我超越和精神动力，是社会和谐的道义基础和精神支撑。青少年正处在世界观、人生观、价值观的关键形成期，在这个黄金成长期，他们思想最为活

---

[1] 《习近平谈治国理政》（第二卷），北京：外文出版社，2017，第355页。
[2] 中国十大经典家训包括周公的《诫伯禽书》、司马谈（司马迁之父）的《命子迁》、诸葛亮的《诫子书》和《诫外甥书》、颜之推的《颜氏家训》、李世民的《诫皇属》、包拯的三十七字家训、欧阳修的《诲学说》、袁采的《袁氏世范》、朱柏庐的《朱子家训》、李毓秀的《弟子规》。

跃、精力尤为充沛、学习如饥似渴，以年轻人特有的价值认同、思维取向、道德追求去追逐道德信仰。在当今社会转型期，多元文化并存、不同思潮丛生，青少年在展现自信与活力的同时，也不同程度地存在道德信仰的困惑和危机。道德信仰生成关系青少年的价值认同、思维取向、信念追求和道德水平。当今社会转型期，青少年在面对道德信仰选择时，应以"幸福、至善、自由、和谐"为指向，保持自利与互利、底线与高蹈、个人与集体、德性与规范之间的适度张力，以精神之我超越物质之我、社会之我超越个人之我、应然之我超越实然之我、理性之我超越感性之我，才能使自己心有所系、身有所适、魂有所归。

（一）幸福：在自利与互利之间

道德信仰的认知指向涉及主体对自我的生命价值、生活意义、生存状态的超越性的把握和持有，主要解决的是"我是谁""我为什么而活着""我该怎样度过自己的一生"等涉及人生目的意义、前途命运的根本问题，决定和影响着一个人的人生责任和历史使命。道德信仰认知是为了明确人生目的、寻求生活意义、彰显生命价值，其基本指向是谋求人生幸福。而真正的幸福是既要"独乐乐"，又要"众乐乐"，这就要求青少年处理好自利与互利的关系，把个人发展与社会进步有机结合。利益是思想的基础、贡献的回馈。青少年只有保持自利与互利之间的适度张力，才能在贡献与索取之间把握平衡，最终实现以社会之我超越个人之我，领悟人生幸福的真谛。

传统的"零和"思维导致人们认为自利与互利之间矛盾难以调和，其实，自利与互利之间具有利益关切互补性，我们应该在青少年人生信仰教育中倡导这样一种"自利-互利"原则：第一，要肯定个人自利是合理的、正当的；第二，必须尊重和考虑他人的正当利益；第三，自利必须通过利他、互利、公益的方式和手段来实现。"自利-互利"原则体现的是利益主体之间的平等协作、互帮互助、互惠互利，它内在地、巧妙地把人的行为的目的性与合理性联系起来,使自利与互利有机结合起来。"自利－互利"原则有别于"主观为自己,客观为别人"的说法,一方面,它在客观上也是为自己;另一方面,它在主观上也包括为别人。人类行为的原始动力可能是自利,但人类道德行为的根本动机应该是互利。这是因为,一切行为只有出于义务才有道德价值,只有在互利的情况下,相关行为主体的道德行为才会付诸实践,才能从互利的动机到互利的行动。

是不是自利必然导致互利的衰微?其实不然。"每个人生来首先和主要关心自己;而且,因为他比任何其他人都更适合关心自己,所以他如果这样做的话是恰当和正确的。"[①] 同时,人在拥有自爱利己心的同时也存在互爱同情心。所以,"自利－互利"原则的好处不在于承认个人自利在一定条件下具有道德正当性与合理性,而在于在适当的社会机制之中个人自利能够自动达成促进社会公益(互利)的结果。这就意味着自利与互利、利己与利他并非截然对立,相反,如果个人行为"合宜"即恰当、合理,个人自利是通过光明正大的、平等交换的、契约活动的方式进行的,则自利与互利、利己心和同情心可以在一定意义上达成一致和统一。"自利－互利"原则就是要引导青少年在规则允许范围内最佳运用各自的聪明才智,合理追求个人利益的最大化与努力实现社会公益的最优化。正是在此意义上,保持自利与互利的适度张力应该说是青少年人生幸福的源泉。

(二) 至善:在底线与高蹈之间

道德信仰的情感指向关涉对现实的道德关系和道德行为等所产生的爱憎好恶等心理体验,从个人道德信仰生成来说应着眼于人性应然、人生应当,其基本指向是追求至善。至善是尚未"实然"的"应然",是道德追求的终极目标和最高境界,其生命力在

---

① 〔英〕亚当·斯密:《道德情操论》,蒋自强主译,北京:商务印书馆,1998,第101~102页。

于"应然"内容的合理性与必要性、"应然"思想的感染力和穿透力。"应然"道德也是有层次的：一种是"是的应当"，它是当下可以转化为"实然"的"应然"，可称之为底线道德；另一种是"应当的应当"，它是当下还不能转化为"实然"的"应然"，可称之为高蹈道德。高蹈道德所倡导的是人们应不断超越自我、超越现实，追求纯洁无瑕道德、完美无缺人生，它所适用的是特殊人群（精英）。底线道德主要是相对于崇高的人生理想、完美的价值取向而言的，它所强调的是，不管人们追求什么样的生活方式或价值目标，都要守住一些基本规则不能违反，圈定一些基本界限不能逾越，它所适用的是一般人群（公民）。青少年作为精英的后备军，其道德信仰生成应取法其"上"（高蹈道德），得乎其"中"（底线道德），保持底线与高蹈的适度张力，以应然之我超越实然之我。

底线道德是一种基于共识性和可行性的"不求尽善尽美，但求守住底线"的基本道德，它充分考虑到实然道德的层次性和价值追求的多样化，因而，它也是一种可欲可求又可得的"应然"道德，它不要求每一个人都成为圣贤，但应当成为生活在道德底线之上的好人。青少年道德信仰生成，首先要着眼于对底线道德的合理性与可行性的充分认同，并以此为基本平台强化青少年的现实性道德品格，然后才能在"守住底线"的基础上去提倡高蹈道德，砥砺青少年的理想性道德品格。青少年道德信仰生成以底线道德为基点抓起，看似"起点很低、层次不高"，但它比直接以高蹈道德为基点抓起更牢靠、更实际、更持久。这是因为，底线道德是高蹈道德的基础，高蹈道德是底线道德的升华，二者具有次序递进性，脱离"底线"的"高蹈"只能是一厢情愿和急功近利，这只会导致道德相对主义和道德虚无主义的泛滥成灾。

高蹈道德不能作为青少年道德信仰生成的普遍要求，并不是高蹈道德内容自身存在什么问题，而是说高蹈道德首先应针对的是在作用和影响上与之相适应的特殊人群（精英）。对于精英群体来说，底线道德当然是有约束力的，但问题是从精英群体所发挥的作用和影响来看，仅以底线道德作为内在要求和外在规范又是微不足道和远远不够的。政治精英集团代表公民掌握和行使各种国家权力，是公民社会的领导者、组织者和管理者，在推动社会政治文明发展中独树一帜；经济精英集团是社会财富的主要创造者，在推动社会物质文明发展中独当一面；知识精英集团是社会科学技术和思想理论的主要创造者和传播者，在推动社会精神文明发展中独具一格。"一个社会如果能由这三个集团相互配合，相互制约，那么就可能成为一个合理、健康的现代社会。"[①] 古代中国就是依靠"士阶层"这个社会精英集团，充当社会道德楷模，维护社会稳定，促进社会发展。精英集团在当代仍被社会寄予很高的道德期望，如果政治精英、经济精英和知识精英三者结盟但又道德沦丧，那么这样的同流合污、沆瀣一气，必然导致暗无天日的腐败社会。所以，对于青少年的道德要求，底线道德是至关重要的，可以起到拒绝平庸的作用，同时，高蹈道德是不可或缺的，可以引导他们不断追求卓越。

（三）自由：在个人与集体之间

道德信仰的意志指向涉及主体在履行道德义务过程中对自身行为方式的价值认同，体现在对某种道德的正义性的坚定性和一贯性，或者说是对政治道德生态的终极关怀。实现道德信仰自由必须是认知自觉、情感自愿、行为自主的，三者缺一不可。道德主体要对自己的行为进行理性分析，给予缜密的审视和斟酌，从而做出契理性合目的的选择，使其懂得在行为选择中"应当如何"，从而在思想上"理所当然"。"政治信仰中蕴含着个人政治意识与社会政治文化的统一，蕴含着个人政治信仰与国家政治理念的一定程度的统一，蕴含着个人主观精神状态与客观社会现实的

[①] 汤一介：《中国知识分子的人文精神》，郑州：河南人民出版社，1994，第140页。

统一。"① 政治道德信仰不是纯粹的精神冥想，而是现实的社会需要，在实质上是意识形态的"集体无意识"。政治道德信仰对集体与个人具有强大的凝聚、导向和感召功能，其基本指向是自由。青少年政治道德信仰生成应认真审视个人与集体在政治生活中的关系，透过意识形态审视政治道德信仰的合理性和必要性，以理性之我超越感性之我，进而促进个人的全面自由发展与集体的全面和谐发展。

个人唯有在集体生活中通过政治这个共同体，才可能获得自身存在的价值和意义。"人是最名副其实的政治动物，不仅是一种合群的动物，而且是只有在社会中才能独立的动物。"② 个人和集体（广义的集体还包括国家、社会）的关系是对立统一的，个人的全面自由发展离不开集体的和谐发展。一方面，个人依赖于集体。作为社会的人，任何个人都不能离群而独居。一旦脱离社会、游离于集体之外，个人就无法生存，更谈不上发展。集体的发展是个人利益得到满足的根本保证。另一方面，个人也作用于集体。集体是由个人组成的，是人们交互作用的产物。个人的状况在不同程度上影响着整个集体；个人作用的发挥是集体总体力量发挥的前提；个人利益满足的程度制约着集体利益壮大的程度。个人和集体是相互依存、相互作用的，个人与集体之间的关系归根到底是人与人之间的利益关系，这是一种相互依赖、相互制约、和谐共生且互为目的和手段的关系。在青少年政治道德信仰生成中需要强调的是：个人与集体在权利和义务上是平等的独立主体，在根本利益上是一致的。但在特定的条件下，二者也会发生矛盾、抵触以及冲突。在处理集体与个人的关系时，我们必须明白，个人必然是处在集体关系中的个人，而集体也必然是由个人构成的集体，无视集体利益的个人主义最终一定会导致对个人自身利益

---

① 荆学民：《当代中国社会信仰论》，北京：人民出版社，2008，第184页。
② 《马克思恩格斯选集》（第二卷），北京：人民出版社，2012，第684页。

第四章　青少年道德信仰的发展向度

的危害，同样，当一味强调集体到了已经危及每个具体成员切身利益的程度时，这样的集体主义是没有生命力的，不能随意以个人名义否定集体，也不能擅自以集体名义压制个人。

正确把握和处理好个人与集体的关系，还要对"真实的集体"和"虚幻的集体"有个清醒的认识。马克思在深刻批判"虚幻的集体"对个人全面发展所起阻碍作用的基础上，指出每个人自由而全面的发展，是与虚幻的集体到真实的集体的历史进程相一致的。在虚幻的集体里，个人理性屈从于集体理性，个人意志屈从于社会意志，集体利益压制甚至排除个人利益。虚幻的集体往往假借集体之名而谋个人之实。最明显的就是国家权力部门化，部门权力私人化。而一旦集体利益排除了个人利益，集体也就失去了动力源泉，集体也就名存实亡，直至成了"虚幻的集体"。马克思认为，"只有在共同体中，个人才能获得全面发展其才能的手段，也就是说，只有在共同体中才可能有个人自由。……在真正的共同体的条件下，各个人在自己的联合中并通过这种联合获得自己的自由"[1]。真实的集体就是自由人联合体，它不是对虚幻的集体中的少数人与多数人的利益关系的简单颠倒，而是对之彻底否定，使社会真正成为人的利益共同体。真实的集体不再是同人相对立的"异己"的力量，而是维护集体成员正当个人利益的共同体。传统的集体主义片面强调集体至上性与绝对性，其弊端突出表现为：过分强调集体权利，对个人权利重视不够甚至漠视；过分强调集体形成后个人对集体应承担的义务，而对一个真实的集体必须维护集体成员切身利益的义务承诺强调不够。所以，我们一方面要反对"个人主义中心论"，避免弱肉强食；另一方面也要反对"集体利益绝对至上论"，避免片面强调为集体而集体，无原则牺牲个人利益。青少年道德信仰生成，需要的是保持个人与集体的适度张力，构建新型的个人与集体关系，只有在集体这个

---

[1] 《马克思恩格斯文集》（第一卷），北京：人民出版社，2009，第571页。

"边界"中去实现自由,才能建立真实的集体、塑造健全的个人,个人才能真正实现全面而自由的发展。

(四)和谐:在德性与规范之间

道德信仰的行为指向关涉主体在一定道德信仰支配下根据某种道德标准在不同的价值标准或善恶冲突之间的自愿抉择,其中包括行为动机、意图、方式和过程的选择。当今社会,要从根本上解决人类异化和片面发展问题,避免人类陷入增长的极限、对抗的极限、施恶的极限,无论是借助科学名义还是依靠法律手段和市场机制,都需要为其设置一种新的道德——道德信仰。道德信仰是人们共同生活及其行为的准则和规范,其现实指向是在善待他者的基础上建立人类的和谐共生场。道德信仰体现的是"我者"(自我或我们)与"他者"(社会、国家、自然、他人)之间共存、共济、共享、共荣、共利、共进的和谐智慧。"我者"与"他者"之间是一种共生、共融的和谐关系,不是一种"压迫"与"占有"的紧张关系。在现代社会生活中,青少年可以也应当基于自己的内在禀赋去全面地发展自己,而不仅仅是局限于遵循外在行为的普遍规范,不断超越支配性群体与占有性个体,实现个体生命与群体生命的共融,"知善"与"行善"的统一,进而实现和谐共生发展。

人的品质和行为有着密切关系,当然,"应当成为什么样的人"(知善过程)与"人应当做什么"(行善取向)也就无法严格分割开来。德性通过凝化为人格而构成了规范的现实根据之一,规范则从社会价值趋向等方面制约着理想人格的形成与塑造,二者呈现为某种互为前提的关系。德性与规范在历史实践的过程中展开为一种互动关系并不断达到具体的统一,而这正体现了二者之间外在的相关性和内在的一致性。如果没有"德行",人们的道德行为的选择就会偏离正当轨道、失去正确的方向。同样,如果没有"德性",人们的道德行为的选择就会失去理性的指导,最终陷入邪恶之路。在现实的生活当中,"德性"与"德行"是相辅相成、缺一不可的。而人的德行有赖于内在活力与外在压力两个方面。一个人具有某种"德性",恰恰是因为其付诸了这种"德行",正是由这些外在的"德行",才显示出其内在的"德性";反过来说,一个真正有道德的行为,不仅仅是符合道德规范的行为,而且必须是基于个人的内在德性的行为。

青少年道德信仰生成是一个知行统一、身心和谐的过程,在养成教育方面应重视德性教育与规范教育的有机结合。德性教育的有效开展是需要预设前提的。德性教育有赖于青少年的道德需求,而且道德也应是日常生活世界所推崇的;同时,德性教育应体现个人品德的养成与社会责任的培养的有机统一。规范教育同样存在前提条件,一方面,规范的内容要具有合道德性,能够正确反映社会客观事实;另一方面,要具有合目的性,能够反映人们真实的道德需要。对于青少年道德信仰教育来说,单向度地强调德性教育或规范教育都是不可取的;德性教育与规范教育的关系不是对立性而是互补性;二者相互协调,才能相得益彰。德性教育与规范教育各自的特点决定了二者注定是要相伴相随、形影不离的,但问题是,在不同条件下青少年道德信仰教育以哪种方式为主、哪种方式为次,二者在教育中的权重该如何分配。从社会治理角度来说,当一种方式主导时间较长时往往需要另一种方式来平衡;当社会动荡或转型时更需要强调规范教育,当社会稳定或繁荣时应倡导德性教育;当一种不良现象普遍发生时应采用规范教育,当一种优良风尚初步形成时应采用德性教育。当前青少年道德信仰教育的问题是,规范教育偏重但合道德性不强,德性教育缺失导致"无人德育""人学空场"。当代青少年应树立正确的世界观、人生观、价值观,不断提高自己的德行控制力,勇于担纲责任和履行义务,建立起心对身的约束机制,将既得良知与实际行动紧密联系起来,做到知行统一、言行一致,体验和享受一种真正富有道德内涵的健康和谐生活。

三 青少年道德信仰生成的内在规律

道德信仰在本质上是主体的自我超越,它既是一种植根于现实的终极关怀,又是一种着眼于未来的价值追求。青少年是国家宝贵的人才资源,是中国特色社会主义事业的合格建设者和可靠接班人。青少年道德信仰问题直接影响着他们的精神生活、人格培养、健康成长,事关社会的发展稳定、国家的长治久安。研究青少年道德信仰生成的认知、发展和培育规律,对于引导和帮助青少年树立崇高而坚定的道德信仰,具有重要的现实意义。

(一) 认知发展规律——规范→情感→理性

道德信仰是人类特有的一种心理文化现象,它是与人对道德的认知、情感、意志相联系的一种精神活动。青少年道德信仰生成需要理性认同,又不能忽略情感因素,因此,青少年这个特殊群体在信仰生成的认知方面必须观照其自身的规范意识、情感需要、理性追求。

1. 规范意识是青少年道德信仰生成的低端支点

规范中不仅凝结有真理和价值的成分,而且其形成、变化和消亡总是与一定的利益相联系的,所以,规范能够调整人们之间的关系,鼓励或授权人们去追求、创造、维护某种物质或精神的价值,禁止人们对公众或其他人的利益的损害。"规范系统总是逻辑地以价值的认定为根据。"[1] 规范意识蕴含着法治精神、程序观念、规则意识,是现代公民和优秀人才的必备要件。青少年道德信仰生成的前提是树立规范意识,这是因为无论信仰什么和如何信仰,都是对确定的价值观念的信奉和遵循。规范意识是青少年道德信仰生成的基本内容,它有助于大学生确立正确的世界观、人生观和价值观,引导大学生朝着遵守社会秩序、加强自身修养、

---

[1] 杨国荣:《道德和价值》,《哲学研究》1999 年第 5 期。

实现自我价值的目标迈进。

2. 情感需要是青少年道德信仰生成的中端支点

从心理活动角度来讲，信仰既是一种情感需要又是一种情感投入，表现为人们对信仰对象笃信不移的情感专注。道德情感不仅是道德认知转化为道德认同的中间环节，而且在道德信仰生成的完整过程中，始终具有特殊的地位、特殊的价值。人的信仰行为必然受到道德情感的支配，人们情愿发生某种信仰行为的原因就在于这种行为能给他带来愉悦感和幸福感。青少年随着年龄的增长、心理的成熟、知识的丰富、阅历的增加，开始对人生产生强烈的价值归属感，对未来渴望明确的方向引领感。这种对道德信仰的情感专注使得大学生愿意承担一定的社会责任和义务，强烈渴望通过学习、奋斗体现自身价值，并希望从中获得幸福和快乐，这种道德情感不仅使他们精力充沛，而且使他们获得最深厚的充实感。青少年道德信仰只有在情感层面得到更为深刻的感受与体悟，获得更强烈的情感专注，才能成为一种发自内心的人生信仰。

3. 理性追求是青少年道德信仰生成的高端支点

理性意味着现象背后有更"实在"的本质，人类应该追求的是这个更"实在"的东西。"理智试图把握呈现给感官的东西，而理性试图理解其意义。"[①] 理性认识之所以重要，就是因为它摆脱了情感的干扰，能够指导我们的实践活动。崇高信仰在本质上是理性信仰，它能够在理论上自成体系并为信仰主体所理解认同，进而变为现实行动上的理性追求。对于青少年来说，道德信仰的建立不能仅仅停留在情感需要层面，而应该使之成为自我的理性追求。在当今社会，青少年所面对的社会生活变得日益复杂，如何运用理性分析的方法认识世界、思考问题、处理矛盾，就显得

---

① 〔美〕汉娜·阿伦特：《精神生活·思维》，姜治辉译，南京：江苏教育出版社，2006，第63页。

越来越重要。青少年道德信仰生成需要经历一个从感性认识到理性认识的飞跃过程,因此,青少年只有对感性材料进行去粗取精、去伪存真、由此及彼、由表及里的理性批判,才能实现认识的深化与升华。理性的真正意义在于对自身存在及超出自身却与生俱来的社会使命负责,正是在此种意义上,理性成就了信仰生成。

(二) 能力递进规律——自选择→自组织→自控制

青少年道德信仰不是先天禀赋的品质嫁接,也不是纯粹个人的主观设计,而是在一定社会生活条件下道德认知(知)、道德情感(情)、道德意志(意)、道德行为(行)相互作用的结果。青少年道德信仰培育应从道德心理、道德行为和道德境界这三个方面的关联性和指向性来分析和考量,有针对性地去提高青少年道德信仰自选择能力、自组织能力和自控制能力。

1. 培养良好道德心理,提炼道德自选择能力

"道德心理是对社会道德生活的感性反映,是以感情、情绪、风格、习惯、自发倾向为载体表现出来的社会道德意识,是对社会道德生活的直接反映。"[1] 作为道德活动的诱因和动机,道德心理是一个"认知→情感→意志"过程。青少年道德信仰心理结构包括过程结构和动机结构两个层面。第一个层面包含道德认知过程(直观、体验、思维、判断)、道德情感过程(情绪、情趣、情操、情怀)和道德意志过程(确立、决策、执行、自控);第二个层面包含道德需要、道德兴趣、道德理想和道德信念。第一个层面的心理过程结构属于青少年道德信仰心理的能力系统,第二个层面的心理动机结构属于青少年道德信仰心理的动机系统。青少年道德信仰心理的过程结构和动机结构的有机统一构成了青少年道德信仰心理素质。

提炼道德自选择能力有助于培养青少年良好道德心理素质,

---

[1] 刘丽萍:《论大学生道德心理形成机制与人文教育》,《黑龙江高教研究》2004年第7期。

使他们在复杂的社会环境下始终保持平和的心态、清醒的认识和自由的个性。相对于封闭型、一元型、依赖型的传统道德来说，现代道德是一种开放、多元、互赖的和谐共生型道德，其道德运行目标和运行方式有别于传统社会的"熟人世界"，而陌生人之间的利益关系并不一定指向冲突，更重要的是互利双赢。这是因为，人类行为的原始动力可能是自利，而人类道德行为的根本动机应该是互利，"'互利的协调'才是道德伦理的'第一功能'"①。青少年道德信仰心理表现为青少年在认知上有道德需要并渴望体验道德生活，在情感上有道德兴趣并愿意去实践或追求某一道德行为，在意志上有道德信仰并有持之以恒的毅力。青少年一旦具备良好道德心理素质，就会按照道德运行系统固有的内部机制，在个人道德需要、兴趣、理想和信念的基础上，把道德心理与社会要求融合为一个目的、一种力量，使之定向地做出道德选择，自觉唤起人格培养的荣誉感和人格缺失的耻辱感，而这种道德选择不仅以自由为前提，以责任为结果，而且使青少年的动机经过手段选择之后开始由观念形态向实践形态进行转化。

2. 培训良好道德行为，提高道德自组织能力

道德行为是指我者在一定道德意识支配下表现为有利或有害于他者（他人和社会）的可以进行善恶评价的行为。从道德活动的能力体现和目标指向来说，道德行为在本质上不仅符合社会利益，而且符合自我利益。道德行为作为一种崇高的感情体验体现的是一个"动机→行动→效果"的过程，也是人们在合理的制度条件下实现自我满足程度最大化的行为方式。青少年道德信仰行为结构包括过程结构和倾向结构两个层面。第一个层面包含道德动机过程（意愿、意向、意图）、道德行为过程（行动方向、路线、方法、手段）、道德效果过程（行为结果、影响）；第二个层

---

① 〔德〕叔本华：《伦理学的两个基本问题》，任立、孟庆时译，北京：商务印书馆，1996，第229页。

面包含道德自我修养（心理涵育、行为修养）、道德自我选择（动机选择、方式选择、效果选择）、道德自我评价（动机评价、目的评价、行为方式评价、整体评价）。第一个层面的行为过程结构属于青少年道德信仰行为的能力系统，第二个层面的行为倾向结构属于青少年道德信仰实践的选择系统。青少年道德信仰行为的过程结构和倾向结构的有机统一构成了青少年道德信仰行为素质。

提高道德自组织能力有助于培养青少年良好道德行为习惯，使他们在现实社会环境中具有明确的学习动机、高度的社会责任感和强烈的自觉定向、自主发展、自我调适能力。青少年道德信仰运行系统是一个具有自组织性质的开放系统，在这个系统中，青少年道德信仰行为往往是随机的，其相互作用是非线性的，并能够由此产生相干效应。在环境中，青少年对自己的道德行为有较大的自主决定权和自由支配权，可以根据自己的现实需求、实际能力和自我感觉进行个性化的道德行为设计。与此同时，现代社会的交互性和开放性也使得青少年之间信息资源得以高度共享、信息传递不受时空限制，青少年交往中一个随机性的微小"扰动"就可能引起"蝴蝶效应"，甚至导致整个系统的结构和功能在宏观上发生某种变化。培养青少年良好道德行为习惯，要注重利用和发挥青少年道德信仰自组织能力，以社会责任感强化青少年道德信仰行为选择的内在驱力和外在动力，通过道德自我修养、自我选择、自我评价，端正道德动机，规范道德行为，最终使青少年的道德活动达到身心和谐、知行统一。

3. 培育良好道德品质，提升道德自控制能力

道德品质是指人们通过接受道德教育和进行道德修养所达到的道德觉悟程度以及所形成的道德品质状况和情操水平。道德品质是人的世界观和人生观的反映，从量的规定性来说具有递进性，先是"被动式效仿"，再到"责任感驱动"，最后是"习惯成自然"；从质的规定性来说具有层次性，是一个"自发→自觉→自由"的过程。青少年道德信仰品质结构包括程度结构和性质结构

两个层面。第一个层面包含道德的自发境界（使然的）、自觉境界（应然的）、自由境界（自然的）；第二个层面包含道德的善的境界、可容境界、恶的境界。青少年道德信仰品质的程度结构与性质结构是青少年道德信仰素质的综合体现。

提升道德自控制能力有助于培育青少年良好道德品质，使青少年在现实环境下依靠主观能动性并按照社会要求，有意识、有目的地把自己的道德认知、情感、意志和行为固化为道德品质。青少年道德信仰品质形成的过程，是一个从感性认识到理性认识、从他律到自律的升华过程，也是道德预前自控制能力和随机自控制能力内容耦合的互动过程。在这个过程中，预前道德自控制能力具有"防患于未然"的抗干扰能力，有助于道德良心形成，可以使青少年把社会的外在要求转化为内心世界的价值追求；随机道德自控制能力具有"习惯成自然"的自修复能力，有助于道德信念的确立，可以使青少年把良好道德行为固化为稳定特征和一贯倾向。培育青少年良好道德品质，要注重调动和利用青少年道德信仰自控制能力，使青少年以社会之我超越个体之我，主动追寻有品位的生活，陶冶高尚情操，在道德境界提升中找到真正自我，实现真正有价值的人生。

（三）境界提升规律——自发→自觉→自由

道德信仰是一个精神价值的追寻过程，它并非先天所固有，而是主体在社会实践中通过不断选择和价值内化来实现的，而价值内化需要经历个体自我意识的生成、发育和成熟这样一个过程来完成。价值内化的发展性特点决定了道德信仰的形成和发展也必然有这样一个由低级到高级、由简单到复杂的发展过程，并呈现由"自发"到"自觉"再到"自由"的层次性特征。

1. 义务是青少年道德信仰生成的自发阶段

道德信仰生成的自发阶段具有明显的他律性特征，通常是主体出于责任义务。青少年在道德信仰生成的自发阶段主要是依据客观的责任来调控自己的行为，其所适用的善恶、好坏的标准是外在的、消极的、被动的，而且具有一定的绝对化倾向，在此阶段个体的价值标准完全依附于社会价值体系，因而缺乏一定的独立思考和独立判断的能力。在自发阶段，青少年仅把道德信仰看成不可改变的"铁律"，其现实表现为对法律、权威、权力、规律、规则等有着朴素的自然的尊重。尽管青少年自发阶段的信仰所产生的力量只是出于对责任义务（社会责任或外部压力）的粗浅呼应，未能从心灵上、情感上真诚地理解和认同其价值内涵，水平尚处于因某种恐惧而服从既成道德规范的阶段，但它体现了道德信仰生成的求真性，有助于青少年追求事物发展的真理所在和寻找事物发展的客观规律。

2. 良心是青少年道德信仰生成的自觉阶段

道德信仰生成的自觉阶段具有明显的自律性特征，通常是主体出于良心发现。青少年道德信仰生成实现从义务到良心的转化，是从规范性自发向主体性自觉的升华。良心的形成意味着青少年对信仰的价值、意义已经有了深刻的认识和把握，内心已经形成深刻的道德责任感，并且个体已经具备了较强的自我评价能力，能够推己及人。这时，人们的信仰行为是听从自己并以自己的名义进行抉择，良心在心理上是一种发自内心深处的对主体性的隐蔽呼声。这时，"承担义务的需要"已经上升为"实现良心的需要"，青少年已不再只注意规范的外在词句和功利效果，而是注意规范的内在实质和良心指向的真正实现。良心发现使青少年自我认同的外在责任变成了情感上的自我满足、意志上的自我坚持和行为上的自我约束，体现了信仰生成的向善性，有助于青少年实现知善自觉和向善自愿的价值追寻。

3. 和谐是青少年道德信仰生成的自由阶段

道德信仰生成的自由阶段具有明显的超然性特征，通常是主体出于追求和谐。青少年在道德信仰生成的自由阶段不再是义务和良心的要求，而是心灵的一种内在呼唤。这种呼唤已不再是功利的驱动，也不是纯粹的自我约束，而是对人的理想人格和生命意义的超越追求。青少年在道德信仰生成的自由阶段根据道德信仰必然性来行动，将道德信仰价值的实现看作自己的需要和乐趣，把道德信仰本身作为追求的直接对象与人生目标，已经扬弃了自发层次上义务的外在性和自觉层次上良心的主观性，形成对道德信仰的和谐思维，从而引导他们追求真善美和谐统一的理想生存方式。这种超越人之"类"的和谐状态已经将个体之有限小我融入社会之无限大我，"在一定程度上我已经和他人变为统一的了，因而自我与非自我之间的障碍暂时得以打破"[1]。追求和谐使青少年道德信仰实现认知自觉、情感自愿、行为自主的有机结合，不断超越自我、实现社会价值，体现了道德信仰生成的审美性，有助于青少年在生活实践基础上达到社会之我和个体之我的和谐统一。

（四）价值演进规律——利害→是非→善恶

人类行为有三个基本源头："（a）利己主义；意欲自己的福利，而且是无限的。（b）邪恶；意欲别人的灾祸，而且可能发展成极度残忍。（c）同情；意欲别人的福利，而且可能提高到高尚与宽宏大量的程度。"[2] 其中，"同情是唯一的非利己主义的刺激，因而是唯一真正的道德动机"。可见，道德动机就是"不要损害任何人；相反，要就你力所能及，帮助所有的人"[3]。而道德信仰的核心价值取向就是"和谐发展""互利共生"，从量化角度来说，道德信仰即欲求"增进全社会与每个人的利益总量"。作为一种价值尺度，道德信仰不仅可以避免权利与义务、奉献与报偿、德行与幸福的二律背反，更重要的是，依据利益总量增加的不同路径

---

[1]〔德〕叔本华：《伦理学的两个基本问题》，任立、孟庆时译，北京：商务印书馆，1996，第257页。
[2]〔德〕叔本华：《伦理学的两个基本问题》，任立、孟庆时译，北京：商务印书馆，1996，第235页。
[3]〔德〕叔本华：《伦理学的两个基本问题》，任立、孟庆时译，北京：商务印书馆，1996，第238页。

可以为利害、是非、善恶的评价标准提供相应的道德原则。

（1）最小伤害——眼前服从长远。"最小伤害原则"指的是通过避免伤害任何人的利益，同时增加部分人的利益，进而增进全社会与每个人的利益总量。这是道德信仰原则的正常状态，这个原则适用的范围是多数人利益与全社会利益发生冲突的情况，其道德标准是"眼前服从长远"。其方法论意义在于全社会利益有赖于每个人利益，而多数人利益的增加并不一定带来全社会与每个人的利益总量的增加，应当将最不利者的权利置于优先地位加以考量。我者设身处地地考量最不利地位的他者，才能使主体实现从主体性到主体间性的跨越。我们为什么要关注弱势群体也是这个道理，如果富者只顾自己发展、为富不仁，就会造成贫富差距拉大、社会仇富情绪泛滥，这必然导致贫富仇恨、社会动荡，那么最终丧失的是更大的利益。当然，社会应该尊重个人，应该建立长效机制对为社会做出贡献的人予以精神或物质补偿，使得好人有好报。否则，损害的不只是好人的利益，社会风气变坏也将使全社会都受到伤害。

（2）最大收益——局部服从整体。"最大收益原则"指的是通过增进多数人的较大利益，同时牺牲少数人的较小利益，进而增进全社会与每个人的利益总量。这是道德信仰原则的特殊状态，这个原则适用的范围是少数人利益与全社会利益发生冲突的情况，其道德标准是"局部服从整体"。其方法论意义在于它告诫我们道德常常表现为一种必要的恶。"无私奉献、自我牺牲"是为了多数人和全社会的较大利益而牺牲个人的较小利益，这种精神之所以被我们所提倡，是因为人类因它而变得崇高、社会因它而变得和谐，但这只能是在冲突不可避免、矛盾不可调和的特殊情况下的道德选择，而不能成为常态，更不能以"一大撮人"的名义随意牺牲"一小撮人"的利益。道德信仰的目的首先是增进全社会与每个人的利益总量，"很多人"相对于"全社会"这个"整体"仍然是"局部"。

（3）最佳效果——手段服从目的。"最佳效果原则"指的是通过增进每个人的利益，进而增进全社会与每个人的利益总量。这是道德信仰原则的理想状态，也是手段善与目的善的高度统一。这个原则适用的范围是全社会利益与每个人利益无冲突的情况，其道德标准是"手段服从目的"。其方法论意义在于它给了我们一个判断行为至善和道德至优的标准，即只有通过增进每个人的利益总量进而增进全社会的利益总量的行为和道德，才能称其为至善行为和最优道德；只有增进全社会与每个人的利益总量的行为和道德，才是善行和良德。由此可知，科学家、艺术家之所以受人尊敬，是因为科学、艺术无国界，他们是在造福全人类、全社会。"善意的谎言"与"好心办坏事"哪个该提倡哪个该反对，据此原则也就很容易做出判断。我们追求的"最佳效果原则"体现的是以人为本，指向的是"我为人人，人人为我"的和谐社会。

第五章　青少年道德信仰的生成路径

在人类社会这样一种利益合作体系中，道德表现在人与人关系上是一种社会利益关系的协调，表现在个人与社会关系上则是个人对社会的回馈，其目的是降低人类生存成本、提升社会和谐效度。当今社会，要从根本上解决人类异化和片面发展问题，避免人类陷入增长的极限、对抗的极限、施恶的极限，无论是借助科学名义还是依靠法律手段和市场机制，都需要为其设置道德信仰，在"我者"（自我或我们）与"他者"（社会、国家、自然、他人）之间形成共存、共济、共享、共荣、共利、共进的人生智慧。作为一种特殊规范，道德信仰使青少年在日常生活的经验中理解、把握我者与他者的关系，寻找社会发展和人类完善的理想境界，使我者懂得如何与他者和睦共处、和谐共生，这种理解、把握、寻找都不是通过逻辑论证，而是从自身经验中得出的我者与他者的道德评价。道德信仰的认识功能主要是发动良知，教导青少年正确地认识我者对他者应负的责任和应尽的义务以及社会道德生活的规律和原则，从而正确地选择自己的行为方式和生活道路。道德信仰的教育功能主要是发现良心，通过舆论和习惯来培养青少年良好的个人道德意识、品质和行为，从而提高青少年精神境界和道德水平。道德信仰的调节功能主要是发挥良能，通过评价、命令、指导、示范、激励、沟通等方式来调节青少年的行为并通过调节人的行为来调节社会关系。家庭（教养）是青少年道德信仰生成的首要场所，学校（教育）是青少年道德信仰生成的主要阵地，社会（教化）是青少年道德信仰生成的重要课堂，个人（修养）是青少年道德信仰生成的必要条件。青少年道德信仰生成需要家庭、学校、社会和个人的相互配合、相互促进，实现家庭教育、学校教育、社会教育与自我教育的综合发力、良性互动。青少年道德信仰生成的四个路径是有机统一、相互衔接的，在道德教育的内容和方法上是总体一致的，但各有不同侧重和自身特点，能否有序衔接、相互促进、凝成合力是教育成败的关键所在。

一 家庭之维——自然式的默化路径

家庭是社会的基层细胞和个人的心灵港湾。马克思、恩格斯是这样来说明家庭本质的："每日都在重新生产自己生命的人们开始生产另外一些人，即繁殖。这就是夫妻之间的关系，父母和子女之间的关系，也就是家庭。"[1] 家庭是人类两性共同生活的组织形式，它是以婚姻关系为基础、以血缘关系为纽带而组成的一种亲缘性的生活共同体，是人类自身生产得以进行的形式，成员之间存在情感纽带并彼此负有一定的责任。家庭道德教育的奠基性和生活化等特点和优势，决定了其在青少年道德信仰生成过程中的奠基性作用。从发展角度来看，家庭最重要的社会功能是养育后代并通过情感支持、陪伴成长使其社会化，帮助未成年子女获得社会发展所认同、期待的那些重要和适宜的价值观念、知识技能和行为方式。家庭一方面提供和满足家庭成员的物质、精神、情感等生活需要，另一方面形成和维系诸如夫妻关系、亲子关系等特定的家庭关系。家庭道德教育虽然也是有目的性、讲方法手段的，但不像学校等社会机构那样具有组织性、计划性、系统性，主要是靠"寓道于爱""寓德于情""寓教于养"的自然式、生活化的模式，耳濡目染、潜移默化地在家庭生活中完成青少年道德

---

[1] 《马克思恩格斯文集》（第一卷），北京：人民出版社，2009，第532页。

社会化。

(一) 家庭功能建构

家庭作为社会生活的基本单位,在已知的社会发展历史进程中承担着诸多的社会功能。在日益复杂的现代社会中,社会结构日益分化,社会分工日益细化,全球家庭发展趋势发生着由扩展家庭向核心家庭的转变,家庭单位的小型化也使得家庭功能逐渐弱化。功能主义的观点认为家庭主要有四种功能:社会化、情感和陪伴、性规则、经济合作。[①] 家庭功能和家庭结构引发各种家庭道德关系,如婚姻、生育、抚养子女、赡养老人等方面的家庭道德规范。尽管在家庭发展的整个趋势中家庭的传统功能令人甚为担忧,但是目前来说家庭仍是塑造人格、培养世界观价值观人生观、促进人的全面发展的重要推动力量。

1. 关注家庭结构

家庭在社会教化、情感支持、陪伴照顾、性爱观念、经济合作方面的功能发挥越好,青少年的身心健康和亲社会行为水平就会发展越高。在过去的近五十年中,中国的家庭生活发生了三个重要变化:生育率降低、人均寿命延长、城镇化水平提高。生育率降低使得家庭与工作关系发生变化,已婚女性就业改变了传统家庭中的性别角色分工,生养孩子的最佳年龄和时间精力都有更多的选择。人均寿命延长使得老龄化社会问题成为不可回避的社会现实,加上家庭小型化的现状,传统模式的家庭养老的压力越来越大。城镇化水平提高意味着新的教育机会和就业机会,同时也面临着更多的社会流动和物质诱惑问题。这些社会变化也导致家庭作用的范围大大缩小,很多家庭功能正在被社会机构所替代,家庭的"情感功能"越来越凸显。与此同时,离婚率、再婚率增加,单亲家庭、留守家庭比例增加。离异家庭的青少年在行为、

---

① 〔美〕戴维·波普诺:《社会学》(第十一版),李强等译,北京:中国人民大学出版社,2016,第424~427页。

心理和学习成绩等方面出现消极结果的风险更高,例如,吸毒、酗酒的风险更高,发生初次性行为的时间更早;容易出现焦虑、抑郁和退缩问题;学习成绩欠佳,上大学的可能性更小。① 单亲家庭与离异家庭的情况大致一样。混合家庭(继父母家庭)的亲子关系比较复杂,子女与父母、继父母之间的紧张情绪往往会导致怨恨、忌妒、愤怒、不信任感和不安全感。为让离异家庭的孩子更有安全感,联合监护成为一个比较流行、效果良好的解决办法。留守家庭虽然家庭结构正常,但是家庭功能严重缺失,对青少年心理健康、人格发展和道德养成产生许多不利影响。家庭功能发挥需要从家庭结构(family structure)和家庭过程(family process)两个方面去努力,既要考虑家庭外在特点,又要关注家庭成员之间的关系质量,尤其是家庭结构不健全时,更要在家庭过程方面多下功夫去弥补家庭结构失序带来的家庭功能失调。

2. 重视家庭过程

家庭作为一种生活共同体是以情感为基础的,情感满足是家庭的重要功能之一。情感满足可以为家庭成员消解心理与精神上的困惑,并提供愉悦的精神享受和无穷的精神动力。家庭是一个人最初始、最基本、最经常因而也是最持久的道德教育场所,家庭教育是启蒙式教育、生活化教育、终身性教育,青少年道德信仰生成离不开家庭环境的熏染和雕琢。健全的家庭功能、完善的家庭结构、温馨的家庭过程为青少年道德信仰生成打下坚实基础。"教育的一个主要环节是纪律,它的含义就在于破除子女的自我意志,以清除纯粹感性的和本性的东西。"② 培养青少年的责任心和服从感是必要的,只有通过有效地阻止他们以感性偏好为依据的率性而为,在爱、信任和服从的良好道德灌输氛围中,青少年才

---

① 〔美〕杰弗瑞·简森·阿内特:《阿内特青少年心理学》,雷雳等译,北京:中国人民大学出版社,2016,第202~203页。
② 〔德〕黑格尔:《精神现象学》(下卷),贺麟、王玖兴译,北京:商务印书馆,1979,第188页。

能超脱自然直接性而形成独立性的自由人格。青少年道德发展的方向和水平取决于家庭教育的风格与质量，家长应义不容辞地担负起引导和完善孩子道德人格的重要使命。家庭道德教育的特点是孩子在日常生活中自然而然地习得道德，在其方法形式上是真正的生活化教育。家庭教育的最大优点就是家长和子女朝夕相处、共同生活，再加上骨肉亲情，相互间很容易增进了解、建立互信，这为家庭道德教育创造了利好条件。家长可以随时随地进行有针对性的道德教育，一方面，可以利用长辈的阅历和威信，进行言传身教、榜样示范式的显性教育；另一方面，也可以开展亲子游戏、家庭互动式的隐性教育。在大多数情况下，父母可以通过生活化教育在不知不觉中将道德的、审美的经验潜移默化渗透到具体的人、事、物及其活动过程中，使孩子在润物无声中接受家庭的道德影响。家庭是人性最自然放松、最温馨和谐的爱的港湾。正常家庭里，亲情之爱无处不在、无时不有，它可以荡涤人性的弱点、激发道德的光辉。全面开展家庭美德教育要重视感恩教育、孝心教育、友悌教育、诚信教育、勤劳教育、节俭教育、责任教育、性道德教育、礼仪教育、苦难教育。[1] 通过要求青少年掌握传统家庭美德和日常生活习惯，使他们在立德修身、为人处世方面完成"预演"成人的社会化任务。

（二）家庭教养关系

家庭不仅是结构复杂的社会系统，同时还是不断发展的动态系统。"道德学习的一个重要辅助是父母与孩子之间相互信任和尊重的、温暖的、接受性的关系。……支持性的父母不仅鼓励道德信念，也会有可能培养道德勇气（moral courage），即在面临反对意见时坚持自己价值观的倾向。"[2] 家庭生活是青少年最深刻的依

---

[1] 蒋桂芳：《需要与道德——中国青少年问题研究》，郑州：河南人民出版社，2013，第178~183页。
[2] 〔美〕金·盖尔·多金、菲利普·赖斯：《青春期心理学：青少年的成长、发展和面临的问题》，王晓丽、王俊译，北京：机械工业出版社，2016，第157页。

恋与最痛苦的冲突的来源。青少年想要获得更多自主，必然要走出家庭去建立新的依恋关系，这就要求他们必须与父母一起不断调整自己。

1. 亲子关系

父母是青少年家庭生活中的"重要他人"（significant others）。青少年的核心道德价值观主要归因于家庭特别是父母的熏陶影响，亲子关系对青少年道德信仰生成有着巨大的影响。在青少年的生活世界中，尽管自主性在不断地增强，但是家庭可能依然是唯一的最为重要的影响因素，还是他们获得爱的呵护、情感支持、安全保护和生活舒适的重要来源，家庭成员尤其是父母大多数情况下仍是青少年尊重和依恋的重要对象。

联结主要是养育青少年的"亲近感"和"安全感"，为他们提供探索外部世界的安全基地。青少年需要父母的关注和陪伴，也需要独处和单独与同龄朋友交往。积极的父母支持与青少年的高自尊心、学业成功和道德发展有关。随着青少年的年龄增长，相互表达情感的亲密度与儿童期的表现有很大反差，在青少年早期甚至会出现急剧下降。由于相处时间的减少，青少年与父母的沟通交流在某种程度上出现了困难甚至恶化，他们开始不愿意与父母交换想法、袒露信息。沟通障碍源于父母对孩子的思想、态度和感受完全不敏感和不能理解认同，既无法帮助他们解决困惑，又不听或根本不给孩子解释的机会。青少年更愿意和更希望父母能够认真倾听、共情理解和肯定认同，渴望的沟通方式是"与"他们交谈，而不是"对"他们训话。"青少年对父母支持的知觉，特别是对内部支持和亲密性的知觉，与生活满意度呈正相关。"[①]青少年往往会通过诚实互信、表达敬意等方式去博取父母的爱意表达和积极情感支持。父母之爱应该是一种无私心、无条件、无

[①] 〔美〕金·盖尔·多金、菲利普·赖斯：《青春期心理学：青少年的成长、发展和面临的问题》，王晓丽、王俊译，北京：机械工业出版社，2016，第169页。

偏见的人间大爱。父母需要理解孩子处在青少年期的本来样子，包容青少年的个体性、亲密性和差异性，接受孩子的全部包括他们的缺点和不足，信任孩子的各种行为表现，赞许孩子的各种积极努力。亲子关系中信任的确立至关重要。有些父母会把自己的恐惧和焦虑自觉不自觉地投射到孩子身上，强烈的恐惧感源于自身缺乏安全感，而且安全感的缺失会加剧恐惧感，进而导致更为严重的不信任感。父母的信任基于对孩子日常生活的了解和关心，不要总是期望孩子是完美无缺的，也不能强迫孩子按照父母的要求在不愉快的氛围中违心地成长。青少年获得父母信任最有效的方式就是及时主动地告诉父母自己日常生活中的所思所想所作所为。

获得成熟而又健康的自主性是青少年发展任务的重要目标。在从儿童到成年的转变中，青少年需要依靠建立自主性和独立性去承担初显成人期的角色和责任，过分依赖父母的青少年是不能建立起令人满意的同侪关系的。"父母经常把冲突的问题看成他们希望青少年遵从社会习俗，而青少年把这些问题看作个人选择。"[1] 父母和青少年对冲突问题的选择决定权也持有不同意见。冲突的高峰期出现在青少年早期，在这一时期青少年追求更多选择、更高程度的自主权，父母也要学会适应孩子的成长成熟和理解青少年对自主权获取的强烈渴望。青少年早期与父母的冲突反映了双方对青少年自主性的话语权和范围存在不同的看法和解释。父母与青少年之间的冲突是"自然而然"的，这种成长的烦恼对青少年拥有更多的自主权来说是积极的、有益的。自主性包括行为自主性（behavioral autonomy）和情感自主性（emotional autonomy）。青少年行为自主性在青少年期迅速提高，但表现出一定的选择性，例如在衣服、发型、朋友等生活领域特别渴望更多的行为自主性，

---

[1] 〔美〕杰弗瑞·简森·阿内特：《阿内特青少年心理学》，雷雳等译，北京：中国人民大学出版社，2016，第194页。

第五章 青少年道德信仰的生成路径

而在职业规划、教育计划等学习发展领域更愿意听从父母的建议和安排。青少年希望有更多的行为自主性，但又不想完全地独立和自由。青少年情感自主性不像行为自主性发展变化那么迫切，在这方面还主要依赖于父母的引导和指导。"青少年建立自主权的最佳途径是通过切断情感纽带来实现和父母的分离。"[1] 总的来说，青少年自主性建立是一个循序渐进的过程，青少年与父母的亲子关系的理想状态是既自主又依恋或既各自独立又相互依赖。追求自主是青少年的成长需要，鼓励自主是父母的教养责任。青少年自主性的矛盾冲突和权利争夺是对亲子关系的重新调整，从而使家庭系统形成新的平衡。

青少年想要什么样的父母？父母又在什么程度上会得到未成年子女的认同？这需要详细地去考察好父母的人格魅力和道德品质。一些家庭因素与青少年道德学习及道德发展显著相关：父母的接纳和信任；亲子互动与沟通的频度和强度；使用纪律的类型和程度；父母给孩子树立的角色榜样；父母为孩子提供的独立机会。[2] 青少年期的养育社会化需要三个关键成分：联结（connection）、自主性（autonomy）、规则（regulation）。联结通过亲子关系的强烈情感纽带，为青少年提供安全感并帮助其探索家庭之外的生活世界。自主性为青少年自我同一性的形成预留了发展空间。规则使得青少年学会设置行为边界和自我控制，从而有效避免反社会行为。"最好的父母会对他们的孩子表现爱和关心，给孩子私密的空间和一定程度上的自由，并为孩子的行为设定规则和标准。"[3] 在青少年开始养育社会化的过程中，父母需要驾驭孩子日

---

[1] 〔美〕戴维·谢弗：《社会性与人格发展》（第5版），陈会昌等译，北京：人民邮电出版社，2012，第404页。

[2] 〔美〕金·盖尔·多金、菲利普·赖斯：《青春期心理学：青少年的成长、发展和面临的问题》，王晓丽、王俊译，北京：机械工业出版社，2016，第157页。

[3] 〔美〕金·盖尔·多金、菲利普·赖斯：《青春期心理学：青少年的成长、发展和面临的问题》，王晓丽、王俊译，北京：机械工业出版社，2016，第167页。

益膨胀的自主性，使其逐步形成社会适宜感和自我控制感，同时又不限制和压抑青少年的主动性、好奇心和个人胜任感。

2. 父母教养风格

青少年养育成败很大程度上取决于父母教养风格。关于亲子关系的质量和父母养育的影响的研究，"父母教养风格"（parenting style）是一个非常重要且影响较大的研究分支。研究根据控制性（control）和温暖性（warmth）这两个视角不同且相互独立的维度对父母教养风格进行分类。控制性是指父母制定孩子的行为规则并要求他们严格服从，反映的是父母管理孩子的控制程度。温暖性是指父母对孩子需求的敏感度并表达爱和关心，反映的是父母对孩子关心和支持的温暖程度。当"控制性"和"温暖性"两个维度以不同的方式组合起来，就形成了权威型父母（控制＋温暖）、专制型父母（控制＋冷漠）、放任型父母（放任＋温暖）和忽视型父母（放任＋冷漠）四种不同教养风格。权威型父母并不是简单地"制定规则"并"严格控制"，他们会向孩子"解释"规则制定的原因和父母的期望，同时也会"表示关爱"并"给予温暖"。专制型父母"制定规则"并要求孩子"严苛服从"，不服从就严厉惩罚而且毫无妥协余地，同时极少表现出对孩子的关心爱护和情感依恋。放任型父母既不制定明确的规则，更不会去惩罚孩子，而是为孩子提供"无条件的"爱与温暖，让孩子充分自由地做自己喜欢的事情。忽视型父母尽量减少为孩子而付出的时间和情感，希望麻烦越少越好，他们往往对孩子既没有过高期望也没有情感依恋。一般来讲，权威型父母会通过说服来实现自己的要求，养育的孩子通常独立自信、有创造性、能力很强、适应性好；专制型父母主要是用惩罚的方式来教育孩子，所养育的孩子性格独立、被动服从、易患抑郁，经常遭受父母粗暴体罚的孩子往往会效仿父母的暴力和攻击性行为；放任型父母会导致物质溺爱、关系溺爱和结构溺爱，而且这三种溺爱常常同时发生，所养育的孩子没有责任感、不会独立、服从但不成熟；忽视型父母的教养是最糟糕的教养方式，这种极度宽松、不闻不问甚至麻木不仁的教养方式会滋长孩子的仇恨和对他人和社会的报复心，所养育的孩子易于冲动、违法犯罪、过早发生性行为、吸毒。① 总的来说，权威型父母教养风格是和积极的青少年发展结果联系最为紧密的养育方式。权威型父母试图强调与孩子特定发展阶段相对应的权利与责任之间的平衡，父母与孩子之间是一种平衡互动的关系，并且平衡关系随着孩子的成熟进步而相应发生变化。父母的良好品质是孩子生活中的护身符，父母的不良嗜好是孩子生命中的绊脚石。父母教养风格将会在孩子心灵上打下深深的烙印，父母的品德修养、教养风格是家庭教育的关键一环。

3. 父母效能系统训练

父母效能系统训练是提高父母教养能力的重要课程。父母效能系统训练课程 STEP（Systematic Training for Effective Parenting）是一套影响全球、应用较广的家庭教育系统训练教程。STEP 课程关注行为动机、社会兴趣、社会情境、亲子关系、主动沟通与逻辑结果，注重通过有效的沟通方式去营造民主平等的家庭氛围，消除儿童和青少年的不良行为，创建了一套循序渐进的父母训练模式。STEP 课程认为，父母与孩子之间良好的亲子关系需要四个基础：相互尊重（mutual respect）、共享欢乐时光（taking time for fun）、鼓励（encouragement）和传达爱意（communicating love）。② 亲子关系的沟通策略应采用积极倾听（active listening）、第一人称讯息（I-message）和没有输家的解决办法（no-lose conflict resolution）。③ STEP 课程的核心议题是检查和消除孩子的不良行为，认

---

① 〔美〕杰弗瑞·简森·阿内特：《阿内特青少年心理学》，雷雳等译，北京：中国人民大学出版社，2016，第 186 页。
② Dinkmeyer, D. & McKay, G. D., "The Parents Handbook: Systematic Training for Effective Parenting," *Circle Pines* (MN: American Guidance Service, 1976), p.29.
③ 〔美〕托马斯·戈登：《父母效能训练》，琼林译，北京：中国发展出版社，2019，第 1 页。

为儿童和青少年不良行为目标有四种错误目标——获得注意、权力争夺、进行报复与不能胜任,[1] 提倡家长使用"自然结果"(natural consequences)与"逻辑结果"(logic consequences)的教育方法去引导孩子认识和反省不良行为的后果。孩子自尊来自被父母和家庭尊重的经历。"家庭中的语言暴力、毒打或者其他的暴力形式,会导致社会上的暴力行为。"[2] 父母对孩子天性的尊重和接受、良好行为的欣赏和认可、错误行为的目标分析和处理方式,都会影响孩子的自尊水平、合作关系、学习态度、成就取向、道德勇气和社会适应。"青春期孩子并非要反抗他们的父母,他们只是要反抗某些几乎被全世界的父母所采用的具有破坏性的教养方法。"[3] 父母效能系统训练是一种科学的、高效的沟通技巧和解决冲突方法,能够促使家庭教育由经验向科学、由知识向技能、由讲话向对话转变,帮助父母关注孩子内在的行为目标和成长目标,明确问题归属、觉察内心感受、积极管理情绪,切实改进教养风格、改善亲子关系。

(三)家庭美德默化路径

家庭在满足个体情感需求方面的功能具有直接性、长期性和强烈性,是其他社会组织所无法比拟和不可替代的,这源于家庭与个体关系的原发性、共生性和紧密性。家庭体现的是"直接的或自然的伦理精神"[4],是对儿童和青少年提供重要情感支持和进行道德社会化的首要场所。和谐美满家庭文化造就快乐之家和幸福之人,而只有在感情充分交流、不断融合中,家庭才能真正成为每个成员的心理减压器、快乐栖息地,否则,家庭只能是爱情

---

[1] Dinkmeyer, D. & McKay, G. D., "The Parents Handbook: Systematic Training for Effective Parenting," *Circle Pines* (MN: American Guidance Service, 1976), p. 81.

[2] 〔美〕托马斯·戈登:《父母效能训练》,琼林译,北京:中国发展出版社,2019,第2页。

[3] 〔美〕托马斯·戈登:《父母效能训练》,琼林译,北京:中国发展出版社,2019,第2页。

[4] 〔德〕黑格尔:《法哲学原理》,范扬、张企泰译,北京:商务印书馆,1961,第173页。

的"旅馆"、婚姻的"坟墓"。家庭生活与社会生活有着密切的联系，正确对待和处理家庭问题，共同培养和发展夫妻爱情、长幼亲情、邻里友情，不仅关系到每个家庭的美满幸福，也有利于社会的安定和谐。"没有了家庭，在广大的宇宙间，人会冷得发抖。"[1] 家庭美德主要包括尊老爱幼、男女平等、夫妻和睦、勤俭持家、邻里团结。家庭美德是家庭文化的重要载体，也是个人在家庭生活中应该遵循的行为准则，涵盖了夫妻、长幼、邻里之间的关系，涉及家庭风气、社区氛围和社会稳定，调节和规范家庭内部成员和家庭生活密切相关的人际交往关系，是个人幸福、家庭和睦、社会和谐的黏合剂和润滑剂。家庭美德体现了中国家庭齐家安家治家的三个主要道德取向：齐家的和谐与统一；安家的仁爱与礼让；治家的勤劳与节俭。家庭美德把家国情怀和家国同构的思想蕴含于家庭文化建设之中，整个家庭的道德实践都将为青少年社会性发展积累家庭经验。青少年不仅要在家庭中做孝顺父母、关心亲人、勤俭节约、热爱劳动的"好帮手"，更要从家庭特别是父母身上观察学习家庭美德方面的规范。

1. 亲情教育

尊老爱幼是中华民族的传统美德。在中国的家庭观中，老人和小孩分别是敬重与呵护的重点对象。孔子向往的大同社会就把"老有所终，壮有所用，幼有所长"[2] 作为重要道德标准，把"老者安之，朋友信之，少者怀之"[3] 作为首要道德要求。孟子认为"老吾老，以及人之老；幼吾幼，以及人之幼。天下可运于掌"[4]，把"尊老爱幼"上升到齐家治国平天下的高度。尊敬老人、赡养老人，是中国人引以为豪的重要美德。千百年来，中华民族凭靠"尊老

---

[1] 〔法〕安德烈·莫罗阿：《人生五大问题》，傅雷译，北京：生活·读书·新知三联书店，1986，第43页。
[2] 《礼记·礼运》。
[3] 《论语·公冶长》。
[4] 《孟子·梁惠王上》。

敬老"的美德繁衍生息、世代相传，中华文明之所以根深叶茂、源远流长，也与这一家庭美德所蕴含的社会文化有着千丝万缕的联系。爱护孩子、抚养子女，是父母应该承担的家庭责任和道德义务。我国的《婚姻法》《未成年人保护法》对父母保护和教育未成年子女的权利和义务有明确规定，要求父母或监护人以健康的思想、品行和适当的方法教育未成年子女。当今中国社会城市化发展进程加快，核心家庭不断增多，通常情况下老人与已婚子女分开生活的趋势不断扩大，再加上少子化家庭和老龄化社会的现实状况，家庭结构和家庭关系随之发生很大变化，出现了"尊老不足，爱幼有余"的天平倾斜。"尊老不足，爱幼有余"主要表现为三个方面：在物质保障方面，对老人小气吝啬，对小孩娇生惯养；在情感支持方面，对老人关心不够，对孩子过分溺爱；在生活陪伴方面，老人常被忽略，孩子大包大揽。父母应尊重未成年子女的独立人格，而不能把子女看作自己的附属品或实现人生理想的工具；应教育子女尊重爱、学习爱、懂得爱、实现爱，而不是一味苛求"望子成龙""望女成凤"。长辈应该成为晚辈的良师益友，而不是像超级保姆一样包办一切，把子女娇生惯养成"小皇帝""小公主"。长辈之间的相濡以沫、相辅而行的良好关系，也正是晚辈的行为表率和学习榜样。中青年夫妻要做好赡养老人的工作，在物质和精神上给老人提供帮助。老年人也要理解晚辈，在力所能及的情况下积极参与家务活动，而不是动不动以长辈自居，把自己的想法强加给别人。青少年道德信仰生成需要正确审视和认真对待"前喻文化""并喻文化""后喻文化"三者关系，保持尊老爱幼在家庭道德建设中的合理平衡。

2. 性别教育

男女平等是社会文明进步、家庭幸福美满的重要标志。由于性别生理存在差异，男女两性在家庭建设中的劳动分工和角色扮演可能会存在不同，但在人格和尊严上、权利和义务上男女必须是平等的。家庭建设是男女两性共同的权利与责任，每一个家庭成员都是共建者、共治者与共享者,在这里不分男女、无关性别,都要尽心参与、悉心经营与精心呵护家庭。男女平等是家庭建设中的最基本要求。青少年应该树立男女平等意识,正确认识性别差异,坚决摈弃性别歧视,特别是要反对"重男轻女""传宗接代"的庸俗生育观念。男女两性是平等、包容、和谐、共享的相互依存的共生关系,都应该是具有独立人格、平等尊严、家庭价值和社会贡献的个人。青少年在家庭中要树立恋爱平等、婚姻平等、生育平等的现代观念,既要尊重和保护女性的合法权益和家庭地位、反对"大男子主义",又要提倡男女之间互帮互让和共勉共励、反对"小女人思想",共同承担家庭责任和社会事务,成为家庭和社会两个方面建设不可或缺的重要生力军。男女平等还体现在夫妻双方应该平等地尊敬和赡养对方的父母,对重新组合家庭来说双方的子女要不分彼此、一视同仁。

3. 和睦教育

夫妻和睦是家庭建设的基础与核心。夫妻关系是家庭关系的主体结构与家庭和谐的主导因素,处于整个家庭人际关系中的轴心地位,在家庭关系中发挥着决定性作用。"夫和其妇,妇敬其夫。夫以修身齐家事为本,妇以人伦道德情操为重,同事耕耘理家创业,夫妇协同,修身、齐家、治国、平天下,休戚与共,百年好和,白头偕老,同建和谐家庭,万事兴矣。"[1] 中国人总是把夫妻恩爱、相敬如宾、忠贞不渝、白头偕老,视为夫妻关系的典范,喜欢用"比翼鸟""连理枝"等来祝福新婚宴尔。在现代社会,夫妻在权利和义务上、人格和地位上是平等的。相互尊重、彼此恩爱、互敬互让、互帮互助,是夫妻和睦的基础。夫妻之间柴米油盐、锅碗瓢盆,发生这样或那样的分歧和摩擦是在所难免的,出现问题和矛盾时关键是要多包容和多体谅,不能乱使性子、逞强好胜,赢了嘴巴和死理,输了感情和婚姻,甚至导致家庭暴

---

[1] 《李氏家谱》。

力、家庭破散。夫妻和睦既可以使爱情永恒、婚姻永固，又可以使家庭幸福、生命辉煌。为人父母应该珍视婚姻和家庭，加强家庭美德建设，实现心灵息息相通、生活水乳交融、个性交相辉映、事业相互依撑，为未成年子女在婚姻维系、家庭建设方面树立良好榜样。

邻里团结是家庭美德建设的家际关系和环境要求。邻里关系是家庭关系向家际关系的延伸和血缘关系向地缘关系的拓展。左邻右舍，朝夕相处。"低头不见抬头见"的交往频度使得"远亲不如近邻"的邻里关系显得格外重要。邻里之间生活在一个相对固定和封闭的区域（如社区、街道或村庄），良好的邻里关系可以为家庭提供一个好的社会氛围，有助于家庭的健康发展。中国自古流传"千金买宅、万金买邻""孟母三迁"的佳话美谈，和谐融洽的邻里关系也是人们期盼乐见的。邻里之间应该彼此尊重、以礼相待、和睦相处，而不是以权压人、仗势欺人、因财辱人。邻里关系处理得当，大家可以互帮互助、相安无事；邻里关系处理不当，可能造成矛盾丛生、纠纷不断。人们常说："远水救不了近火。"这充分说明了邻里关系的重要性。当家庭遇到困难甚至发生危机时，首先伸出援助之手的往往是邻居，友邻的作用常常胜过亲戚朋友。

4. 勤俭教育

勤俭持家是中华民族家庭建设的优良传统。勤俭是一种简约的生活方式和积极的劳动观念，其主要内涵是勤劳、勤奋、勤快和俭朴、俭省、俭约，反映了劳动人民的道德操守和持家之道中的人生哲理。中华民族素来以勤俭持家、俭以养德的传统美德著称于世，历代先贤之士视勤俭美德为持家之道、居家之要、传家之宝。"勤与俭，治生之道也。不勤，则寡入；不俭，则妄费。"[①]

---

① 《劝言·勤俭》。

第五章　青少年道德信仰的生成路径

"历览前贤国与家，成由勤俭破由奢。"① 勤与俭是相互联系、相辅相成的。"勤俭两件，犹夫阴阳表里，缺一不可。勤而不俭，譬如漏卮，虽满积而亦无所存；俭而不勤，譬如石田，虽谨守亦无所获。须知勤必要俭，俭必要勤。"② 中国共产党十分重视继承和弘扬勤俭美德，并把它提升为治国理政的重要方略。习近平总书记特别强调领导干部要以身作则、率先垂范，"要坚持勤俭办一切事业，坚决反对讲排场比阔气，坚决抵制享乐主义和奢靡之风"③。作为一种精神状态，勤俭能够砥砺意志、陶冶情操，激发艰苦奋斗的光荣传统，形成凝聚人心、战胜困难的强大力量。作为一种生活方式，勤俭要求人们热爱生产劳动，不贪图安逸享乐，不怕辛苦，不怕脏累，充分发掘自身的潜能，保持旺盛的精力，艰苦朴素，从而创造出更充实和更丰富的生活。当然，我们讲艰苦奋斗、勤俭节约，不是要青少年去过不合时宜的清教徒式、苦行僧式生活，也不是要否定合理的物质利益，而是要大力发扬艰苦奋斗、勤俭节约的精神，提倡崇勤戒惰、尚俭戒奢，拒绝好逸恶劳、不劳而获，始终保持昂扬向上、奋发进取的精神状态。

二　学校之维——应然式的教化路径

学校作为一种学缘性的生活共同体，是对青少年进行系统道德教育的重要阵地和主要渠道。学校道德教育不能停留在"术"（知识）的层面，而要在"道"（信仰）的高度去认识和把握。从职能上说，学校的本质就是教育人、培养人、发展人，就是对学生进行"传道、授业、解惑"。从人的全面发展来看，"传道"是学校的首要职能，人文关怀应是学校道德教育的逻辑起点，"学校应该永远以此为目标：学生离开学校时是一个和谐的人，而不是

---

① 《咏史》。
② 《传家宝》（初集卷之五）《知世事》。
③ 《习近平谈治国理政》，北京：外文出版社，2014，第387页。

一个专家"[①]。

（一）学校道德教育

学校道德教育的特点和优势在于其教育的系统性和规范性。处于社会转型期的学校道德教育之所以常常会遇到"老办法不行，新办法不灵""硬办法不敢用，软办法不管用"的尴尬局面，正是因为学校道德教育在价值取向、工作范式、实践路径上出现了认识上的偏差和失误。学校道德教育应注重人文关怀和精神塑造、回归生活世界，以人和生命为双重坐标的新人本主义思想为指导，引导青少年敬畏道德信仰并努力使之成为完整的人和生命。

1. 坚持个人价值与社会价值、目的价值与手段价值相融合

学校道德教育既要满足青少年全面发展需要，又要满足社会和谐发展需要，从价值主体上看，它包含个体价值和社会价值，并且二者相互依存、不能偏废。人的全面发展是人之为人的规定性，这既是人的个性、能力和知识的协调发展，也是人的自然素质、社会素质和精神素质的共同提高，同时还是人的政治权利、经济权利和其他社会权利的充分实现。所以，学校道德教育要按照青少年的个体发展需要和成才规律，全面提升青少年个体的道德素质，使青少年个体真正成为全面发展的人。马克思强调，人的自由全面发展是"全人类的解放"，是人的个性、人格、创造性和独立性最大限度地"不受阻碍的发展"。在马克思那里，人的全面发展是人的社会关系的全面发展，是人与人之间社会关系的高度丰富展开与占有。所以，学校道德教育又要按照社会的发展要求和总体目标，提高青少年服务社会的能力和素质，使社会成为充满和谐的社会。在学校道德教育的价值定位上，我们不能片面地强调"社会本位"或"个人本位"，更不能把二者对立起来，而是要实现二者价值上的有机融合。

在现实社会生活中，人既是主体，又是客体。人作为主体时

[①] 〔德〕爱因斯坦：《爱因斯坦文集》（第三卷），许良英等译，北京：商务印书馆，1979，第289页。

第五章 青少年道德信仰的生成路径

是价值满足的目的，人作为客体时则是实现价值的手段。从个人与社会的价值关系来看，人的价值本身内含着目的与手段的统一，世界上没有无目的的手段，也没有离开手段而能实现的目的，实际上是互为目的、互为手段的。所以，从价值活动上看，学校道德教育既具有目的价值，又具有手段价值，二者相辅相成，不可或缺。学校道德教育既是为了人，又要依靠人，既是"为人"的教育，又是"人为"的教育，所以，青少年在学校道德教育活动中既是目的，又是手段。学校道德教育的工具理性体现在它要为社会发展服务，但其更根本的理性价值是目的价值，其主要任务目标是培养人、教育人，通过提升人的精神境界和道德素质来促进人的全面发展。学校道德教育的最直接功能是提升青少年道德情操和德性水平，以此改善校园道德风尚乃至净化社会环境，这有利于青少年与社会、自然、他人的关系协调，可以满足社会、自然、他人的发展需要，这是手段价值和工具理性的体现。学校道德教育的最根本初衷是培养青少年的道德人格、塑造青少年的道德自我，以此满足青少年的内在需求和发展需要，使青少年在陶冶情操中感受到一种自我肯定和超越现实的满足，从而获得崇高感、价值感和幸福感，体验人生的美好、精神的愉悦，最终达到全面自由发展的目的，这是目的价值和人文关怀的体现。目的价值和手段价值在本质上是道德功能和作用的两种不同表现，目的价值是内在价值，强调的是人之为人的内在规定性，有利于弘扬人在道德面前的主体性，但走向极端的话往往落入唯意志论的窠臼；手段价值是外在价值，强调的是人并不是为了道德而活着，道德只是人为了达到更高目的的手段和工具，有利于彰显人在道德面前的客体性，但过分强调将导致实用主义的泛滥。目的和手段是相互依存的，一方的存在是以另一方的存在为前提的。目的需要借助一定的手段加以实现，而手段是为一定的目的服务的，是目的得以提出的前提条件。同时，目的和手段又相互促进，互动发展，在一定条件下可以互相转化。"已经得到满足的第一个需要本身、满足需要的活动和已经获得的为满足需要用的工具又引起新的需要,而这种新的需要的产生是第一个历史活动。"① 所以,学校道德教育应体现目的与手段的统一,使青少年既敬慕崇尚道德,又驾驭运用道德,保持对道德的一种批判性理解和创造性运用,使道德为青少年的全面发展与社会的和谐发展服务。

2. 坚持合道德性与合教育性、客观规律性与主观能动性相统一

道德信仰是道德形而上学之基础,表现为对道德法则的敬畏、认同和崇尚,它既是道德形成的前提性的精神基础,又是道德的终极向往即道德的最高目标和最高境界,很好地解决了道德行为动机与效果统一的问题。在我国学校道德教育中,存在教育内容相对过重与主体能力相对不足、教育期望相对过高与教育效果相对不佳的现实矛盾。当前,教育者与受教育者之间存在事实上不平等关系,这造成了道德信仰教育居高临下的单向度式的强制灌输,受教育者成了"驯服工具"和"美德之袋",也使得学校道德教育经常"流于形式"或"力不从心"。学校道德教育的"力不从心"一方面表现在教师的传授能力有限,这是因为德育课老师在整体上存在专业化程度不高、数量相对不足的问题;另一方面表现在学生的接受能力有限,这是因为学生的课业负担过重,学生把主要精力放在德育课以外的"主干课"上,当然,还存在教材内容与学生心智能力不相匹配的问题。道德信仰不是先天禀赋的社会嫁接,也不是纯粹个人的主观设计,而是在一定社会生活条件下道德认知(知)、道德情感(情)、道德意志(意)、道德行为(行)相互作用的结果。当前,后现代主义的无中心意识和多元价值取向对青少年道德教育产生了很大冲击,特别是功利主义浸染、虚无主义盛行、主知主义滥觞,更是让青少年道德教育呈现"去信仰化"倾向。学校道德教育应该体现道德信仰与教育精神的契合、道德范式与教育模式的耦合。道德信仰教育要体现道德之"根",否则,"失根"的

---

① 《马克思恩格斯文集》(第一卷),北京:人民出版社,2009,第531~532页。

道德信仰教育讲的只有"是什么",却没有一个"为什么"作为坚实的理论基础,是不可能触动灵魂、打动人心的,所以也不符合主体需要。道德信仰教育还要体现教育之"魂"(实现人的全面发展)。"高、大、空、全"的完美主义追求和理想主义倾向是急功近利式的畸形教育,背离了教育发展规律,不能够满足人的生存和发展需要的实践活动,因而也不会产生客体效应。学校道德教育的应然与实然的矛盾是客观存在的,这也是道德信仰教育的内在动力。学校道德教育不是要好高骛远、揠苗助长,而是要水涨船高、循序渐进,应根据现实状况和自身条件确定合理的期望值,只能在"实然"与"应然"之间寻求"适然",只能在"有限化"的教育效果基础上追求"最优化"而不是"无限化"。

　　作为一种教人为人处世的活动,学校道德教育的根本任务就在于引导青少年正确认识当下生命的实然状态,启发他们实现全面发展的应然要求,激励他们积极实现由实然性存在向应然性存在的转化。人的存在是由理想到现实、由应然到实然这样一个不断演进、提升的过程,人的生命活动是实然性和应然性的统一。从教育对社会的引领作用来说,学校道德教育更具"面向未来"的功效,因为道德所反映的不是"实然"而是"应然",道德信仰教育的本质不是要让受教育者"知其然与知其所以然",更不是为了约束人们的思想行为,维持人们的实然状态,而是通过更高层次的道德理想引导个体的生命实践,使道德信仰教育真正成为个人发展和社会进步的内驱力。学校道德教育应该反对知识中心主义和教育权威主义,"用历史唯物主义的思维研究教育问题,从变化生成的视角来审视人的生命模式,用充溢生命激情的道德理想引导教育对象,促使其在追求生命理想的过程中提升道德境界,推动个体的自我完善与发展"[①]。可见,学校道德教育需要把客观

---

① 王天民、郭彦雯:《从马克思主义人性观看道德教育超越性本质的实现》,《中国特色社会主义研究》2008年第3期。

的知识按照其固有规律组织在主体的目的性活动之中，为现实对象的规律性存在建立起合乎目的性的有效形式。现代道德信仰教育强调要尊重受教育者的主体地位，教育者与受教育者之间的关系应是和谐共生关系，两者在人格和权利上是自由平等的，没有层次高低之分和人格贵贱之别，这有利于激发和调动受教育者的主观能动性和积极创造性。不能简单地把契约关系引入学校道德教育之中，这会大大削弱教育者在施教中的主导作用。一方面，契约关系会导致受教育者认为教育者只不过是为满足消费者教育权利而履行义务的教育工具而已，使得受教育者对教育者的尊重之情、敬畏之心化为乌有；另一方面，契约关系可能沦为金钱关系和等价交换，甚至可能会导致两者关系的淡化、异化和恶化，使得教育者责任意识淡薄。陶行知曾说，真的教育是心心相印的活动，唯独从心里发出来，才能打到心灵的深处。可见，教育植根于爱，只有爱才是最好的教师，多一份真诚和爱心，就会让师生关系更加牢固与纯粹。学校道德教育既要发挥传统亲情关系中的彼此爱心，又要体现现代共生关系中的相互责任，这样才能既符合客观规律性，又最大限度地调动人的主观能动性。

3. 坚持制度安排与道德规范、显性教育与隐性教育相协调

学校道德教育既需要相关的道德规范，又需要一定的制度安排。"制度是一个社会的游戏规则，更规范地说，它们是为决定人们的相互关系的系列约束。制度是由非正式约束（道德的约束、禁忌、习惯、传统和行为准则）和正式的法规（宪法、法令、产权）组成。"[①] 制度安排与道德规范是两种不同的道德建设方式和渠道，二者在价值取向上的同质性表现为对公平正义的共同追求，在功能作用上的互补性表现为自律与他律的彼此补充。青少年道德规范通常以道德的应然性标准要求青少年，其在道德信仰教育

---

① 〔美〕诺思：《制度、制度变迁与经济绩效》，刘守英译，上海：上海三联书店，1994，第3页。

方面的理想性成分较大，而制度安排通常以道德的实然性标准规范青少年，其在道德信仰教育方面考虑现实性的成分较多。制度安排作为一种刚性约束，一旦生效，就成为一种超然于物、外在于人的客观存在，青少年必须依据学校制度安排调整自己的行为，否则，就会招致制度惩罚。但是，每一种学校制度又都包含着鲜明的道德取向，合理有效的制度安排能够产生良好稳定的道德秩序。制度安排和道德规范相互协调的关键是学校德育的理想性与制度安排的现实性之间的互动和谐，一方面，要增加制度安排的应然度，使制度安排成为高度自觉化的道德实践指南，给整个青少年带来富有道德的理想结果；另一方面，要增加道德规范的实然度，使道德信仰教育从盲目的理想主义状态调整到理性的现实主义状态，引导青少年不仅要追求道德理想的高尚性，也要追求现实生活的合理性。

学校道德教育需要教育者与受教育者双方彼此在心理上的互信、情感上的共鸣、认知上的同步，这在现实上要求其必须坚持显性教育与隐性教育并举。青少年道德信仰认同的显性教育，是指通过直接的、外显的道德信仰教育活动使青少年有意识、有目的地受到影响的有形道德信仰教育。显性教育的特征是具有主导性、权威性和强制性，其优势是目标明确、条件可靠、效率显著。青少年道德信仰的隐性教育，是指间接的、内隐的道德信仰教育活动使青少年无意识、间接性地受到影响的无形道德信仰教育，隐性教育的特征是具有主体性、自然性和实践性，其优势是潜移默化、轻松愉快、效果持久。应该说，显性教育与隐性教育是学校道德教育的两个不同方面，一方面，必要的理论性、知识性的道德规范需要显性教育的集中灌输；另一方面，隐性教育的潜移默化有利于强化学校道德教育的主动性和选择性。道德教育内容的显性化与道德教育方式的隐性化的有机结合，一个作用于主动性思维（有意识思维），一个作用于被动性思维（潜意识思维和无意识思维），一个作用于理性行为，一个作用于非理性行为，这是显性教育与隐性教育的黄金搭档。显性教育与隐性教育齐抓并举、相互补充，则既可以强化显性教育的思想性和教育性，又能够发挥隐性教育的渗透性和愉悦性，从而彰显学校道德教育的魅力与活力，培养青少年良好的道德品质。

（二）"有效学校"道德教育

学校与学校之间差异很大，不同的人文环境、教育氛围、管理方式、教学模式导致对学生的要求也是不一致的，这也会导致有些学校相比其他学校更有效果。青少年发展的主要影响因素是家庭、同侪和学校。学校能否帮助包括来自低收入家庭在内的所有学生实现教育目标是检验学校成功与否的试金石。

1. "有效学校"气氛特征

"有效学校"是指学校可以通过改革变得更加有效，从而使所有学生（不论他们的家庭背景如何）都能获得最好的教育，帮助他们取得成功。[1] "有效学校"的概念是美国教育研究者20世纪60年代针对家庭对学生发展的重要作用而提出来的。1964年，美国教育社会学家詹姆斯·科尔曼（James Samuel Coleman）受美国教育部资助，带领研究团队收集分析了4000余所学校60多万名学生的数据，开展了美国教育领域规模宏大的调查研究。科尔曼在1966年向美国国会递交了美国社会学史和教育史上著名的《科尔曼报告》——《关于教育机会平等》（Equality of Educational Opportunity）。报告认为，学生的学习成绩与其家庭社会经济背景有着直接关系，而家庭社会经济地位低下儿童的学习成绩在学校改观不大、收效甚微。这一报告引发了对学校"有效性"的激烈讨论。哈佛大学罗纳德·艾德蒙兹（Ronald Edmonds）领导的一个研究团队对《科尔曼报告》进行了回应，他的团队研究发现那些来自低收入家庭的学生绝大多数也取得了学业成功。艾德蒙兹与科

---

[1] Rossmiuer R. A. & Holcomb E. L. , "The Effective Schools Process for Continuous School Improvement," http://www.researchgate.net/publication/234688456 - The-Effective-Schools-for-Continuous-School-Immprovement.

尔曼的研究结论存在观点分歧，使得后来研究开始关注成功学校与非成功学校的对比研究，结果又有新的发现：学生成功与学校成功有着明显联系；成功的学校具有一些相似的共同特征。这些研究奠定了有效学校研究的基础，也促进了建设有效学校的运动开展。1986年，"有效学校调查与发展中心"在密歇根的奥基莫斯市成立。1989年，本·伯德赛尔创建了"有效学校联盟"（the Association of Effective Schools）。20世纪80年代，美国还兴起"更为有效学校"模式的高中综合改革，继续推动"有效学校"运动在美国乃至世界范围内发展。[1] 有效学校的构成要素随着时代发展不断丰富完善，主要有七个方面的共同特征：（1）清晰明确的使命；（2）强有力的学校领导；（3）对学生的高期望值；（4）积极进取的校园文化；（5）合理分配教学和学习时间；（6）经常对学生发展进步进行系统化评价；（7）积极的家庭、社区、学校关系。[2]

有效学校的鲜明特征体现了成功学校的学校气氛。有效学校在学习目标、课堂管理、学校纪律、团队工作等方面的价值导引和教育实践，为学校营造了一个安全舒适而且有条不紊的学习环境，这是一个鼓励学生学习进步并激励学生学习成功的良好氛围。有效教师就像权威型父母一样，关心、照顾、爱护学生的同时也严格执行规定且有所控制。研究表明，来自许多社会背景的青少年愿意接受权威型教学（authoritative instruction），在这种教学氛围下比在专制型教学（authoritarian instruction）或宽容型教学（permissive instruction）氛围下的学生发展成长得更好。特别是对贫困家庭、单亲家庭也包括父母教养不好的学生来说，有效学校就显得格外重要，因为如果学习成绩低下的风险和社区问题、家庭状况、心理失调、行为问题交织叠加出现，对青少年的影响将是高危险性的。

---

[1] American Institutes for Research. *CSRQ Center Report on Middle and High School Comprehensive School Reform Models.* Comprehensive School Reform Quality Center. 2006. p. 147.

[2] "Effective Schools Correlates." http://www.effectiveschools.com/resources.

可见，有效学校教育对积极的社会性和情感发展以及良好的学习成绩具有实质性影响。学生和学校之间的良好匹配是有效学校成功的关键。一种特殊的教学方法、教育观念或组织系统对所有学生都有效是不可能的。学生特点与学校气氛、学生学习与课堂环境之间的匹配性是有效学校教育的重要方面。有效的秘诀是寻找学生与学校之间恰当的契合点。[①] 学校教育要遵循教育规律，根据学生的文化背景、个人特点和发展需要去精心设计、有效建设，才能获得真正的学校教育成功。有效学校是学校道德教育的重要保障，同时，学校道德教育也是有效学校建设的一项重要内容。

2. "有效学校"道德关系

道德的根本问题和第一动因就是解决处理各种社会关系，调节或协调人际关系、群际关系。学校道德教育活动的本质是师生之间、学生之间的道德交往，在学校这个小社会中，对学生道德养成影响最大的有两种人际关系：师生关系和同学关系。学校道德教育应该以爱心和责任心为基础，围绕建立良好的师生关系和同学关系，开展卓有成效的学校道德教育。有效学校道德教育应培养学生道德责任心，要给学生自由，让学生发挥自主性；要教育生活化，提高道德实践性；要尊重介入，唤醒责任感。学校道德教育的主要方法途径[②]包括以下几种。（1）灌输（inculcation）。把公正（遵循正当的程序、公平、拒绝不正当地利用他人）、关怀（对他人幸福的关怀）、责任（对自己的行为负责、持之以恒、勤奋、能自我约束）、诚信（诚实、正直、可靠、忠诚）、尊重（对待他人有尊严、有礼貌、谦虚和宽容）等道德原则、价值和规范向学生传授。（2）道德发展（moral development）。运用案例分析或道德两难问题，让

---

① 〔美〕戴维·谢弗：《社会性与人格发展》（第5版），陈会昌等译，北京：人民邮电出版社，2012，第455~456页。

② 〔美〕金·盖尔·多金、菲利普·赖斯：《青春期心理学：青少年的成长、发展和面临的问题》，王晓丽、王俊译，北京：机械工业出版社，2016，第163~165页。

第五章　青少年道德信仰的生成路径

学生经历更高水平的道德推理来发展更高水平的道德。(3) 价值澄清 (values clarification)。帮助学生学会权衡利弊、预测各种选择的后果，学会将行为和信念保持一致。(4) 分析 (analysis)。教学生在做道德决策时运用批判性思维和推理。(5) 服务学习 (service learning)，让学生有机会参与社区服务项目，从而使道德推理和道德行为能够联系起来。

　　师生关系是教育活动中基本的人际关系，也是儿童和青少年社会化的一个特别重要的社会关系。"教师重要，就在于教师的工作是塑造灵魂、塑造生命、塑造人的工作。一个人遇到好老师是人生的幸运，一个学校拥有好老师是学校的光荣，一个民族源源不断涌现出一批又一批好老师则是民族的希望。"[①] 教师是学生学习生活中的"重要他人"，要做有理想信念、有道德情操、有扎实知识、有仁爱之心的"四有"好老师，成为施爱者、道德榜样、道德导师，和学生在课上课下建立起良好的师生关系。良好的师生关系能够促进学生健康发展和减少学生问题行为，有利于学生的学业提高、品德养成、人际和谐、身心健康，有利于形成积极的学校情感态度和同学情感关系，形成良好的个人品德品行与社会适应能力。中学生师生关系的结构、类型及其发展有其自身特点：(1) 师生关系结构具有冲突性、依恋性、亲密性和回避性四个维度；(2) 师生关系类型包括矛盾冲突型、亲密和谐型和疏远平淡型三种类型；(3) 师生关系各维度不存在显著性别差异，但存在显著年级差异，师生关系质量随年级升高呈波浪式下降趋势，初一学生的师生关系最好，初二和高二学生的师生关系最不理想；(4) 师生关系各类型的人数比例存在显著年级差异。[②] 师生关系应该是亲密友爱平等尊重的和谐关系，中学生更渴望与老师保持良

[①]《习近平：做党和人民满意的好老师——同北京师范大学师生代表座谈时的讲话》，http://cpc.people.com.cn/n/2014/0910/c64094-25629946.html。
[②] 姚计海、唐丹：《中学生师生关系的结构、类型及其发展特点》，《心理与行为研究》2005年第4期。

好的人际关系，但是师生关系中蕴含着不平等中的敬畏，中学生对善恶真假尚缺乏判断力，所以稍有不慎就会把师生关系由亲密和谐型变成疏远平淡型或矛盾冲突型。教师以民主的态度对待学生，学生通常会向着情绪稳定、态度友好的方向发展；教师采用专断的态度对待学生，通常会导致学生情绪紧张、情感冷漠和具有攻击性；教师采用放任的态度对待学生，就容易导致学生自由散漫、没有组织纪律性。教师的教育方式和教学态度在很大程度上影响着学生的道德品质养成。"教育的目的是促进学生的道德思维能力特别是独立思维和批判性思维的能力，发展学生自己的道德观；要求教育的内容和方法是学生能够理解和接受的；鼓励学生通过自己的理智活动和实践活动获得道德上的成熟。"[1] 作为施爱者，教师应该关心、尊重、爱护学生，帮助学生适应学校生活、顺利完成学业，建立起仁爱心、自尊心、责任心。作为道德榜样，教师应该在课堂内外表现得博学多闻、为人师表，人品学问德艺双馨。作为道德导师，教师通过讲解、课堂讨论、讲故事、个别鼓励，以及当学生伤害他人或自己时做出正确反馈，给学生提供指导。[2] 教师的良好形象是学生的道德权威。学校教育赋予培养学生良好道德品格、创造学校优美学习环境等使命、权力和责任，但是，教师在教室里课堂上的道德权威不能是独裁和专制。有效学校道德教育要培养一种温暖的、融洽的、清甜的、积极的师生关系，这种和谐的师生关系可以提升学生的学习能力和道德能力。

同学关系是青少年人际关系的重要内容。同伴交往是一种特殊的社会行为方式，相似的年龄和地位的伙伴之间的互动促进了适应性社会行为模式的发展。相对于亲子关系、师生关系中父母和教师的权威和强势，同学关系的地位比较平等。同伴之间的平

---

[1] 胡斌武：《当代西方道德教育理论的特点及启示》，《江西教育科研》2006年第1期。

[2] 〔美〕里克纳：《美式课堂：品质教育学校方略》，刘冰等译，海口：海南出版社，2001，第65页。

等交往、友好相处、达成共识需要学会理解彼此的观点、想法，需要懂得协商、让步与合作。学生不仅需要教师的关爱，而且需要来自同学的信任支持、陪伴呵护。青少年处理好同学关系，并建立和保持良好的同伴关系，有利于相互促进、共同发展。"学校最强有力的道德影响是人们对待彼此的方式。"① 当学生感到在一个集体中有强烈的归属感的时候，就会自然而然地融入这个集体，并欣然接受集体内部的价值观和道德规范。有效学校道德教育应把教室和课堂建成一个道德社区，通过组织一些活动（例如分享经验、谈论志向等），来帮助学生增进相互了解、相互认同、彼此尊重，不断增强学生的集体荣誉感和道德责任心。随着熟人数量的增多和对陪伴需求的变化，青少年开始意识到他们越来越强烈地需要归属到某一个群体。从青少年早期到中期，自我认同一直是青少年矛盾困惑的首要问题，群体归属能够帮助青少年进行自我定位和自我鉴定。尤其是到青少年中期，同伴接纳和受欢迎度成为他们关注的焦点。那些拥有"与人为善""乐于助人""慷慨大方""善于交际""团结合作""值得信赖"等优秀品质的青少年更容易成为"受欢迎的人"。合作学习（cooperative learning）是一种富有创意和积极有效的教学理论和课堂策略。当今社会，青少年独立意识不断增强，但是合作意识有些淡薄。同学们通过合作学习的形式，可以学会尊重他人、团结协作，培养团队精神与合作意识。合作学习作为一种有效教学方式在当前的学校道德教育中也显得愈加重要。

3. "有效学校"欺凌治理

校园欺凌是一个世界性问题和时代性课题，世界各国越来越重视校园欺凌的问题研究及其协同治理和综合干预。美国 2000 年开始立法严惩校园欺凌行为，目前全美有 45 个州颁布了《反霸凌

---

① 〔美〕利科纳：《培养品格》，施李华译，北京：线装书局、中国社会科学出版社，2005，第 145 页。

法》。日本国会于2013年通过了《校园霸凌预防对策推进法》。中国于2016年以国务院教育督导委员会办公室名义印发了《关于开展校园欺凌专项治理的通知》，中小学开始认真制定校园欺凌专项治理行动实施方案。2018年，国务院教育督导委员会办公室印发《关于开展中小学生欺凌防治落实年行动的通知》，要求建立健全国家、省、市、县、学校五级学生欺凌防治工作责任体系和制度体系，基本形成学生欺凌防治部门齐抓共管、责任落实到位、管理制度健全、预防措施有效、处置程序规范的工作局面，推动形成学生欺凌防治工作长效机制，有效遏制学生欺凌事件发生。总体来说，对于校园欺凌现象的初期研究，研究者多是聚焦欺凌者和受欺者的双方问题，现在开始关注欺凌事件中的"旁观者"的第三方问题和三方互动问题。"中学阶段是校园暴力的高发期，12~18岁的学生由于身心发展的阶段特点，最容易成为校园暴力的施暴者，也容易成为其受害者；而14岁更是被称为'危险的花季'。"[①] 所以，需要重视中学特别是初中后期和高中前期校园欺凌的综合防治问题，让师生不再生活在恐惧和威胁之中，让中学成为宁静和谐的"安全基地"。校园欺凌事件近年来借助网络视频曝光引发全社会的广泛关注，学术界对校园欺凌现象的关注程度也不断升温，校园欺凌好像一个不为人知的新现象进入人们的视野中。校园欺凌对孩子们造成的伤害是刻骨铭心、无法估量的，而成年人常常掉以轻心、不以为然。校园欺凌表面上是个体的心理行为问题，深层次的是社会的伦理道德关系问题。我们对它的了解和理解，也远非"不识""无知"那么简单，在"不识""无知"背后隐藏的"冷漠""沉默"才是问题的关键所在。

（1）校园欺凌的社会危害

校园欺凌现象是一个满盘皆输、没有赢家的社会悲剧。根据

[①] 宋雁慧：《中学校园暴力及其防治研究》，北京：北京师范大学出版社，2013，第2~3页。

第五章 青少年道德信仰的生成路径

学生在校园欺凌现象中的行为反应对校园欺凌现象的主体角色进行划分。主要分为以下三种：欺凌者、被欺凌者以及旁观者。明确地对校园欺凌行为的发生主体进行角色划分，可以更好地明确校园欺凌对不同学生造成的不同程度的个人危害及社会危害，以便制定一系列具有针对性的治理措施。

被欺凌者是指在一段时间内持续遭受欺凌行为的学生，他们是在校园欺凌事件中各方面均较弱势的一方，处于被动地位，是校园欺凌事件的受害者。被欺凌者的弱势特点一般体现在身体、心理或人际关系上，比如在外形上较为消瘦，在性格上比较胆小唯诺，遇事容易退缩，缺乏人际交往能力，在遭受欺凌时无法凭借自身的能力对欺凌行为进行反抗以至于逐渐顺从。校园欺凌对被欺凌者的影响是最大的，他们难以向老师及家长叙述被欺凌的事实，只能选择默默忍受，长期处于压抑、克制的状态，逐渐对学习和生活中的各种事物失去兴趣和信心。当他们心理情绪积攒到一定程度时也会出现爆发，但基本是采取以暴制暴或是自杀等偏激的方式。被欺凌者如果长期受到伤害而被视而不见，恐惧和痛苦的持续累积会变成无名的仇恨和无尽的悲伤，严重的会导致肆无忌惮地报复社会和自暴自弃的自我攻击。

欺凌者是指在一段时间内持续实施欺凌行为的一个或者多个学生，是事件双方中各方面均较强势的一方，绝大多数欺凌者在欺凌行为中占有主动性，属于对他人实施伤害的一方。欺凌者除去常规意义上的拳打脚踢等较为直接、暴力的行为，还会采用隐蔽式的方式，如对某个同学进行行为孤立，或是言语嘲笑、辱骂等与外形强大与否无关的欺凌活动。在校园欺凌案例中，我们可以发现欺凌者大多数具有一些外显性的特点，如身材高大或者是性格冲动、暴躁易怒，具有强烈的攻击性。另外，还会存在以多欺少、人数压制的具有群体性欺凌的特点。欺凌者会随着年龄增长将这种不良行为扩大化、多样化，把欺凌行为演化为社会暴力或恶意攻击，这种恶习可能会延续到成年并危及自己的孩子和家

177

庭，他们会因为无法维持良好的人际关系而寻衅滋事、无所事事，往往会因犯罪而进监狱。

旁观者是指那些没有直接参与到校园欺凌的行为之中，但是在校园欺凌事件发生时对欺凌行为无视或者围观的学生。旁观者也是校园欺凌涉入者中最庞大的群体，他们大多数对校园欺凌发生的情况比较熟悉，是欺凌行为双方主体之外最了解欺凌发生的人。所以在欺凌事件中，旁观者也发挥着重要的作用。旁观者在校园欺凌现象中基本分为两种类型：一种是当看到欺凌事实发生时，不闻不问默默接受；另一种则是为欺凌者加油呐喊，对欺凌事实不仅没有阻止反而表示支持，使得欺凌者更加有成就感，加重了校园欺凌发生的频率和严重性。旁观者要么对欺凌行为置若罔闻，要么直接加入欺凌或反欺凌行动，这些都会使其付出相应的代价并带来不良的心理阴影。最糟糕的局面是，欺凌者总可以得逞，被欺凌者却没勇气或没地方告发，旁观者总是有心无意地煽风点火、推波助澜，家长和学校只当这是孩子们的一种嬉戏游戏而大事化小、小事化了，最后导致校园欺凌成为一个挥之不去的暴力循环。从某种意义上说，被欺凌者、欺凌者、旁观者乃至于家庭、学校和整个社会都是校园欺凌行为的受害者，同时又是参与者。

（2）校园欺凌的社会认知

20世纪70年代，校园欺凌现象首先在西方一些教育发达国家得到关注，学者们对反校园欺凌问题的综合干预研究进行了卓有成效的理论探讨和实践探索。挪威是世界上较早关注校园欺凌行为的国家，1983年三位挪威学生因不堪忍受同学的欺负而相继自杀的事件发生，才使得校园欺凌问题开始成为社会的关注焦点。挪威著名心理学家Olweus从社会生态学视角出发，通过中小学生欺凌问卷调查，积极开展反校园欺凌行为干预研究和实验实证。20世纪末，美国、英国、澳大利亚、芬兰等西方国家校园欺凌现象也相当严重，政府和社会高度关注导致校园欺凌问题的深层原

第五章 青少年道德信仰的生成路径

因并及时采取干预措施,积极开展"同伴支持"活动和反欺凌教育培训。当前国外学者对欺凌的类型、形式、角色研究又拓展了新的视野,譬如,芭芭拉·科卢梭(Barbara Coloroso)提出"一次性恶意行为""技术辅助欺凌"等新类型、"关系性欺凌"的新形式、"不无辜的旁观者"的新角色,运用社会生态系统理论去打破原有的暴力循环、恢复健康社会关系。[1] 基思·沙利文(Keith Sullivan)在反校园欺凌的实操性方法和技术创新中提出社会工作者介入的新视角,并开始探讨合作化学习、互动木偶剧场、社会行动剧、同侪合作等预防性策略以及同侪指导、同侪调解、帮助组、朋友圈等干预方法。[2] 贾斯汀·W. 帕钦(Justin W. Patchen)和萨米尔·辛杜佳(Sameer Hinduja)从语言暴力的角度对网络欺凌进行深入探讨,强调用"关爱"化解语言冲突的魔咒,用"善意"解开网络欺凌的桎梏。[3]

国内研究校园欺凌问题晚于发达国家 20 年,研究的学理性、实证性有待加强,尚未形成系统性成果和开展体系性实验项目。香港学者黄成荣主张通过复和公义的方式,以非伤害的治疗手段来代替法律惩治手段解决校园欺凌问题,预防和介入青少年欺凌的计划必须尽早实施,而且必须让学生、父母和教师建立社群福祉观,掌握有效的非暴力解决问题之方法,和谐共处。[4] 台湾学者刘南琦从校园欺凌的线索发现和气候形成、培养正确的道德因应力、创伤及压力的因应策略,提出了"认识→对付→走出"校园欺凌的防治三部曲。[5] 台湾罗丰苓博士从同理心角度出发提出改善

---

[1] 〔美〕芭芭拉·科卢梭:《如何应对校园欺凌》,肖飒译,上海:华东师范大学出版社,2017。
[2] 〔爱尔兰〕基思·沙利文:《反欺凌手册》,徐维译,北京:中国致公出版社,2013。
[3] 〔美〕贾斯汀·W. 帕钦、萨米尔·辛杜佳:《语言暴力大揭秘:跟网络欺凌说"不"》,刘清山译,哈尔滨:黑龙江教育出版社,2017。
[4] 黄成荣、袁志文:《穗港澳三地青少年欺凌行为比较与社群福祉观辅导应对》,《青年探索》2010 年第 6 期。
[5] 刘南琦:《向霸凌 Say NO!》,台北:远流出版事业股份有限公司,2011。

校园欺凌的 SAFE 班级及学生辅导模式和 LOVE 教师与家长辅导模式，帮助每一个孩子变得坚强与友善。① 宋雁慧从考察薄弱学校场域和审视制度入手分析校园暴力的丛生状态，提出"学校安全分层管理"的对策设想。② 张仁贤等从校园欺凌与学生特点、教师角色、社会环境、学校环境、家庭环境的关系入手，提出一些应对和预防的活动案例。③ 支愧云综合运用访谈、问卷、行为实验和个人研究等方法，对校园暴力的结构、现状、个案特点及其形成机制和模型实践进行全面系统研究，提出预防与控制策略。④ 陈岚以15 个取材于真实案例的故事，全景俯瞰校园欺凌实践中的家庭、学校、社会、个人、心理、背景、经历，认为预防校园欺凌家庭负首要之责，其次是社会体系的建立。⑤ 以往研究多是"问题—原因—对策"的策论式、工作式的浅层研究，大部分还停留在概念解释和类型特点分析层面，可喜的是已有研究者开始从旁观者的角色差异视角来研究校园欺凌的暴力循环机制。校园欺凌现象的研究不仅需要宏观层面的理论研究和中观层面的策略研究，还要在微观层面开展实务干预研究。

当前学者开始关注把社会工作引入中小学校园治理，通过个人、家庭、学校、社区、社会、政府的互动，研究如何介入反校园欺凌的综合干预。按照反校园欺凌行动计划的目标和过程，帮助服务对象端正认知态度和行为方式，解决预估中存在的问题和需求，社会工作常用的直接工作方法（个案工作、小组工作和社区工作）和间接工作方法（社会政策、社会行政）都是反校园欺凌综合干预的有效手法，同时，可以运用学校社会工作、家庭社会工作、社区社会工作、儿童青少年社会工作、矫正社会工作、

---

① 罗丰苓：《SAFE 班级辅导模式》，台北：张老师文化事业股份有限公司，2012。
② 宋雁慧：《中学校园暴力及其防治研究》，北京：北京师范大学出版社，2013。
③ 张仁贤：《校园欺凌的应对与预防》，北京：世界知识出版社，2017。
④ 支愧云：《校园暴力心理机制研究》，重庆：重庆大学出版社，2017。
⑤ 陈岚：《我们为什么被霸凌？》，南京：江苏凤凰文艺出版社，2017。

社会救助社会工作、妇女社会工作等具体方法，开设个案工作和小组工作工作坊，让欺凌者、被欺凌者、旁观者参与到工作坊中，以角色互换方式体验校园欺凌的伤害，达到反思、检讨、矫治其欺凌行为之目的。运用社区工作方法，动用社会资源给被欺凌者提供心理辅导、精神和物质支持等。运用社会政策和社会行政方法，通过调查研究、宣传倡导、提交反校园欺凌行动方案等方式，以改变社会观念认知为起点来达到立法倡导的目的。

对于校园欺凌行为的协同机制和综合治理研究，过去运用行政管理和思想教育手段居多，局限于规范和惩戒欺凌行为，忽略了校园欺凌行为背后的深层心理动因和复杂社会缘由。多元主体协同机制需要将地方政府、儿童保护机构、司法部门、公安部门、教育部门、舆论机构等纳入"利益相关方"中，强化制度的有效性供给、清晰性责权、合理性配置，既要防止"监管缺位"，又要防止组织条块化和碎片化造成的"行政之恶"，还需要通过立法形式建立"组织协调机制"、"常态监管机制"和"强制报告制度"、"责任追究制度"等长效机制，将预警、干预和防治融入学校、家庭、社区、地方政府等多元主体，避免因"运动式治理"的"路径依赖"导致政策失灵，以及因治理不当陷入"塔西佗陷阱"而削弱组织公信力。反校园欺凌的多元主体协同机制与综合治理研究，需要以"社会生态系统理论"的研究视角和"人在情境中"的认知方式，去调动多元主体参与预防、干预和治理校园欺凌事件，从完善法律、制度角度，着力于改进治理结构体系，建立协同治理机制，培育多元主体参与校园欺凌协同治理的可行性与操作性。

有待追根究底的问题不是校园欺凌事实，而是这个事实背后的成因。协同治理的前提是搞清楚校园欺凌中势力不均等的具体情形和不友善行为的发生原因以及暴力循环的内在机制。"一所学校的精神特质决定了欺凌的程度。……开发并维持一所学校在任何环境下的积极的精神特质能有效阻止欺凌。"① 打破校园欺凌暴力循环怪圈需要的不仅仅是识别、阻止校园欺凌的议题和为被欺凌者提供支持与帮助。校园欺凌问题研究要求我们既要调查研究中小学生"为何""如何"成为欺凌者或被欺凌者甚至身兼这两种角色,以及旁观者在维持这种暴力循环中起到"何种"作用,还必须考虑的是,可能是家庭、学校乃至社区、社会的背景因素和文化氛围滋生了欺凌行为,强化了并不那么无辜的旁观者们的丧失良知行为,直接或间接地伤害了被欺凌者,阻碍了见证者、反抗者和守护者的见义勇为。在大多数欺凌事件中,欺凌行为并没有引起公愤,更没有人去干预和介入事件中,持续性的欺凌带来的痛苦和折磨是难以想象的,在被欺凌者感到无力改变、无处求助、无人倾诉的情况下,惨剧、悲剧往往就无法避免了。我们常常为校园欺凌事件的结果而震惊,却很少因其产生的过程而愤怒。其实,欺凌行为是一种后天习得性的不良行为,它既是可以被检验和识别的,又是可以被改变和阻止的。所以,校园欺凌及其引发的各种悲剧也是可以把控和避免的。

(3) 校园欺凌的影响因素

校园欺凌问题研究需要关注学校的内外部关系、学生个体发展的矛盾、学生和学校的互动以及家庭和社会在两者之间的中介作用,对欺凌事实发生的主体特征和客体环境进行多视角综合分析。

第一,学生个体情感与认知发展失衡。处于青春期的中学生,生理特征发育迅速,对学习和生活充满无限的热情,与生理发育相比,心理发育发展较为缓慢。对于此阶段的中学生来说,心理状态发展不成熟,情感意志发展快于认知发展,就会使得行为出现问题,不能准确判断行为后果,所以校园欺凌行为就会悄无声息地发生。处于中学阶段的中学生自我意识在逐渐增强,独立意

---

① 〔爱尔兰〕基思·沙利文:《反欺凌手册》,徐维译,北京:中国致公出版社,2013,第23页。

识逐渐显现，青少年在这个阶段多处于叛逆期，正确的自我道德标准尚未形成，道德认知不明确，道德意识不清晰，对自己行为的是非对错不能准确地判断，无法通过道德评价来保证自己行为的正确性。另外，同伴效应的消极层面影响，对欺凌行为的发生造成正强化。在与同龄人的群体交往和个人交流过程中，同伴的行为方式在中学生进行社会化过程中发挥着至关重要的作用，在中学生进行同伴交流的过程中，由于此阶段的中学生身心发展不健全，若遇到欺凌行为发生，同伴的默不作声对欺凌者的欺凌行为来说相当于正强化。与同龄的学校同学年纪相近、社会环境相近、家庭情况相仿等各种共同点使得他们在交流过程中能够产生共鸣，结成同伴。也正是由于此类原因，同伴之间的亲密度会进一步加深，在学校生活中遇到的任何事情，比起向家长与老师倾诉，他们更愿意向同龄人诉说，在某种程度上更容易达到共同认知，遇到不良情绪时，消极的、不良的同龄人的建议与引导会更容易导致各类欺凌行为发生。

第二，家庭环境及教育背景特殊，影响学生情感及情绪处理能力塑造。在家庭环境方面，相比普通的家庭环境，单亲家庭的孩子缺乏来自父母共同的关心和呵护，无法得到父母双方足够的教育。家庭结构的不完整，容易导致孩子缺乏安全感，性格较为冷漠、孤僻、敏感等。缺少家人的监管和性格的问题，导致学生在生活中对不良行为无法做出正确辨别，处理问题的方式简单粗暴，在学习生活中处理问题容易带有暴力倾向。另外，在如今社会经济发展迅速的环境下，人们对生活条件和质量的追求使得家庭中大部分父母忙于工作，无法兼顾工作和孩子的教育，会导致对孩子的呵护少，任由孩子自由发展，缺乏正确的价值导向对孩子的性格及情绪处理能力的塑造产生很多不良影响。当他们认为自身安全感受到侵犯时，会选择过度的刺激和反应来进行自我保护，多表现为攻击性行为。在家庭教育背景方面，父母的受教育程度及自身素质也与孩子处理问题的方式方法息息相关，虽然现在家长越来越重视子女教育，但在日常生活中，有些父母的言行举止无法对学生进行良性的引导，对孩子形成良好思想品德造成了阻碍。另外，家庭教育方式存在偏差，会影响学生认知能力提升和性格养成。不同的家庭教育方式会对学生的性格塑造和行为方式产生潜移默化的影响。由于社会的发展和生活环境的改善，一部分父母对孩子会过度溺爱，在日常和学习生活中对孩子的各种行为进行过度迁就和纵容，孩子做出了错误的行为也会一再妥协对其纵容，而不是对其进行说服教育。长此以往，在此种教育方式下成长的孩子会缺乏明辨是非的能力，缺乏自我认知能力，形成一种蛮横、自私的性格，一旦周边事物出现与他自我认知不符的情况，就会唤起蛮横、自私、唯我的性格特点，容易导致校园欺凌事件的发生。也有一部分父母对孩子的要求过于苛刻，行为过于粗暴，只专注于学习成绩，不去在意孩子的身心全面发展，当孩子出现错误后不去耐心地进行引导，而是非打即骂。一方面，长时间处于此种生活状态下的孩子，会缺乏自信心，产生自卑的情绪和心理，认识不到自身的长处和价值，性格懦弱的学生将会演变成为校园欺凌行为中的被欺凌者角色。另一方面，社会学习理论认为，当他们长期处于这种环境下，会对其所处环境的行事方式进行模仿。粗暴的教育方式会增加孩子攻击性行为发生的概率。当孩子在同伴交往过程中遇到矛盾的时候，他们不会采取温和的方式，而是选择模仿父母日常教育自己的方式，用暴力手段解决问题，这种教育方式对孩子价值观塑造及性格养成产生十分消极的影响。

第三，学校存在管理理念和办学方向的认知误区。大部分学校在管理制度层面存在制度支持不明确、处理程序不完善、缺乏解决途径的问题，在处理校园欺凌的问题上，学校有时为了避免欺凌事件的公开曝光对自身产生负面的社会评价，不会将校园欺凌事件进行公开处理，有些学校更是秉承着"家丑不可外扬"的处理态度，对校园欺凌事件进行非公开处理，使学生认识不到校园欺凌的严重性以及对自身发展会造成何种意义的影响。对于欺凌者而言，长期缺乏明确的制度约束，使他们缺乏问题意识和责任意识，认识不到校园欺凌对双方的危害程度，体会不到惩罚的后果，从而形成欺负别人既能解决问题又不用负责的错误认知，进而实施更加频繁的欺凌行为，造成校园欺凌事件的反复发生。对于被欺凌者和旁观者来说，由于学校没有明确的规章制度来阐释自己受到了什么侵害，应该如何去维护自己，在校园欺凌事实发生后缺乏有效的处理机制，学生缺乏问题解决的途径和方法，从而形成无论被怎样欺凌都没有人会为事情负责的错误认知，进而影响他们的行为方式产生极端行为，忍无可忍以暴制暴或长期压抑产生心理问题，甚至选择结束生命等。办学理念过于强调应试教育，也是学校方面的原因之一，尽管国家一直强调要求进行素质教育，强调尊重学生发展的多样性，在学生教育上要求德智体美劳全面发展，但是很多学校依然是以应试教育为主，学习成绩至上。在教师教学中也是始终以学生的学习成绩作为评判教师教学能力的唯一标准，习惯用成绩的好坏来衡量教师和学生的价值。在处理校园欺凌行为的过程中，潜意识下就会按照学生成绩的好坏来判断学生的是非对错，在处理问题的方式方法中太过于注重学生成绩，不能够做到针对事实、公平公正地处理校园欺凌问题。把成绩放在首位，忽视了德育的重要性，大多数时间学校和教师只关注学生课堂表现，不去关心学生课余生活及人格发展，素质教育中忽视对学生亲社会行为的培养。另外教师缺乏对校园欺凌知识的宣传教育，使学生对校园欺凌产生的后果不太了解，也不懂得如何反抗校园欺凌，师生之间缺乏有效沟通机制，当学生遇到校园欺凌行为寻求老师帮助时，老师对一些程度较轻的伤害采取敷衍处理的态度，认为只是同学间的嬉闹而已，对于同学之间的关系以及那些隐蔽性较强的言语欺凌、关系欺凌等，等到情况结果恶化之后才会被发现。教师对待校园欺凌的态度和处理校园欺凌问题的能力难以预防校园欺凌事件的发生。

第四，当今社会环境中不良文化传播泛滥，缺乏正确的导向。网络信息时代的发展，使得中学生在日常生活和学习中获取信息的途径日益增多，使这一代中学生有着与之前不同的生活环境。一方面，在这其中难免会充斥着一些色情、暴力和极端主义的信息。在长时间接触这些网络信息基础上，中学生在形成价值观的过程中受到了很大的消极影响。暴力文化中所阐释的以强凌弱、拉帮结派等错误观念误导着身心发展尚未健全的中学生，让他们形成了"暴力解决问题"的观念，这使得本身就具有暴力倾向的学生潜意识地模仿影视剧中的人物，以欺凌的手段来获得自己需求的满足。另一方面，网络的虚拟空间存在一定的隐蔽性，伴随着大众传媒技术的发展，网络欺凌的新型欺凌方式也随之而来，这种欺凌方式的门槛极低，而欺凌信息的传播速度非常之快，这也意味着，网络欺凌可能会存在增长的趋势。另外，社会缺乏共同体意识也是社会层面的重要诱因之一。校园欺凌产生的原因不是只源于单方面因素，多方主体都肩负着维护校园安全的责任。很多家庭会认为，学生接受学校教育就意味着孩子在学校发生的一切事情都是学校的责任和义务；在学校方面，学校只需要保证孩子的生命安全与知识的学习就是完全符合常规的；而相关管理部门则认为学校作为一个大规模的主体，自然会有一套属于自己的管理体系，一般来说不会需要管理部门出面解决问题。一旦出现程度严重的欺凌事件就各自为营、各说其话、推卸责任，没有形成一个联合主体的意识。校园欺凌之所以得到公众的关注，不仅是因为校园欺凌越来越普遍的趋势，预防和治理的复杂性也是校园欺凌成为治理难题的原因之一，家庭、学校及相关管理部门作为治理过程中必须考虑到的三个方面，缺乏相互协调、相辅相成的共同体意识，使得校园欺凌问题无法得到有效的治理。

（4）校园欺凌的发生机制

校园欺凌行为发生的主体特征直接导致欺凌行为内在暴力循环机制的形成，探究校园欺凌的暴力循环内在机制目的在于进一

第五章 青少年道德信仰的生成路径

步对校园欺凌的防治进行一些对策方面的讨论，欺凌行为之所以反反复复地发生甚至愈演愈烈，并不只是学校或者学生等单方面的原因，还因为该行为发生过程中个体与环境之间存在一定的互动、循环关系，讨论校园欺凌的循环机制，其中必须考虑到个体与所处环境的相互影响作用，从个体参与校园欺凌的起因去解释校园欺凌行为发生的原因，为打破其中的循环关系、有效地预防治理校园欺凌做出部分工作方向上的指导。在已有的不同学科理论中，一些理论解释了暴力行为发生可能存在的循环机制，从而为探究校园欺凌的循环机制提供一些理论依据。其中包括社会学的理论综合，如社会过程理论中的社会学习理论、社会冲突理论中的标签理论等。根据以上理论将校园欺凌的内在循环机制分为以下三种类型：情绪累积型、自甘堕落型和双重角色型。

第一，情绪累积型。根据"挫折-攻击"假说可以将校园欺凌的内在循环机制解释为：攻击性行为是由个体遭遇挫折引起的。在校园欺凌行为中表现为：个体受到长时间的暴力及其他形式的虐待，时间变长、心理压力逐渐增大之后也具有暴力倾向或虐待他人的现象。部分学生会具有极端性格的特点，性格孤僻、胆小、自卑或是偏执，甚至是暴力倾向。而他们所处的年龄阶段正是心理成长的过渡期，这个时期的中学生在心理上自我意识高涨，容易把自己封闭在自己创造的世界里。加之学校对学生心理疏导重要性的忽视，中学生青春期心理疏导所必需的条件无法满足，导致学生心理健康问题存在诸多隐患。这种心理问题在寄宿制学校中表现得更为明显，在远离熟悉的生活环境的背景下，极端的性格特点的发展方向存在不确定性，学习生活中任何一点小小的情绪波动都可能会对其心理状态造成无法预估的影响。一方面，学生进入中学阶段，周围学生数量的增多也意味着自身从一个小的群体进入一个更大更复杂的环境之中，如果心理状态与人际交往能力不能及时调整，就会助长学生处于青春期的焦虑感，他们对周边事物则会变得更加敏感，当他们认为自身遭受到周围环境的威胁时，他们会采取一系列或是理性，或是非理性的行为来维护自己。另一方面，外界评判一个学生的好坏主要取决于学生成绩的优良程度，当学生进入中学阶段新的学习环境时，他们会对自己的学习程度进行预估，往往会发生过高或过低估计自己学习成果的情况，如若自身的学习程度达不到预期的要求，他们就会产生自我认识上的偏差，从而造成主观心理上的不平衡。在集体学习中就会表现出异常的状态，家长的抱怨和责罚往往会加剧学生的心理矛盾，这些诱因都会给学生自身发展、同学相处等方面带来一系列的消极影响。当存在这些负面情绪之后，由于学校心理疏导或是心理辅导机构的缺失，心理问题得不到及时的疏导，经过一定的量变过程，就会导致学生在与周围人群相处过程之中极易出现摩擦，发生不能和睦相处的情况，导致人际关系敏感，一些具有极端性格特点的学生就会发生攻击性行为，导致校园欺凌事件的发生。

第二，自甘堕落型。根据标签理论可以将校园欺凌内在循环机制解释为：个体被动地接受和认同他人对自己的评价。在校园欺凌行为中表现为：被欺凌者在受到侵害之后，自甘堕落为欺凌者角色的转换形式。从标签理论来说，学生在社会化的过程中，被一些老师、同学贴上了一种具有偏差行为意义的标签，对于教师或者其他家长来说这仅仅是一个区分此类学生与普通学生的方式，但是对于被标记这种负面标签的学生来说，这是会被他人及自己视为一种"耻辱"的行为。在其社会化过程中会经历很多对自己的质疑，很多学生在被贴上不良标签后，自身就会不自觉地与其他同学区分开来，逐渐就认同了这个标签，这就可能会成为校园欺凌行为发生的诱因，而在欺凌行为发生之后，此类标签在学生自身意识上得以强化，强化过后就会愈加确定自己本来就是这样的，从而发生更严重的欺凌行为。如此陷入欺凌行为频频发生甚至愈加激烈的恶性循环。在学校方面，一些在学校等级分层中处于劣势的学校，经常会被人们打上"教学水平不高""学生成绩不好""学校纪律性差"等标签,一旦形成这种认知,学生和家长在选择时就会对这些学校产生如以上所述的印象。而家长在择校时便会尽可能避开这些学校,最后无选择进入这些学校的学生便在社会环境中处于不利的地位,根据社会失范理论,这些学生群体通常更容易选择偏差行为或者组成团伙,从社会正常途径以外寻找成功的机会,这样使得他们的越轨行为发生率高于其他同龄人。对于无选择进入此类学校的学生,更多的情况是家庭教育不力和同伴的不良影响导致"无成绩择校"的情况,所以导致此类群体更易发生欺凌行为,由于学校集中了此类学生,学校的"教学水平不高""学校纪律不良"的标签更加得到肯定,从而形成恶性循环。生存在此类认知下的学校得不到良好的发展,就会出现学生教育质量较差、师生关系不和谐、欺凌行为频发的不良现象。

第三,双重角色型。根据社会学习理论可以将校园欺凌内在循环机制解释为:个体遭受的攻击性行为会成为自身进行攻击的指导,其中包括被欺凌者及旁观者两者向欺凌者角色的转换。在校园欺凌行为中表现为:在欺凌行为发生过程中个体兼具双重角色,一种既是欺凌者又是被欺凌者,另一种既是旁观者又是欺凌者,最终角色取决于行为结果。社会学习理论强调模仿学习,结合校园欺凌来看,如果处于价值观形成阶段的中学生长期接触欺凌行为,他们在不知不觉中也会对校园欺凌行为产生表象上的记忆,也会进行模仿学习。根据该理论分析学生长时间接触欺凌行为的方式大致分为两种形式。一种是在校园欺凌行为中长期遭受欺凌的学生,长期的被欺凌遭遇使得他们对欺凌行为的方式无比熟悉。校园欺凌行为的发生代表了行为双方具有一定的不均衡性,包括心理上、力量上的差异,这个不均衡是相对的,长期处于被欺凌状态的学生经过一定程度的压抑之后会出现爆发状态,这种爆发存在一定的极端性,有些会导致心理上或者生理上的疾病,严重者可能会选择自杀。另一部分学生的爆发状态就是根据自己长期遭遇欺凌的经验转向去欺凌其他相比自己更弱势的学生,在校园欺凌行为中形成一个角色转变,从被欺凌对象转变成为欺凌者的角色,导致校园欺凌行为发生的恶性循环。另一种是指在校园欺凌行为中充当旁观者角色的学生,他们在校园欺凌行为发生时可能身处校园欺凌现场,充当观众的角色,即使不在校园欺凌现场也会对一些校园欺凌行为进行传播,这部分学生对欺凌者与被欺凌者以及欺凌行为的认知都是较为全面的,所以旁观者对于欺凌行为的态度对校园欺凌行为的发展也有一定程度的影响。在这部分学生中大多数对于欺凌行为保持中立态度,即对欺凌行为不发表意见,采取漠视的态度,但是也有一部分学生就是处于一种"煽风点火"的状态,一种为欺凌行为拍手叫好的心理,这类人极易转化成为欺凌者角色,他们通过观察别人的攻击性行为,长时间潜意识下就会拥有此类行为的记忆,在类似的场景下就会从潜意识中把攻击性行为的表象性印象转变成自身发生攻击性行为的指导。

总的来说,在校园欺凌的内在循环机制中,双重角色也是校园欺凌行为得不到良好治理的后果,两种角色转化中一种是从被欺凌者到欺凌者的转变,另一种是从旁观者到欺凌者的转变,两种类型无论何种角色的转变都是校园欺凌行为处于无限循环的常态之一。

(5) 校园欺凌的主要特征

校园欺凌治理很重要的一个方面就是帮助学生认识欺凌行为的性质和特征,了解欺凌行为的后果,引导学生自觉做到不参与欺凌事件,不围观欺凌行为,不隐瞒被欺凌经历,不传播欺凌视频等,回归正常的校园生活。校园欺凌现象的主要特征表现在以下几个方面。

第一,校园欺凌现象具有很大普遍性。校园欺凌在大多数校园是普遍存在的,在小学、中学、高中都存在很高的发生率。综合相关调查统计来看,校园欺凌普遍存在于各个层级、各种地域的各类学校,是存在于各类校园中的频发不良现象,具有极为显著的普遍性。其实,在学校里,在孩子们中间,欺凌始终存在,只是我们一直视而不识、闻而无知。每天都会有成千上万名儿童带着忧虑和恐惧来到学校,他们为了避免被欺凌不得不花大量时间和心思去躲避随时随地的危机和承受巨大的心理压力,而我们看到的校园欺凌只是冰山一角。校园欺凌事件在数量上的持续增加已经是众所周知的,越来越多的欺凌事件进入了公众的视野,如今校园欺凌现象无论是从发生数量上还是发生地域上,都是需要引起高度重视的。

第二,校园欺凌行为具有很大隐蔽性。对校园欺凌发生的地点进行特征分析,可以发现校园欺凌发生的场所具有隐蔽性。为了校园欺凌行为更好地实施,达到欺凌者的目的,一般校园欺凌事件多发生在厕所、操场角落等不易被监控发现的地点。这些地点一般都是老师和学校监督管理的盲点,学生间的欺凌行为无法被明显、及时地察觉。隐蔽性也表现在网络欺凌的匿名性之中,网络欺凌的发生场所多是集中在社交平台上,此类欺凌类型多数情况下除了校园欺凌涉入者之外别人不易发现。所以在校园欺凌行为发生场所方面除去现实学习生活中的场所外还要注意到虚拟网络中校园欺凌的发生事实,在校园欺凌的治理过程中要将网络欺凌的发生场所考虑在内,防止校园欺凌行为的加剧。欺凌行为并不单单是指肢体上的侵犯与伤害,在心理上、人际关系中孤立他人或者限制他人与集体交流,或是用言语侮辱、嘲讽他人等各种行为都是欺凌方式的一种。加上现代网络时代的发展,互联网的广泛普及应用也改变了人们以往的生活方式,校园欺凌的类型和表现形式也在网络世界中有所体现。除去言语、身体和人际关系上的欺凌,手机、电脑及各种多媒体社交平台的普及也导致了新型网络欺凌方式的产生。中学生不仅可以在现实学习生活中对他人实施欺凌行为,也可以利用手机和电脑介入各个平台以不易被察觉的、具有匿名特点的方式去实施欺凌行为。

第三,校园欺凌起因具有一定随机性。对校园欺凌发生的起因进行分析可以发现,校园欺凌发生双方主体是学生,学生在学习生活之中所关注的利益点并不复杂，但是具有很大的随机性。中学生容易冲动，对事情的容忍度不高，再加之此年龄阶段的学生拥有高度的自我意识及充分的表达和表现欲望，以至于任何一点不经意间的小事情就会刺激到他们的情绪和表现欲望。例如，在上下学人流拥挤的楼道或是就餐时人满拥挤的餐厅，同学双方之间不经意的碰撞由于强烈的自我意识发生作用可能就会被放大化，不甘示弱的心理以及表现欲望发生作用，从而成为欺凌行为的导火索；在某个学生主体情绪低落时其他学生个体或群体情绪高涨地讨论某件事情，情绪和心理状态上的差异会刺激到情绪压抑的主体，其不能与他人产生情感上的共鸣，心理承受能力较差的情况下就会产生小的爆发，从而产生言语上或肢体上的冲突。可见，校园欺凌行为发生的起因并不是特定的，校园生活的丰富性导致了校园欺凌行为起因的随机性。

第四，校园欺凌主体具有显著差异性。根据对校园欺凌发生的双方主体进行分析，可以发现在欺凌行为双方主体之间存在差异性。不可否认的是，无论何种类型的欺凌形式，双方在某些方面均存在差异，具体表现在身体状况、人际关系和年龄等方面。被欺凌者通常在人际关系、心理状态等方面处于弱势，其自身不具备保护自我和反抗的能力及条件。或是被欺凌者身体具有某些明显特征或者缺陷，形成易被识别的标志，这种状态下的学生容易将自己与其他人分割开来，缺少安全感，不善与人交流，在人际关系上处于较弱势的一方，容易导致校园欺凌事件的发生。而欺凌者则大多是人际关系发展的范围较大，热衷于结交各类不同的人群，大都身强体壮、性格暴躁呈现好斗性。所以从发生主体来看，校园欺凌行为存在差异性。另外，欺凌行为的发生在主体性别方面也存在差异性。当欺凌行为发生主体为女性时，欺凌类型大多是言语欺凌或网络欺凌，因为在女生群体之中，嘲笑、辱骂、讽刺等是校园欺凌最常见的表达方式。而在欺凌发生主体为男性时，欺凌方式上存在差异，他们大多选用身体欺凌等方式进行欺凌行为的实施，普遍表现在肢体冲突和故意破坏等行为上。所以不同性别的发生主体在性格特点上的差异会导致校园欺凌行为存在差异性。

(6) 校园欺凌的干预策略

校园欺凌问题是个极其复杂的社会问题，需要进一步完善校园欺凌预防、发现、报告、干预、处理机制，积极强化校园欺凌多元主体协同治理机制，在政府、社会、学校、家庭之间形成"利益共同体"的综合治理模式。社会工作的主要使命是助人自助，校园欺凌的主体困境在现实需求上给社会工作综合干预提供了广阔的空间，社会工作可以在"道"和"术"两个层面为协同治理和综合干预提供服务资源和最佳实践。校园欺凌协同治理需要对校园欺凌构成要素和类型的全面把握，研制科学有效的分众化、本土化的校园欺凌调查量表，能够准确进行测量识别与筛查防范；对欺凌者、受欺者和旁观者进行人格特征分析，特别是关注旁观者的存在这个欺凌事件被放大的重要因素，通过"增能赋权""案主自决""优势视角"去打破校园欺凌的暴力循环；从个人与环境互动所形成的社会关系入手，通过寻求增强个人的社会功能，来综合干预反校园欺凌实践，恢复受损的能力，预防社会功能失调。校园欺凌的综合防治需要坚持本土化的循证社会工作流程（研究证据的获取、匹配及反馈三大核心环节），积极寻求最佳证据，通过全面调查校园欺凌状况与特征、社会工作评估收集，不断提高社会工作评估的信度和效度；发挥社会工作者的专业优势，与服务对象建立关系，诊断服务对象基本情况；尊重服务对象的主观权威，挖掘服务对象固有的认知和潜在意识；认真梳理校园欺凌的暴力循环机制及其协同治理机制和综合干预策略；构建反校园欺凌的社会工作介入机制，发挥社会工作在社会治理中的专业优势；反馈社会工作介入校园欺凌效果的评估证据，完善反校园欺凌循证实践体系，引导学生及家长、教师与学校、全民与社会正确认知和了解校园欺凌表象、本质和后果。

综合防治校园欺凌需要对校园欺凌的表现形式、心理机制、暴力循环等方面做深入研究。第一，校园欺凌的概念界定与表现形式。结合当前国内外研究现状，梳理校园欺凌的概念内涵、根本特征、基本类型和主要形式。利用所掌握的欺凌知识界定校园欺凌的概念，澄清校园欺凌方面存在的误区、误传和误解。从同理心、同情心和仁慈心视角探究讨论校园欺凌的重要因素、基本类型和主要形式。第二，校园欺凌的创伤影响与预警标志。结合当前国内外研究现状，梳理校园欺凌的创伤影响的内在理由和外在表象。针对小学、初中和高中编制具有较高信度和效度的测验量表，结合调查问卷测查校园欺凌发生的频率、性别、年龄、方式、地点、态度、情感、言说等情况。通过与关键人物会谈、收集档案资料、观察等方式厘清完整的校园欺凌样貌和真相。结合校园欺凌事件和青少年心理和生理特点，对欺凌者、被欺凌者和旁观者进行人格特征分析。全面调查校园欺凌状况，为深入研究校园欺凌的特征、成因、干预、破解等问题提供真实数据，并研制科学有效的校园欺凌筛查量表。第三，校园欺凌的三角关系与暴力循环。确定校园欺凌的主要参与者并将其置于欺凌环境之中，认真梳理校园欺凌三角关系及发生机制。从性格特征入手分析欺凌者的相关特征和欺凌预警标志；从心理角度入手分析被欺凌者的相关特征和受欺凌警告信号；从角色扮演入手分析不无辜的旁观者在欺凌事件中的关键作用；从校园欺凌的恶性循环入手分析欺凌的发生机制和反欺凌的可行路径。

反校园欺凌需要精心建构行之有效的协调机制、防治策略和干预手段。第一，反校园欺凌的协同机制与治理政策。坚持积极主动反校园欺凌的治理理念，运用多元主体协同治理和"利益共同体"共同参与的工作方法，使学校的办学理念和精神特质清晰化。针对学校欺凌问题的性质和程度，运用社会生态系统理论，从一致性、覆盖面和参与度三个方面制定出台反校园欺凌政策，明确学校风气与校园欺凌的内在关系。检查学校的优势和劣势，采用态势分析法，结合国内外反校园欺凌的法律、政策和措施，制定反校园欺凌综合干预的相关政策。第二，反校园欺凌的辅导模式与预防策略。从优势视角而非问题视角出发，建构反校园欺凌的霸凌学生辅导模式、受凌学生辅导模式和旁观学生辅导模式，帮助他们将劣性转为改进的起点，将痛点化为改变的亮点，将冷漠变为助人的热情。从仁爱的角度而非怨恨的角度，建构教师辅导模式、家长辅导模式和同侪辅导模式，帮助学生理解学校内和教室里的社会关系，鼓励亲社会行为。从一般预防的角度提出反校园欺凌的保护措施、教育措施和辅导措施，从特别措施角度开展偏差倾向辅导、偏差行为防治与取缔、特殊境遇转介、安置与辅导，从再犯预防角度进行观护措施、矫治处理和更生保护，积极创造一个有激励作用而且安全愉快的反校园欺凌环境。第三，反校园欺凌的疗伤议题与干预方法。利用创伤及压力的因应策略，对校园欺凌中的被欺凌者与家长、欺凌者、旁观者与间接参与者进行心理疗伤，使其走出创伤阴影、复原正常生活。结合心理社会治疗模式、危机介入模式、行为治疗模式和人本治疗模式四个实施模式，建构反校园欺凌的个案工作介入模式，帮助案主端正行为认知、远离校园欺凌。结合社会目标、互动、治疗和发展性四种模式，建构反校园欺凌的小组工作介入模式，通过小组沟通和互动、控制小组进程、掌握小组会议和策划小组活动，帮助学生准确了解校园欺凌问题的实质和根源。结合地区发展、社会策划和社区照顾三个实施模式，建构反校园欺凌的社区工作介入模式，让学生建立对社区的归属感，培养自助、互助与自决的精神，提高和强化在社区参与及影响决策方面的能力和意识。

（三）学校道德教化路径

职业道德是所有从业人员在职业生活中应该遵循的行为准则，涵盖了从业人员与服务对象、职业与职工、职业与职业之间的关系。职业道德往往表现为某一职业特有的道德传统和道德习惯，表现为从事某一职业的人们所特有的道德心理和道德品质，甚至造成从事不同职业的人们在道德品貌上的差异。培养职业道德就是让人们不管从事什么职业、干什么工作，都必须做到精益求精、尽善尽美，做得好就会产生荣誉感、满足感，做得差就会产生羞耻感、缺憾感。对学生而言，学习是天经地义的"本职工作"和货真价实的"正式职业"，学校道德教育是对学生的"职业道德"教育，其内容主要是爱国荣校、勤学好问、遵规守纪、尊敬师长、团结同学，重点在于帮助学生树立认真的学习态度、发挥最好的学习能力、养成良好的学习道德，在学校做团结友爱、互相帮助、尊重他人、善于合作的好学生。

1. 爱国教育

爱国是一个公民起码的道德，爱国主义是中华民族生生不息的不竭动力。爱国是一种忠诚，如贾谊所说"国而忘家，公而忘私"[1]；爱国是一种责任，如顾炎武所说"天下兴亡，匹夫有责"[2]；爱国是一种情感，如邓小平的肺腑之言"我是中国人民的儿子，我深情地爱着我的祖国和人民"[3]。爱国教育是指树立热爱祖国并为之献身的思想教育，是思想政治教育的重要内容。青少年对伟大祖国深沉的爱，是维护祖国统一和民族团结的情感纽带，是实现民族伟大复兴的强大动力，更是推动历史发展的精神支柱。习近平总书记强调：爱国主义是中华民族最为深厚的历史情感，是我们国家和民族自立自强的强大精神动力，是凝聚和鼓舞各族人民团结奋斗的一面旗帜。爱国不是抽象的，爱国就是要爱国土、爱国人、爱国家。爱国应当体现在具体行动上，树立国家主人翁责任感，自觉维护祖国的安定团结和统一，自觉维护国家尊严、保护国家利益。学校对青少年开展爱国教育要充分利用课堂教学和课外教育相结合，将爱国教育内容融入学科教学中，并利用青少年业余

---

[1] 《汉书·贾谊传》。
[2] 《日知录·正始》。
[3] 这是邓小平为英国培格曼出版公司出版的《邓小平文集》（英文版）写的序言，1981年2月14日。

时间进行形式多样的课外教育，不断提升青少年的爱国情感；要利用历史与国情相结合进行爱国教育，结合当前实际国情，使青少年进一步了解中国发展过程，坚定"四个自信"，增强为建设社会主义现代化强国而奋斗的爱国情感。

2. 学习教育

勤学好问是一种优秀的学习品质。学习品质能够反映学生"以什么样的精神和态度从事学习，是决定学习行为倾向性和独特性的心理素质，是思想品质、非智力因素在学习活动中的表现"[1]。勤学好问突出了学习者的主体性品质，既包括自主性学习品质，又包括合作性学习品质，既反映了学生学习的主动性、创新性和自主性，又反映了学生学习的合作性、互动性和适应性。勤学好问的学习品质有助于青少年增强学习动力、养成良好习惯、提高学习能力。青少年需要在学校培养职业精神和职业道德，学校需要培养学生在学习上的"职业道德"感：（1）设立一个与学习态度有关的学校目标和一套有意义的课程，培养学生辛勤工作的品格；（2）采用协作式学习，利用"伙伴原理"鼓励学生学习；（3）建立一种良好的校园文化；（4）对学生寄予希望，并经常鼓励学生，让他们树立学习信心；（5）培养学生自我评价的能力；（6）培养学生学习的热情和自豪感，帮他们掌握一门专门的知识；（7）对学生的成绩表示祝贺；（8）教授学生不同的学习方法；（9）发现学生兴趣并尽力帮助，让他们发挥个人才能；（10）帮助学生养成做家庭作业的自律性。[2]

3. 纪律教育

校规校纪是学校（课堂）道德社区建设的关键切入点。纪律提供的是一种道德符号，它不仅仅是一个为了教室里表面的平静

---

[1] 郑秉泇：《论学习教育》，天津：天津社会科学出版社，1996，第14页。
[2] 〔美〕里克纳：《美式课堂：品质教育学校方略》，刘冰等译，海口：海南出版社，2001，第207页。

而设计的工具，更是作为一个小社会的教室里的美德。① 校规校纪作为一种道德规范其基本功能是让学校和班级具有凝聚力和向心力，从而让学生在意志、行动、情感上和谐统一。纪律不是为了消除异己、整齐划一，而是要和而不同、求同存异、各处其位、各得其所，是在尊重差异和分歧的基础上和谐共处、步调一致，促进个人与集体共同进步、协调发展。如果学生不能遵规守纪、尊重权威、敬畏他人，那么班级、教室、课堂这样的小社会就无法正常运转，纪律的目标就是让课堂道德社区安全、有序、高效。可见，"纪律不是帮助学生学习的简单程序，不是刺激他受教育的欲望，或者是节省教师的精力，从本质上说，它是难以伦比的道德教育手段"②。基于道德的纪律可以培养学生尊重规则、担当责任、团结协作等良好道德品质，这种发自学生内心的自我约束和自愿服从的内生动力，相比外部管控和外在管理的刚性约束而言，更容易增进学生对校规校纪、教师权威、他人权利的尊重认同，更有利于培养学生的社会责任感和集体荣誉感。当学生们相互肯定道德品行的时候，学校道德社区就成功创立了，生活在其中的学生就会在学校大环境中潜移默化地习得道德。

4. 同伴教育

同伴教育指的是人们尤其是青少年因为年龄知识相近、兴趣爱好相仿等相似性的原因，同伴（朋辈）之间的意见和建议直接或间接影响彼此行为的作用是极其强大和相当广泛的。青少年的伙伴群和朋友圈的同伴之间的行为方式往往极其相似，不管是亲社会行为，还是道德中立行为，抑或是反社会行为都是如此。青少年同伴之间的社会联系从程度上说属于强关系（strong tie），同伴之间会投入更多情感和时间，并且彼此之间更为亲密频繁地提供互惠性服务。同伴之间相互影响的方式主要有同伴压力、规范

---

① 〔美〕里克纳：《美式课堂：品质教育学校方略》，刘冰等译，海口：海南出版社，2001，第102页。
② 胡守芬：《德育原理》，北京：北京师范大学出版社，1989，第320页。

期望、创造机会和彼此仿效。青少年亲密同伴越多,道德推理水平往往越高,同伴之间更经常鼓励和促进亲社会行为而不是反社会行为。常言道:"物以类聚,人以群分。""近朱者赤,近墨者黑。"青少年倾向于选择和自己教育取向、媒体偏好、业余爱好、生活嗜好具有相似性的同伴做朋友。朋友的影响有关怀支持的正效应,也有危险行为的负效应。同伴教育就是利用青少年的从众心理和趋众倾向,强调青少年友谊的积极因素,对青少年进行正能量、正效应的认知教育。同伴教育主要帮助青少年正确看待亲密的友谊关系,通过同伴互动建立自尊、互信、关怀、互助等青少年发展所需的社会认知能力。青少年友谊可以获得四种支持。[①](1)信息性支持(informational support)。提供一些帮助解决个人问题(特别是涉及朋友、恋人、父母、学校等方面的问题)的建议和指导。(2)工具性支持(instrumental support)。提供各种方式如学业、家务、经济等学习生活方面的具体帮助。(3)陪伴性支持(companionship support)。提供各种社会交往活动中的结伴陪伴帮助。(4)尊重性支持(esteem support)。提供成功或失败时刻的鼓励和安慰。在青少年期,朋友对青少年的个体建议和情感支持越来越重要,同伴教育是一个需要引起高度重视的学校教育议题。

三 社会之维——使然式的强化路径

社会(社区)作为一种地缘性的生活共同体,是进行青少年道德教育的大熔炉。家庭、学校、社区这些微观和中观层面的"小社会"的道德教育的成效如何,最终还是要放在社会这个"大学校""大课堂""大舞台"上来进行综合性检验和全方位考查。社会即学校,生活即教育。社会大课堂对青少年在家庭和学校中

[①] 〔美〕杰弗瑞·简森·阿内特:《阿内特青少年心理学》,雷雳等译,北京:中国人民大学出版社,2016,第223~224页。

的道德养成教育具有熏陶和积淀作用。衡量一个人的道德水平的重要指标之一是能不能抵制违反道德规则的利益诱惑和社会压力。青少年道德信仰生成仅靠自律是难以维系、无法奏效的，还需要他律来强制规范和激励引导。在现代社会，公共生活领域不断扩大，人们相互交往日益频繁，社会公德在维护公众利益、公共秩序，保持社会稳定方面的作用更加突出，成为公民个人道德修养和社会文明程度的重要表现。社会公德的主要内容包括文明礼貌、助人为乐、爱护公物、保护环境和遵纪守法，其目标指向是鼓励青少年在社会上做一个好公民。社会公德反映了人们公共社会的共同需要和公共利益，在社会公德面前人人平等。社会公德规定的是最基本的公共生活规范，遵守社会公德，不存在"能不能"的问题，而是"愿不愿"的问题。

（一）社会道德规范

道德是社会学习与社会信息加工的产物。道德规范的普遍遵守和道德建设的规范化、制度化、常态化离不开制度供给的保障支持。随着人们社会交往范围日益扩大，道德他律的作用显得更为重要和关键，道德行为需要更多的社会他律去不断强化固化优化。

1. 道德观念的利他强化

亲社会行为（prosocial behavior）泛指那些能使他人获益的帮助行为（助人者也可以成为获益者）。在演化心理学理论的观点看来，亲社会行为的利他倾向和助人动机是意欲提高人类的基本福利——获得基因与物质的收益。关于利他倾向和助人动机的演化有"基因生存说"和"互惠帮助说"。"基因生存说"认为，人们为了提高族内适宜性（inclusive fitness）甘愿承担威胁个体的风险和损失，个体更愿意帮助与自身存在基因联系的人，个体的基因生存甚至比个体的自身生存更为重要，这也为我们理解亲属间尤其是长辈对晚辈的自我牺牲精神提供了一种解释方式。"互惠帮助说"认为，人类社会行为规范都具有互惠性，帮助行为通常都是相互合作的，凡是鼓励相互行为的基因更具有生存优势，这是理解非亲属之间帮助行为的重要视角。"进化心理学家认为，亲社会性是人性的基本成分之一，它具有前适应和基因编程的特性，这些特性有助于种族的延续。"① 亲社会行为取向往往会得到正向激励，并实现更多生存优势和基因传递的有益目标："（1）提高我们自己的福利；（2）增加社会地位和认同；（3）进行自我形象的管理；（4）管理我们的心境和情绪。"② 社会学习理论认为，人们总是会重复那些得到强化的行为，而避免那些受到惩罚的行为。亲社会行为（利他主义行为）能否作为社会学习和社会强化的结果，关键在于其自洽性、循环性的解释，特别是要强化"善有善报""好人好报"的利益机制。

青少年的亲社会道德推理可以通过"教化道德包容""树立利他主义榜样""把帮助行为归因于利他主义动机"③，来达到提升移情、共情、内化价值观水平的目的。青少年期的个体道德推理和道德判断中已经包含了同情甚至是个人的价值和义务，并且会基于内化的价值观、信念、责任和规范来判断是否需要关心那些需要帮助的人。"道德行为可以通过与学习其他社会行为相同的方式习得，这些方式包括不同的强化和观察学习。"④ 中国提倡集体主义价值观，亲社会行为与社会文化理想非常一致，成人的言语强化、榜样影响、利他主义宣讲会很大程度上促进青少年亲社会行为。青少年社会化最重要的发展任务就是道德信仰的生成和道德意识的成熟，青少年道德发展的核心议题就是亲社会行为的强化和反社会冲动的抑制。惩罚对确立道德禁令具有抑制性控制

---

① 〔美〕戴维·谢弗：《社会性与人格发展》（第5版），陈会昌等译，北京：人民邮电出版社，2012，第339页。
② 〔美〕道格拉斯·肯里克、史蒂文·纽伯格、罗伯特·西奥迪尼：《自我·群体·社会》，谢晓非等译，北京：中国人民大学出版社，2011，第211页。
③ 〔美〕戴维·迈尔斯：《社会心理学》（第8版），侯玉波等译，北京：人民邮电出版社，2014，第376~378页。
④ 〔美〕戴维·谢弗：《社会性与人格发展》（第5版），陈会昌等译，北京：人民邮电出版社，2012，第338页。

(inhibitory control)作用,但并不是所有的惩罚都有同样的效果。态度和蔼(而非冷漠的)成人实施的严厉的(而非轻描淡写的)、即时的(而非延迟的)、一致性的惩罚,同时配合令人信服的道理解释,会使青少年关注到行为给自己和他人造成的伤害,并导致对不安情绪和不适体验做内部归因(内疚、羞愧),进而促进普遍的反应机制(避免内疚、羞愧,感到骄傲、自豪)。当然,青少年还可以通过"道德自我概念训练"(设法让青少年相信自己能够抵制破坏道德规范的诱惑,因为他是"公正仁爱之人""诚信正直之人""忠诚可靠之人""品德高尚之人")和"道德自律榜样示范"(承担同龄伙伴道德自律榜样,示范去做遵守规则、自我克制之人)来培养青少年的抑制性控制能力。

2. 道德行为的制度强化

"制度是一个社会的游戏规则,更规范地说,它们是为决定人们的相互关系的系列约束。制度是由非正式约束(道德的约束、禁忌、习惯、传统和行为准则)和正式的法规(宪法、法令、产权)组成。"① 制度是人类行为博弈均衡演化而来的社会规则,它是一种"博弈的内生规则",从其实质上讲就是个人或社会对各方面关系的一般思想习惯和道德认知。道德规范和制度供给在价值取向上具有同质性,在功能作用上具有互补性。道德规范与制度供给的联姻对道德建设具有根本性、全局性、稳定性和深远性意义。"制度好可以使坏人无法任意横行,制度不好可以使好人无法做好事,甚至会走向反面。"② 一个社会如果制度比较完善而且适宜,那么生活在其中的人们就会更倾向于选择符合道德的行为。不健全、不完善、不合理的社会制度会导致不和谐的氛围和不健康的社会,会造成人际关系中相互憎恨与不信任,会引发道德混乱、道德失范,导致社会风气的式微和败坏。道德建设既要通过

---

① 〔美〕诺思:《制度、制度变迁与经济绩效》,刘守英译,上海:上海三联书店,1994,第3页。
② 《邓小平文选》(第二卷),北京:人民出版社,1994,第333页。

道德教育和道德自律的应然式的教化路径去提升道德觉悟水平，又要借助道德制度和道德他律的使然式的强化路径来遏制败德行为泛滥。道德领域建设之所以存在"知易行难""知行不一"，原因在于外在的压力不够、内生的动力不足。事实上，道德知识的掌握并不复杂，但是道德行为和道德习惯的养成绝非易事，这需要依靠强有力的奖惩机制和制度保证。制度的有效性决定着道德规范的普及性，制度的优劣度决定道德认同的快慢度。道德制度决定了人们道德行为的选择空间，这在一定程度上约束"人的机会主义行为倾向"[①]。

互惠帮助原则体现的是道德利他的循环性。利益是道德的本质内容，道德作为调节和规范社会关系的准则，本质上调节和规范的是人与人之间的利益关系。离开了利益，我们就无从了解道德的产生和发展、道德的性质、不同类型和社会作用。互惠原则的清晰表述应该是这样的：首先，应当肯定个人正当利益是必要的、合理的；其次，必须尊重和考虑他人的正当利益；最后，获得回报必须通过利他的方式和手段来实现。合理公正的制度安排，首先应该体现对个人正当利益和权利的尊重，同时明确互惠是利他行为获得回报的最恰当、最有效的实现方式。从制度的激励功能与导向作用来看，互惠原则通过亲社会行为内在地、巧妙地把纯粹的利他主义和功利的利他主义予以整合，使得亲社会行为能在更大范围、更大程度上拥有循环性。"社会网络中的互惠性帮助我们解释了'社会资本'（social capital）的含义——支持性的联系，信息交流，信任与合作行为——这些保证了一个团体的正常

---

① 新制度经济学提出人的机会主义行为倾向的假设，即人具有随机应变、投机取巧、为自己谋取更大利益的行为倾向，人在追求自身利益的过程中会采用非常微妙隐蔽的手段。机会主义会对他人造成一定的危害，如机会主义者有时把自己的成本或费用转嫁给他人，从而对他人造成侵害。而制度可以在一定程度上约束人的机会主义行为倾向。

运行。"[①] 青少年作为未成年人在一些方面给予弱势群体般的关心爱护、特别照顾是应该的必需的，但是要进一步细分细化、更有操作性。造成青少年失德行为的一个重要原因就是，社会中的种种制度安排没有考虑违反道德的行为的代价成本。当守德成本大于守德收益或者败德成本小于败德收益时，人们就容易倾向于不遵守道德，这是因为守德成本相对较高，而败德成本相对较低；当守德成本小于守德收益或者败德成本大于败德收益时，人们就容易倾向于遵守道德，这是因为守德成本相对较低，而败德成本相对较高。这就是道德行为发生的内在心理机制。青少年是否遵守道德以及遵守何种道德，也都倾向于具体情境中利弊权衡的结果。只有当青少年感受到自己为败德失德行为付出的"成本"大于其从中所获得的"收益"时，"得不偿失"的心理才会驱使青少年将道德规范内化为个体的行为准则。青少年应积极参加以利他、自愿、无偿为基本要求的志愿服务，努力形成"团结互助、平等友爱"的和谐人际关系和"我为人人、人人为我"的良好社会风尚。

德位匹配原则体现的是道德利他的自洽性。道德分为底线道德与高蹈道德。高蹈道德是人类道德追求的制高点，所倡导的是至真至善、至高无上的美德，它所适用的是特殊人群（精英）。高蹈道德鼓舞人们崇德励志、出类拔萃，创造流芳百世、璀璨夺目的道德景观。底线道德主要是相对于高蹈道德而言的，所强调的是圈定一些基本界限不能逾越，守住一些基本道德规则不能违反，它所适用的是一般人群（公民）。底线道德是一种基于共识性和可行性的"不求尽善尽美，但求守住底线"的基本道德，是一种可普遍化的社会道德，它不是要求每个人都成为圣贤，但应当成为生活在道德底线之上的常人。对一般人群来说，底线道德就是行为标准、行动标杆，高蹈道德首先应针对的是在作用和影响上与

[①] 〔美〕戴维·迈尔斯：《社会心理学》（第8版），侯玉波等译，北京：人民邮电出版社，2014，第376~354页。

之相适应的特殊人群（精英），不能一厢情愿地去张冠李戴、揠苗助长。对于精英来说，底线道德仍然是有约束力的，但问题是从精英群体所发挥的作用和影响来看，仅以底线道德作为内在要求和外在规范又是微不足道和远远不够的。精英群体在当代被社会寄予很高的道德期望，应该成为青少年心目中的道德楷模，不能自甘沦落、忘却自己的社会道德责任。对于精英群体的道德要求，底线道德是至关重要的，可以起到拒腐防变作用，同时，高蹈道德也是不可或缺的，可以引导精英群体不断追求卓越。[①] 青少年道德信仰生成要植根于自身的生活世界，回归实践、回归交往、回归生命、回归生活，在不同阶段完成与之匹配的发展任务。

3. 道德信仰的榜样强化

社会主义先进文化是中国特色社会主义的文化之魂、精神之基。"中国特色社会主义文化，源自中华民族五千多年文明历史所孕育的中华优秀传统文化，熔铸于党领导人民在革命、建设、改革中创造的革命文化和社会主义先进文化，植根于中国特色社会主义伟大实践。"[②] 社会主义先进文化是中国特色社会主义建设的经验总结、价值提炼和文化自信，体现了中国价值理念的时代精华，代表了中国先进文化的前进方向，为中华民族的独立自主和伟大复兴提供了精神指引、价值引领和力量源泉。中国特色社会主义文化是社会主义先进文化的当代形态。我们经过60多年的社会主义建设特别是40多年的改革开放，坚持了中国特色社会主义道路，形成了中国特色社会主义理论体系，完善了中国特色社会主义制度，彰显了中国特色社会主义文化。当代中国日益走近世界舞台中央，中华民族和中国人民更加坚定道路自信、理论自信、

[①] 魏雷东：《和谐社会视域下的公民道德建设研究》，北京：中国社会科学出版社，2011，第249~251页。
[②] 习近平：《决胜全面建成小康社会 夺取新时代中国特色社会主义伟大胜利——在中国共产党第十九次全国代表大会上的报告》，http://www.xinhuanet.com/mrdx/2017-10/28/c_136711274.htm。

制度自信、文化自信。"社会主义核心价值观是当代中国精神的集中体现,凝结着全体人民共同的价值追求。"[①] 发展新时代中国特色社会主义先进文化必须同我们的历史文化相契合,同我们的事业发展相结合,同我们的时代问题相适应,以社会主义核心价值观引领当代中华文化和社会生活的发展,才能真正解决中国当代价值的顶层设计问题和民众信仰问题。"人民有信仰,国家有力量,民族有希望。要提高人民思想觉悟、道德水准、文明素养,提高全社会文明程度。"[②] 青少年是祖国的未来,要在社会生活实践中感知领悟社会主义核心价值观,不断增强道德判断力和道德荣誉感,向往和追求讲道德、尊道德、守道德的生活,要坚定理想信念,志存高远,脚踏实地,勇做时代的弄潮儿,在实现中国梦的生动实践中放飞青春梦想,在为人民利益的不懈奋斗中书写人生华章![③]

中华优秀传统文化是中华民族薪火相传的精神命脉,是中华儿女自强不息的精神寄托,是中华文明历久弥新的精神基因。中华优秀传统文化蕴含着"以人为本"的仁爱思想、"以国为重"的集体主义、"以和为贵"的包容理念、"以德为先"的精神境界,淋漓尽致地展现了中华文化博大精深的思想智慧和沁人心脾的道德滋养。"以人为本"的仁爱思想主题是人,关系是人,目的还是人,重视人的节操和修养,追求人格的完美,提倡关心、帮助、同情、发展他者,为人们处理个人与他者的关系提供了合理的道德原则和符合人性的伦理观念。"以国为重"的集体主义精神哺育

[①] 习近平:《决胜全面建成小康社会 夺取新时代中国特色社会主义伟大胜利——在中国共产党第十九次全国代表大会上的报告》,http://www.xinhuanet.com/mrdx/2017-10/28/c_136711274.htm。

[②] 习近平:《决胜全面建成小康社会 夺取新时代中国特色社会主义伟大胜利——在中国共产党第十九次全国代表大会上的报告》,http://www.xinhuanet.com/mrdx/2017-10/28/c_136711274.htm。

[③] 习近平:《决胜全面建成小康社会 夺取新时代中国特色社会主义伟大胜利——在中国共产党第十九次全国代表大会上的报告》,http://www.xinhuanet.com/mrdx/2017-10/28/c_136711274.htm。

和陶冶了一代又一代中华儿女的爱国情操,实现中华民族伟大复兴的中国梦,需要大力弘扬以爱国主义为核心的民族精神和以改革创新为核心的时代精神。"以和为贵"的包容理念主张"和睦相处""和气生财""和衷共济""和而不同""求同存异",倡导"家和万事兴""国和享太平",追求天人和谐、人际和谐、群己和谐、身心和谐。"以德为先"的精神境界积极倡导和推崇"尊道贵德"的伦理气质、"道生德蓄"的人文情怀,其在精神层面建构的文化理想已经成为全人类共同的文明成果。中国进入新时代,向世界发出"共建人类命运共同体"的中国倡议,致力于建设一个持久和平、普遍安全、共同繁荣、开放包容、清洁美丽的世界,这是中华文明对人类文明做出的新的重大贡献。"构建人类命运共同体是一个美好的目标,也是一个需要一代又一代人接力跑才能实现的目标。"[1] 青少年应不断发扬光大中华文明,积极培育和践行社会主义核心价值观,砥砺品性、知荣明耻,以道德之光照亮人生之路、点燃生命之火。

中华英雄模范文化是中华文明的特殊人文现象,凝聚了特定历史时期人们的共同理想追求,具有崇高的思想品格和道德境界,因而能够成为一个时代的标杆和精神的象征,发挥引领社会风尚、净化民众心灵的重要作用。英雄模范在为国家富强、民族振兴、社会繁荣做出超常贡献创造物质财富的同时,还创造了极其宝贵的精神财富和提供了无比强大的精神支撑。第一,英雄模范具有一定的代表性,很好地解决了"同心→同向"的人性启化问题。英雄模范把个体有限之我融入社会无限之我,在平常生活之中从"他者"身上看到另一个"自我",在不断超越个体之我基础上实现人之"类"的顿悟,从而获得人生幸福的自我实现感,进而实现社会之我的人格升华。英雄模范的责任担当代表了大众的共同心声,蕴含着"我就是他""我即我们"的崇高哲理和"善待一

---

[1] 《习近平谈治国理政》(第二卷),北京:外文出版社,2017,第548页。

切""吃亏是福"的宏大智慧。正是因为他们信诺和执着，才善良得让人感动。第二，英雄模范具有极强的针对性，很好地解决了"自发→自觉"的心灵意向问题。榜样的力量是无穷的。英雄模范为人们提供各方面参照、效仿的具体对象标准，引导大众向榜样看齐，从而在一定程度上改变个体不适宜的思维方式和行为方式，并通过向榜样学习达到规范完善自我的目的。新中国成立以来，我们党和国家在不同的历史时期都树立和宣传了一批批的英雄模范，正是通过对英雄模范的大力宣传，充分发挥其榜样力量和示范作用，吸引了广大人民群众竞相仿效。第三，英雄模范具有朴素的真实性，很好地解决了"认知→认同"的精神激励问题。英雄模范总是以光辉的人格形象吸引着人们的关注，以高尚的精神魅力潜移默化地影响着大众。通过对英雄模范的学习和效仿，先进的人会得到自我激励，平庸的人会受到精神鼓舞，后进的人能够感到思想震撼。英雄模范作为时代的楷模，是人们模仿追随的榜样。人类行为往往是通过模仿、观察、学习和借鉴来得以实现的，模仿既可以使人形成新的思维习惯，又能够使已有的行为得到改变或加强，也可以使原来潜在的行为表现出来。第四，英雄模范具有鲜明的时代性，很好地解决了"共鸣→共进"的榜样驱动问题。榜样的精神感召力、行为带动力和心理共鸣力能够引发公众产生尊崇和追随心理，榜样所体现的精神、理念、品质是人类社会中共通的美好价值追求。英雄模范的义举已不再是功利的驱动，也不是纯粹的自我约束，几乎是一种平静的本能需要和内在的心灵呼唤，在默默无闻的平静生活中涵养着一种超越自我存在的崇高美德，实现着自我由有限理性向无限存在的价值升华。特别是我们今天所树立的道德模范日趋基层化、平民化、草根化，而越是平凡真实、可亲感人的榜样在人们的心目中就越是伟大、越是深刻。英雄模范来自基层、就在身边，深深植根于现实的土壤，人民群众看得见、摸得着。英雄模范润物无声地表达着人类的情感，使人自觉道德之必然和奉献之神圣，正是因为他们大爱无疆,才无私得让人感动。青少年道德社会化需要通过发现和树立身边的英雄模范,把平凡可亲、催人奋进的榜样效应,聚变为各类榜样层出不穷、遍地开花的群体效应,裂变为全社会学习榜样、争当榜样的社会效应。

(二) 社会道德环境

道德环境对人们的道德观念和道德行为的影响是至关重要和最为直接的,优化社会道德环境是加强和改善道德建设的基本途径之一。人是环境的建筑师,同时环境又是人的化妆师。人与环境之间的双向联系使得二者之间存在互动关系。道德环境是植根于人的现实社会生活的"人为"环境,但是"人为"环境的目的又是"为人"的,良好的道德环境一旦形成气候,就会对人们的价值观念、道德情操、风俗习惯、行为方式产生强大的"磁场效应"。社会环境具有强大能量,能够强烈地影响个体。"我们看待自己时会更强调自我效能,同时在看待他人时更多地理解他人的处境(如果我们认为他人是受自己所处环境的影响,这样我们就会更可能理解他人,而不是简单地把其不良行为归因于'不道德''残酷''懒惰')。"[1] 培养提高整个社会的道德水平和公民良好道德素质,在道德环境的资源优化和氛围营造上多做文章会起到强基固本、事半功倍的作用。

1. 青少年文化的未来塑造

青少年文化是青年群体的独特生活方式和特殊生存样态。文化不仅与人的"自我"联系在一起,还与人的"存在",乃至关于"人"的概念联系在一起。"我们的思想、我们的价值、我们的行动,甚至我们的情感,像我们的神经系统自身一样,都是文化的产物。"[2] 人如果剥离文化属性,将只剩下动物本能和抽象的、还

---

[1] 〔美〕戴维·迈尔斯:《社会心理学》(第8版),侯玉波等译,北京:人民邮电出版社,2014,第150页。
[2] 〔美〕克利福德·格尔茨:《文化的解释》,韩莉译,南京:译林出版社,1999,第63页。

青少年道德认同：模式与路向

没有被编码的人性。青年连同他们的小社会团体（朋友、小团体和群体）组成了一个完整的而且与儿童和成人不同的特殊的小社会，他们有着自己独特的"青年文化"（youth culture）[1]。"青年文化"的价值观与成年人文化的价值观是正好相反的，青年寻求快乐刺激、乐于冒险激进、不愿承担责任，其特点是"享乐主义"和"不负责任"，而成年人强调例行公事、延迟满足和承担责任。寻求快乐、追求刺激和乐于冒险是青少年文化的主要价值观，当然这种倒置的错位的价值观是暂时性的和阶段性的。青少年在进入成人世界并要承担责任之前享受着他们阶段性的享乐主义和暂时性的不负责任，这也是他们需要的一个"合法延缓期"（moratorium）[2]。当然，青少年和成年人都知道这个阶段是暂时的和短暂的，青少年迟早要结婚生子、成家立业，最终还要承担起成人世界中的家庭职责和社会责任。"文化模式就是历史地创立的有意义的系统，据此我们将形式、秩序、意义、方向赋予我们的生活。"[3]文化不能简单理解为一个抽象的符号，其实质是一种"自我认同"，这种认同具体深刻地展示着人的观念方式、思维方式、情感方式、行为模式等，其精神和心理上的意义已变成个体获得的一种与众不同的独立性和唯一性。青少年需要一个空间来寻求一种与家庭、工作和学校所强加的角色和期望相分离的自我认同。"青年文化为青年人提供了一个群体性认同，提供了一个青年人从其中可以发展出一种替代性的行动计划，对成人权威保密并反抗它。"[4]青年文

---

[1] "青年文化"（youth culture）通常指青少年（adolescents 和 teenagers）将自身从父母所属的成人文化社群当中分离出来的种种方式。这个概念在提出时，没有对青年和青少年在概念上进行严格界定和区分，这里继续沿用"青年文化"的最初翻译。

[2] 〔美〕埃里克·H. 埃里克森：《同一性：青少年与危机》，孙明之译，北京：中央编译出版社，2017，第91页。

[3] 〔美〕克利福德·格尔茨：《文化的解释》，韩莉译，南京：译林出版社，1999，第5页。

[4] 〔美〕迈克尔·布雷克：《青年文化比较：青年文化社会学及美国、英国和加拿大的青年亚文化》，孟登迎、宓瑞新译，北京：中国青年出版社，2017，第244页。

化有自己的特殊"风格"（style），主要表现在"形象"（image；衣服、发型、首饰和其他的外观方面）奇特，"形态"（demeanor；手势、步伐和姿势等行为方式方面）独特，"俚语"（argot；某种新的特定词汇和说话方式）新特。青年文化"风格"（style）是"青年"这个分众的小众的特殊群体特定生活方式的符号系统。伯明翰学派综合"文化领导权理论"、"意识形态主体建构理论"以及"结构主义符号学理论"，把青年文化"风格"的意义甚至"过度阐释"为一种对现有社会秩序的仪式性抵抗和符号性"抗争"，是通过"抗拒"成人的生活规矩与习惯，尝试以想象的和象征性的特殊生活方式，去"解决"由阶级、代际、种族、性别等现实不平等社会因素造成的现实政治社会难题。青少年在向成人期状态过渡时必然会遭遇身心方面的混乱、创伤、突变和恐慌等特征，因此，社会需要给予青少年特殊的庇护，帮助青少年在青春期获得最完美的发展。青春期对青少年来说是"一次新生"，家庭、学校和社会在点燃青少年心灵深处的青春热情的同时，更应该包容、同情青少年的安逸、懒散和孤傲，欣赏和尊重青少年的激情、浪漫和理想。

青少年文化是流行文化的敏感创新领域和敏锐变革方向。青年文化是青年人的自我创造和自我传播。青年主要从青年同伴身上学习流行的穿着和发型、流行语、流行音乐和媒体形式。科技变革速度影响着社会政治结构发生重大变化，也深刻变革青年人与成年人之间的互动学习方式。在科技发展缓慢的文化氛围中，学习的方向呈单射线形，青少年主要从有经验的成年人那里学习代际只有微弱变化的知识，这是一种"后塑文化"（postfigurative cultures）。随着科技的快速发展，学习的方向呈现双射线形，青少年不只是从成年人那里也从自己同伴那里学习所需要掌握的各种知识，这是一种"共塑文化"（cofigurative cultures）。在符号消费泛滥扩散、群己关系混杂交错、科技变革日新月异的当今时代，以青年为主的社会流行文化因青年身份日益的碎片化、混杂性和流动性而备受关注，青年文化呈现崭新的文化形态——"前塑文化"（prefigurative cultures）。在前塑文化中，其学习的方向将呈纤维圆环形，青年人会教成年人如何使用新媒体、运用新科技。① 现代社会中成人社会和大众媒体终于可以俯下身段去倾听青年的心声，新新人类和新兴社群开始得到成人社会的同情性理解和帮助，青年中流行的各种新兴的、指向未来健康的、非主流的生活方式越来越受到主流社会的积极性评价和支持。对青春期的青少年来说既是挑战又是福利，其本质是人的一生所要保持的健康生活方式：情绪强烈、参与社会、寻求新奇事物和富有创造力的探索。② 青年文化塑造在根本上讲是在塑造人类社会的美好未来，青年在未来的政治、经济、文化、社会和生态文明等方面建设中需要发挥主力军、生力军作用，与成年人一道承担起未来社会建设的责任。

2. 青少年成长的媒体责任

随着科学技术的迅猛发展，大众媒体传播的方式越来越多、速度越来越快、范围越来越广、定位越来越精、效果越来越佳、需求越来越大，对于信息传播、舆论引导、文化普及、思想交流影响越来越关键、越来越重要。在消费时代不期而至的当今社会，"人们所消费的不是商品和服务的使用价值，而是它们在一种文化中的符号象征价值"③。在消费主义倾向影响下，大众媒体为了受众收视率和广告高收入，出现了越来越明显的过度娱乐化和低俗化、媚俗化、粗俗化倾向，致使其难以很好地履行媒体应尽的社会责任。大众媒体的宣传教育、信息传播和舆论导向等主要功能的强势地位逐渐被娱乐功能所弱化甚至有些媒体被边缘化。一段

---

① 〔美〕杰弗瑞·简森·阿内特：《阿内特青少年心理学》，雷雳等译，北京：中国人民大学出版社，2016，第237~238页。
② 〔美〕丹尼尔·西格尔：《青春期大脑风暴：青少年是如何思考与行动的》，黄珏苹译，杭州：浙江人民出版社，2015，第6~7页。
③ 吴金海：《对消费主义的"过敏症"：中国消费社会研究中的一个瓶颈》，《广东社会科学》2012年第3期。

第五章　青少年道德信仰的生成路径

时间明星走穴类、婚恋相亲类节目充斥大众媒体成为大众消遣刺激的娱乐卖点，"大众审丑""娱乐至死"等恶搞现象一再挑战人们的道德底线和规则红线。一些媒体漠视社会职责和伦理道德，通过明星嘉宾不断制造话题，大肆渲染"一朝成名""一夜暴富""炫富秀奢""虐心婚恋""明星八卦""宫廷争斗""权力崇拜"等内容，以至于某个知名节目中出现"宁可坐在宝马车上哭，不在自行车上笑"的高调媚俗言论，对青少年的世界观、人生观、价值观产生了很大冲击。一些文化娱乐节目也无休止地猎奇化、"愚乐"化、泡沫化，不断蚕食着大众媒体弥足珍贵的正义感和公信力，误导青少年青睐和迷恋过度的符号消费、炫耀消费、偶像消费和感官消费。"舆论引导正确，利党利国利民；舆论引导错误，误党误国误民。"[①] 在社会重大问题和舆论热点问题面前，大众媒体必须旗帜鲜明地坚持正确的政治方向，把社会效益放在首位，严格把好关、把好度，做到守土有责、守土负责、守土尽责，切实提高传播力、引导力、影响力、公信力。坚持正确舆论导向与客观反映事实、遵循新闻规律、满足民众需要并不矛盾，而是相互依存、相互支撑的。大众媒体本身就是最具代表性的青少年文化消费模式，对青少年的新思想、新观念、新道德、新风尚的认知和养成具有举足轻重的推动作用。大众媒体不能只把青少年作为"听众""观众"，更重要的是要让青少年"发声""发言"，逐步成为青少年参与公共生活、培养社会责任感的重要渠道和重要机制。网络是亿万民众共同的精神家园，也是青少年思想政治教育的主要阵地。要"培育积极健康、向上向善的网络文化，用社会主义核心价值观和人类优秀文明成果滋养人心、滋养社会，做到正能量充沛、主旋律高昂，为广大网民特别是青少年营造一个风清气正的网络空间"[②]。媒体工作者要贴近实际、贴近生活、贴

---

① 胡锦涛：《在人民日报社考察工作时的讲话》，《人民日报》2008年6月21日。
② 《习近平谈治国理政》（第二卷），北京：外文出版社，2017，第337页。

近群众,做党的政策主张的传播者、时代风云的记录者、社会进步的推动者、公平正义的守护者,唱响主旋律、弘扬正能量,讲好中国故事、传播好中国声音。

3. 青少年教育的社区参与

"社区"一词是德国社会学家 F. 滕尼斯 1887 年在《社区和社会》一书中提出的一个社会学概念。滕尼斯认为,人们共同地、长期地生活在某个地区,因此逐渐形成了一种相互依赖、相互影响、相互关心、相互联合的群体关系,形成了一个十分密切的、社会性的集体,这样便形成了社区。"作为一种地缘性的生活共同体,社区就是聚居在一定地域范围内的人们所组成的社会生活集体和活动区域,它既是居民的物质利益共同体,又是居民精神利益共同体,在一定意义上还是同一社区居民的命运共同体。"[1] 早期功能主义社会学家把家庭、社区和社会之间的关系比作"细胞"、"器官"和"有机体"的生物学概念"肌体系统"关系,表明了社区作为家庭与社会之间的纽带是不可或缺的。共同的生活空间、共同的利益需要、共同的现实问题,把社区内的居民紧密联系在一起。社区从结构和功能上说,是一种现实的有效的青少年道德教育平台,对青少年道德教育的作用是举足轻重的。党的十九大报告提出:"加强社区治理体系建设,推动社会治理重心向基层下移,发挥社会组织作用,实现政府治理和社会调节、居民自治良性互动。"[2] 在建设学习型社会和社会大教育的背景下,要构建家庭、学校和社会"三位一体"的完整教育体系,社区作为三大教育资源的整合平台和孵化基地,是家庭、学校和社会之间联系沟通最便捷、最有效、最合适的桥梁纽带。青少年社区道德

---

[1] 魏雷东:《和谐社会视域下的公民道德建设研究》,北京:中国社会科学出版社,2011,第 233 页。

[2] 习近平:《决胜全面建成小康社会 夺取新时代中国特色社会主义伟大胜利——在中国共产党第十九次全国代表大会上的报告》,http://www.xinhuanet.com/mrdx/2017-10/28/c_136711274.htm。

教育可以整合家庭、学校、社会三方的教育资源，通过各种健康有益的教育活动，增进社区青少年之间相互沟通、相互理解，建立起一种和谐互助的社区邻里关系，从而提高社区青少年的精神境界、道德水准、文化水平、公民意识，形成一种民主法治、公平正义、诚信友爱、充满活力、安定有序、人与自然和谐相处的社区环境。青少年社区道德教育应坚持共建共治共享的原则，强化社区自我管理、自我教育、自我服务和自我监督，增强社区的凝聚力、向心力和整合力，通过道德讲堂宣讲、志愿服务项目、慈善公益活动、家庭亲子游戏等形式，开展区校联动与家校合作，探索青少年社区道德教育的新模式和新路径，共建学习型社区、友好型社区、和谐型社区，为青少年社区道德教育的全面、有序、持续开展搭建坚实的支撑平台。

（三）社会公德强化路径

1. 法制教育

法制教育是新时期思想政治教育的一项重要、艰巨的任务。法制教育即对青少年进行法律常识、法律技能、法律思维教育，构建基本价值观，是素质教育的重要组成部分，对青少年的健康成长起着导向、保证作用。自党的十一届三中全会以来，特别是随着改革开放的不断深入，法治教育越来越显示出它在思想政治工作实践中的重要位置。从稳定局势来看，需要深入普法，进行法治教育。当前，我们全国各地政治形势、经济形势是稳定的，社会治安也是基本稳定的，这是主流，是必须充分肯定的。恩格斯在论述法律的起源时说："在社会发展某个很早的阶段，产生了这样的一种需要：把每天重复着的生产、分配和交换产品的行为用一个共同规则概括起来，设法使个人服从生产和交换的一般条件。这个规则首先表现为习惯，后来便成了法律。"[①] 应该说，法律规范往往是在道德规范的基础上发展起来的针对禁止性和涉及

---

① 《马克思恩格斯选集》（第二卷），北京：人民出版社，1995，第 538~539 页。

较大现实利益的行为规范，而道德规范涉及的生活层面更广泛、更为全面，同时，法律又是道德在社会运行中的制度性强化。

法制教育有别于道德教育，法制教育侧重于培养具有法治精神的公民，其基本目的是为国家提供法制建设的群众基础，是对参与者的外部约束。道德教育侧重于对公民心理品质的教育，是社会规范对参与者的内部制约。二者共同作用于参与者的价值观、人生观、世界观，却是同一问题的不同侧面。要积极引导青少年懂得宪法是国家的根本大法，明确宪法规定的各项权利和义务；懂得什么是社会主义民主，不得损害国家、社会和集体的利益；懂得社会主义民主与社会主义法制的辩证统一关系，切实增强法律意识，增强法制观念，做到知法、懂法、守法、护法。

2. 环境教育

环境教育是一种服务于未来的教育，目的在于培养具有环境科学知识和环境道德的一代新青年，为环境科学的进一步发展培养后备人才。习近平总书记指出："生态环境保护是功在当代、利在千秋的事业。要清醒认识保护生态环境、治理环境污染的紧迫性和艰巨性，清醒认识加强生态文明建设的重要性和必要性，以对人民群众、对子孙后代高度负责的态度和责任，真正下决心把环境污染治理好、把生态环境建设好，努力走向社会主义生态文明新时代，为人民创造良好生产生活环境。"[1] 有研究报道，当今社会的年轻人与青少年普遍存在自然缺失症（natural-deficit disorder），与自然接触的减少和隔离导致他们对自然认知的缺乏，进而产生冷漠的情绪。因此激发青少年重新思考人与环境的相互关系，养成亲环境行为和提升环境行动能力，对于缓解环境问题和推进生态文明建设有重要意义。人类与自然是相互协调、相互制约关系。"人是自然的一部分，而不是与自然相对立的东西。"[2] 人类发

---

[1] 《习近平谈治国理政》，北京：外文出版社，2014，第208页。
[2] 〔英〕罗素：《罗素道德哲学》，李国山译，北京：九州出版社，2004，第26页。

展必须尊重自然环境、善待自然生态、关照自然发展、遵循自然规律，做到天人合一。基于人与自然和谐关系，青少年应坚持人与自然友好相处，以科学发展观为指导，树立尊重自然、顺应自然、保护自然、和谐共生的生态文明理念，在生产生活中改变不合时宜的生产模式和消费方式，尽可能多地使用"清洁能源"和"环保技术"，在改造自然的活动中做到有节制、可持续和谐发展。青少年应进一步提升环境意识，把人与天地万物视为一个生命的整体，坚持保护环境从我做起、从小事做起、从身边做起，建设资源节约型、环境友好型社会。

3. 礼仪教育

中国自古以来被称为"礼仪之邦"，礼仪是中国古代文化的精髓，在青少年群体中进行礼仪教育，既是继承和弘扬中华优秀传统文化的必然要求，也是促进青少年健康、全面发展的客观需要。中华优秀传统文化中包含着丰富而深刻的礼仪思想和规范，注重以"礼"立国树人，以"仪"规范行止。礼仪是"礼"和"仪"两个词组合起来的合成词，是在社会生活中约定俗成的，符合礼的要求，维护礼的精神，指导、协调人际关系的行为方式和活动形式的总和。从西周视礼为"国之大柄"到当代的"和谐社会"，从荀子的"国无礼则不宁"到今天的精神文明建设，礼仪都是必不可少的内容。中国有句俗话叫"礼多人不怪"。尤其是在一些重要场合、正规场合和特殊场合，必要的礼仪是不能少、不能错的。这就要求我们既要清楚地知"礼"，又要恰当地用"礼"。"明礼"的关键还要"知耻"。"知耻近乎勇。"[①] 知耻，才能有所不为。现代社会日新月异，人们的社交面逐渐扩大，礼仪已成为现代社会文明的标志，人们的日常生活都离不开礼仪。在人际交往中，讲究礼仪不仅是自尊的表现，而且是对他人尊重的重要体现。青少年在社会公共生活中要懂礼节、知礼仪、讲礼貌、明礼让。应时

---

① 《礼记·中庸》。

刻注意自己的言行举止，自觉地运用礼仪规范，做到有所为、有所不为，做到文明用语、彬彬有礼、衣着得体、落落大方、尊老爱幼、热情和善，以"明礼"促"和谐"。

4. 奉献教育

奉献是精神和物质上的双重付出、人格魅力和道德情操的高度统一，既表现为一种真诚自愿的付出行为，又表现为一种纯洁高尚的精神境界。正像毛泽东同志在《纪念白求恩》一文中指出的："一个人能力有大小，但只要有这点精神，就是一个高尚的人，一个纯粹的人，一个有道德的人，一个脱离了低级趣味的人，一个有益于人民的人。"[①] 奉献，是一种爱，是对自己事业的不求回报的爱和全身心的付出。对个人而言，就是要在这份爱的召唤之下，把本职工作当成一项事业来热爱和完成，从点点滴滴中寻找乐趣；努力做好每一件事，认真善待每一个人。简单地说，"奉献"指满怀感情地为他人服务，做出贡献，是不计回报的无偿服务。人生的真正价值在于奉献，人只有在奉献中才能实现自我。奉献既是一种付出，也是一种回报。一个人在成就自己的同时，每做出一点奉献，生命的质就会得到一次跨越，思想境界就会得到一次升华。

四 个人之维——释然式的内化路径

个人品德指个人在道德行为中表现出来的较为稳定的特征，是一定社会的道德原则和规范在个人意识和行为中的表现。个人品德是内化了的道德规范，是个体尊严、价值和品质的总和，是一个人整体道德面貌的标志，它要解决的是"应该如何做人和做一个什么样的人"的根本问题。个人品德主要内容可概括为勤学好问、热爱生活、积极进取、志存高远、慎独力行，其目标指向

[①] 《毛泽东选集》（第二卷），北京：人民出版社，1991，第660页。

是鼓励人们在心目中塑造一个好形象。[①] 个人品德是青少年身心健康、生活幸福和价值实现的品格保证。

（一）道德同一性建构

青少年发展及其"同一性"问题实际上是一个"世代问题"。年长的一代必须在下一代同一性形成之前提供强有力的理想，否则，青少年也可能去反抗既有的很好的价值系统。[②] 青少年个人品德养成是一个道德同一性建构的过程，需要在自我、个体和社会的"存在状态"上保持内在张力的一致性和连续性，在过去、现在和未来的"时空维度"上保持自我存在的一致性和连续性。

1. 道德自我与道德同一性

青少年价值观困惑的主要问题集中体现在"同一性"（"自我认同"）的认识问题上。"同一性"既是精神的心理的又是道德的伦理的。青少年"同一性"的话题涉及"我是谁""我将要成为什么样的人""我想要过什么样的生活""我期待什么样的社会"，这是一种"鼓舞人心的一致性和连续性的主观性意义"[③]，关系着青少年毕生追求的最为核心的心理社会发展任务。"同一性"也包括"同一性危机""同一性混乱"，是青少年自我发展的内在动力和成长标志。青少年自我同一性建构是一个积极主动寻求和不断同化适应的人格内化过程。青少年在矛盾的现实和成长的危机中完成实现自我的连续性和人格的统一性，标志着自我的发展成长和人格的完善成熟。道德自我是一个人对自身道德品质的认识、判断和定位，涉及对自我道德状况的整体评价、形象管理和内化调节。道德

[①] 魏雷东：《和谐社会视域下的公民道德建设研究》，北京：中国社会科学出版社，2011，第161页。

[②] 〔美〕埃里克·H. 埃里克森：《同一性：青少年与危机》，孙明之译，北京：中央编译出版社，2017，第14页。

[③] 〔美〕埃里克·H. 埃里克森：《同一性：青少年与危机》，孙明之译，北京：中央编译出版社，2017，第4页。

自我是基于道德价值和道德人格提出来的,是"道德"与"自我"的概念融合。在人格心理学理论看来,道德自我被认为是一种原始的道德驱动力,个体道德发展的关键在于个体道德自我的定位和期待。"从实践的角度来说,道德自我是人存在的标志,正是道德自我才使人成为道德行为的真正主体。道德自我的完善和提高不只是具有道德的意义,而且对人的整个精神生活和社会活动都会产生深刻影响。"[①] 青少年期是道德自我发展形成的重要机遇期和关键定型期。积极的道德自我能激发青少年正向的道德体验和引发亲社会的道德行为,而消极的道德自我则会强化负向的道德情绪和导致反社会的道德行为。

道德同一性(moral identity;也称道德自我同一性,moral self-identity)是道德自我与同一性的结合,是个人品德成熟的重要标志,也是道德自我形成的关键环节。道德同一性维系着道德人格的一致性和连续性,其所牵涉的不仅仅是这种道德存在的社会事实,而且是这种道德存在的自我品质。"道德同一性在统一性发展上要使分离的各种道德价值更具凝聚性、统一性,在连续性上使意识连续性更加一致,在信念上具备更崇高的信念,在自我认知上有很好的自我道德理解力。"[②] 对青少年来说,道德同一性可以用来理解道德情景、阐释道德危机、明确道德动机和内化道德原则。个体一般在青少年期(12~18岁)形成"自我同一性"(self-identity;自我意识和自我角色的同一感),这是道德同一性形成的前提条件和重要内容。在青少年期,"自我同一性"需要来自个人与社会的相互确认,"社会需要承认年轻的个人是新生能量的负荷者,而被如此确认了的个人要承认社会是一个活跃的过程,他鼓舞忠诚

---

① 魏雷东:《论社会转型期大学生道德自我教育》,《河南师范大学学报》(哲学社会科学版)2009年第2期。
② 万增奎:《道德同一性的心理学研究》,上海:上海教育出版社,2009,第117页。

并接受忠诚,保持忠顺并吸引忠顺,要求信任也尊重信任"[1]。根据青少年发展任务和成长经历遇到的不同冲突和问题解决的方面,自我同一性发展会存在四种状态:(1)达成型同一性(identity achievement),经历同一性"危机"和"探索"并形成明确承诺,是同一性的有成者;(2)延缓型同一性(identity moratorium),正在经历同一性"危机"和"探索",尚未形成承诺,是同一性的寻求者;(3)早闭型同一性(identity foreclosure),没有经历同一性"危机"和"探索"并形成了稳定的承诺,是同一性的早熟者;(4)扩散型同一性(identity diffusion),对同一性"危机"不敏感也不去主动"探索",也没有形成稳定的承诺,是同一性的混淆者。[2] 道德同一性在内隐维度表现为道德自我的个体同一性,在外显维度表现为道德自我的社会同一性,是"内在自我"与"外在自我"的完美结合。道德同一性也会经历自我同一性类似的发展状态,沿着"扩散型→早闭型→延缓型→达成型"的递进规律渐次推进。青少年个人品德的养成就是青少年期道德同一性建构的过程,也会按照"道德自我混淆者→道德自我早熟者→道德自我寻求者→道德自我有成者"的发展规律有序展开。

2. 道德同一性建构

青少年个人品德取决于道德知识习得和道德品质养成,是个人道德经验和社会道德情景相互作用的产物,需要在个人同一性和社会同一性两个层面一同建构道德同一性。道德同一性是通过青少年道德自我和他们所生活的社会环境共同作用而形成的。道德自我的内环境因素(诸如道德认知、道德信仰、道德情感、道德判断和道德意志等)会影响青少年道德思维和道德智慧,外环境因素(诸如家庭、学校、社区、社会组织等)会影响青少年的

---

[1] 万增奎:《道德同一性的心理学研究》,上海:上海教育出版社,2009,第185页。
[2] 万增奎:《道德同一性的心理学研究》,上海:上海教育出版社,2009,第142页。

道德动机和道德机会；内环境是道德同一性建构的充分条件，外环境是道德同一性建构的必要条件；内环境"动力"和外环境"推力"是青少年道德内化的两个重要作用力。青少年道德同一性建构的内化路径是沿着"知善→乐善→向善→行善"的路径展开的。"知善"主要是从道德认知入手培养道德思维，帮助青少年理解何为善良、尊严、公平、仁爱、诚实、崇高等道德概念。"乐善"主要从道德情感入手培养道德信仰，帮助青少年认同做诚实、善良的有德之人和过有尊严、有意义的道德生活的价值感和崇高感。"向善"主要是从道德意志入手培养道德勇气，帮助青少年坚定对道德规范和道德活动的信心和决心。"行善"主要是从道德行为入手培养道德责任，帮助青少年完善道德人格、实现知行统一。道德内化为个人品德注入了善良、公正、仁爱、诚实的品性，宁静、淡泊、自由、幸福的心性，可以促使青少年在个人品德方面实现认知上的自觉、情感上的自愿、意志上的自信、行为上的自主，真正体验和享受一种富有道德内涵的健康幸福生活。

（二）道德信仰生成

青少年个人品德的内化养成是一个身心和谐、群己共进、知行合一的互动联动过程。青少年前期需要思考的是道德智慧、归属的需要和被认可、被支持的感觉，青少年中期开始考虑道德勇气、世界观价值观人生观等问题，青少年后期重点关注道德责任及有意义的自我表达、社会承认的方式。

1. 蕴积道德智慧

道德智慧是一种对"善"的哲学追问，是对人性关怀、人际关系、人格理想、人生境界等人的发展问题的哲学思考。"道德不仅同人的现实需要和主体意志有关，而且同人的实践活动过程直接耦合；不仅要显示现实世界的状况，以及现实世界同人的需要之间的实有关系，而且要直接沟通现实世界和人的需要之间的应有关系。"[1] 道

---

[1] 罗国杰：《伦理学》，北京：人民出版社，1989，第74~75页。

德智慧是人认识自我、熟悉社会、把握世界的特殊方式。具体而言，体现的是一种人与自我、人与人、人与社会、人与自然之间关系的道德体悟和道德实践方面的能力和素质。道德智慧主要是解决道德信仰方面的"智者不惑"① 问题。道德智慧发端于人们对生存、生活、生命的深切关怀，乃至对人生意义、人生尊严和人生价值的迫切追问。"没有明智，其他一切美德都会变得盲目或疯狂；然而没有勇气，它们就会变得懦弱或胆怯。没有明智，正义者不懂得怎样与非正义的行为作斗争；然而没有勇气，他们就不敢全力投入战斗中去。前一种人不知道用什么手段来达到他的目的，后一种人在料想的风险面前退却。因此轻率的人和胆怯的人都不可能是真正的正义者。"② 一个不具备道德智慧的人往往对所处现实环境和具体情形中的道德问题视而不见、听而不闻、言不由衷，以至于不能做出正确的道德判断和道德选择，成为不懂道德、不讲道德、道德失范、道德失败的道德盲人。面对具体复杂道德情景甚至纠结对立的两难困境，我们需要借助于道德智慧去采取适宜的行动，这就需要掌握一定的道德原则和道德规范，并依据它们发展出应对道德推理和伦理决策的合宜技巧。

青少年如何坚守良知、深思危险、忍受困难、避免陷阱，需要一定的道德智慧和道德理性。"严格意义的德性离开了明智就不可能产生。"③ 青少年在日常生活中容易出现盲目作为和鲁莽行事，可能会遇到因为道德知识、道德技能欠缺而不能解决道德困境的尴尬经历，也会因此导致长久处于某种良心的自责、内心的不安和真心的悔悟，这种自责、不安和悔悟会激发他们自觉涵养道德智慧、提升道德能力。道德智慧能够帮助青少年正确认识生命存

---

① 《论语·子罕》。
② 〔法〕安德烈·孔特－斯蓬维尔：《小爱大德——美德浅论》，吴岳添译，北京：中央编译出版社，1997，第47页。
③ 〔古希腊〕亚里士多德：《尼各马可伦理学》，苗力田译，北京：商务印书馆，2003，第189页。

在的终极价值，对人生、自然和宇宙产生一定的崇高感、秩序感和敬畏感，激发求真向善尚美的人生境界和道德情感；正确理解德性与幸福的关系，自觉把道德信仰和道德良知作为自我安身立命的根本；有助于青少年培养同理心和同情心，学会理解、接纳、尊重、包容、欣赏、合作等交往理性。人生的最高境界和永恒主题是幸福，真正的幸福是一种"宁静而致远、慎思而明辨、情笃而超验、坚韧而洒脱、通达而圆融"的道德智慧境界。① 青少年需要蕴积道德智慧，把客观的道德规范变为内心的道德信仰，从而自觉自愿自足自主地实践和体验真善美高度融通的道德生活。

2. 砥砺道德勇气

道德勇气是指人们敢于捍卫道德的非凡气质，包括原则、危险和忍耐三大要素。道德勇气这种心灵和精神的特质是原则、危险和忍耐三者的交集部分，它使得一个人能够坚定而自信地直面道德上的风险与挑战，富有耐心地坚持原则而不会畏惧和退缩。道德勇气表现为一种道德上的勇敢行动，这种行动包含对道德原则的坚守，对捍卫道德原则所面临的那些危险的充分认识，以及对那种危险心甘情愿的忍耐。② 道德勇气主要是解决道德信仰方面的"勇者不惧"③ 问题。道德勇气的道德之勇不同于血气之勇，在道德勇气的三大要素中，"对原则的捍卫"（为原则所驱动）是道德之勇与血气之勇的区别所在。"道德勇气所捍卫的是原则而非财产，是美德而非贵重物品，是心灵而非肉体。"④ 道德勇气是个体道德实践的必要条件，很多时候道德勇气比血气之勇更考验一个人的信心、决心和耐心。血气之勇总是享用敬仰、鲜花和掌声的

---

① 吴安春：《论道德智慧的四重形态》，《教育科学》2005 年第 2 期。
② 〔美〕拉什沃思·M. 基德尔：《道德勇气——如何面对道德困境》，邵世恒、吕威、蔡紫薇译，北京：北京时代华文书局，2016，第 8 页。
③ 《论语·子罕》。
④ 〔美〕拉什沃思·M. 基德尔：《道德勇气——如何面对道德困境》，邵世恒、吕威、蔡紫薇译，北京：北京时代华文书局，2016，第 10 页。

第五章 青少年道德信仰的生成路径

鼓励,而道德勇气往往面临被嘲笑、被羞辱和被轻蔑的风险。当道德勇气的三种因素仅出现两种时,就会出现三种强烈的道德勇气的对立物:胆怯(发生于原则和危险出现但不愿忍耐时)、蛮勇(激发于忍耐和原则同时出现而危险没有牵扯其中时)和血气之勇(出现于危险和忍耐同时发生而无视道德原则时)。[1] 在人类社会不断文明进步的21世纪,通过自然、战争和生存的需要来检验我们血气之勇的机会逐渐减少,而检测和证明我们道德勇气的机会越来越多。青少年成熟的定义和标准并不是血气之勇,而恰恰是道德勇气。

道德勇气根植于真实生活和现实社会,自然而无形的决策逻辑决定着"道德勇气清单"[2]。青少年敢于捍卫道德勇气需要关注几个步骤。(1)评估情形。当面对情形的中心关注点是与原则、信念、声望或友谊上的风险有关,而不(只)是对身体伤害的畏惧时,这就需要道德勇气而不是血气之勇。(2)扫描价值。道德勇气关涉正确与错误之间的基本区分,诚实、责任、尊重、公平和同情展现出道德勇气的核心价值。(3)按照良心而行。当"基于规则"的原则被遵循,而不是"基于目的"或"基于关注"去决定,那么,原则和良心而非结果和后果被赋予最高权重。道德勇气趋向于对价值的承诺,而不是对结果的关注和对后果的权衡,表现为将价值和行动联合起来的"见义勇为"。(4)理解风险。道德勇气需要培养对道德选择中模棱两可的伦理困境的忍耐力,经常接受因卓越行为而带来的公开曝光,还要心甘情愿地冒损失个人财物、人际关系和公共声誉的风险。(5)忍受困难。道德勇气最关键的品质是信任,它来源于经验、性格、信仰和直觉,正是信任感使得道德勇气成为可能。道德勇气养成需要扩大道德经验、

---

[1] 〔美〕拉什沃思·M. 基德尔:《道德勇气——如何面对道德困境》,邵世恒、吕威、蔡紫薇译,北京:北京时代华文书局,2016,第188~189页。
[2] 〔美〕拉什沃思·M. 基德尔:《道德勇气——如何面对道德困境》,邵世恒、吕威、蔡紫薇译,北京:北京时代华文书局,2016,第18页。

提升道德品格、砥砺道德信仰、开发道德直觉。（6）规避障碍。道德勇气是一种锲而不舍的信心和耐力的磨砺，需要避开诸如过度自信、妥协、蛮勇、怯懦、血气之勇、道德冷漠、过度思考、旁观者效应、"团体迷思"等道德陷阱。

3. 加强道德修养

道德修养主要是指个人自觉按照一定的道德原则和道德规范，自我进行道德意识和道德人格的修炼与涵养的行为活动。道德修养是个人在道德自我教育和道德自我养成方面的自觉能动表现，既包括修身养性、反思内省的"自我锻炼"和"自我改造"，又包括陶冶品行、涵养情操的"水平提高"和"境界提升"。道德修养主要是解决道德信仰方面的"仁者不忧"[1] 问题。道德修养的直接目的就是陶冶个人品德，把人生从"自然境界""功利境界"提升到"道德境界"。"自然人"以生理需要和安全需要为取向，听天由命、得过且过；"功利人"以社交需要和尊重需要为取向，争名夺利、患得患失；"道德人"以自我实现需要为取向，关爱他人、奉献社会。道德崇高者富有仁爱之心和豁达胸襟，具有博大智慧和人格魅力，不为名所累，不为利所诱，不为情所困，不为权所蚀，不为危所乱，不为难所屈，追求积极向上、乐观向善的精神境界和生活状态。当然，个体之所以接受道德规范、进行道德修养，源于道德能够满足人的"类本能"实现的需要，而物质只能够满足人的"个体本能"和"群体本能"。

道德修养是青少年社会化的重要内容和关键环节。青少年道德修养是一个道德认知学习、道德情感激发、道德意志磨炼、道德行为强化的渐次发展、螺旋上升的习得过程。青少年道德修养的基本途径包括"为仁由己"[2] 的心性求索和"仁者爱人"[3] 的躬身实践，一方面要学思自悟、察人自省、慎独自律，另一方面要

---

[1] 《论语·子罕》。
[2] 《论语·颜渊》。
[3] 《孟子·离娄下》。

推己及人、身体力行、知行合一。青少年正处于道德观念的生长期、可塑期和整合期，如何把道德知识转化为道德信仰是一个重要课题。青少年道德修养要切合他们的身心特点、交往方式、生活状态和发展任务去开展，可以通过"讲述和讨论"的方法在叙述中去理性探询，通过"模范和指导"的方法在行为训练中去学习证明，通过"实践和坚持"的方法在亲身经历中去建立技巧，通过"感动与感化"的方法在思想碰撞中去生成信仰。青少年道德社会化的主体主要有家庭、学校、社区、同辈群体和大众传媒，主体之间需要在发挥各自作用的基础上实现教育内容和方法的有序衔接与理性整合。

（三）个人品德内化路径

1. 诚信教育

诚信是为人处世的基本原则，也是青少年思想道德建设的重要基石。"人而无信，不知其可也。"[①] 诚信不仅是一种准则，也是一种道德；不仅是一种品行，也是一种责任；不仅是一种声誉，也是一种资源。更意味着其他社会主体行为可预期，社会分工、约定协作成为可能。这不仅是现代社会发展的基础，更能最大限度地减少社会生活中的各种矛盾、内耗和摩擦，使社会运行成本大大降低。人在生活中总要与他人和社会发生联系，而诚信则是一个人的立身之本、交往之基、成功之道。诚信就要以诚待人、以信服人，"言必信，行必果"[②]，"勿以善小而不为，勿以恶小而为之"[③]。一个诚信缺失的社会其管理成本和生存成本也必然是无限增大的，最终也会导致整个社会的信任危机，乃至出现"人人互害""所有人对所有的战争"。诚信教育是培育青少年诚信品质的重要手段，是践行社会主义核心价值观的重要路径。实施诚信教育，将社会的诚信要求内化为青少年的个人诉求，是新时代社

---

① 《论语·为政》。
② 《论语·子路》。
③ 《三国志·蜀书·先主传》。

会平安、有序、稳定发展的重要保证,将为构建社会主义和谐社会打下坚实的道德基础。青少年是国家公民的重要组成,更是社会主义建设的接班人。培养青少年的诚信品质,关系到国家长远稳定发展。这就要求做到:(1)知识教育与人格教育相融合,把诚信教育渗透在知识教育之中,润物无声;(2)家长、师长作为青少年的重要参照群体,要以身作则,树立典范;(3)建立覆盖全社会的征信系统,完善守法诚信的褒奖机制和违法失信的惩戒机制,形成人人诚信的社会风气;(4)鼓励"倡导诚信"的影视音像图书等文化作品,营造讲诚信的社会氛围。

2. 友善教育

友善是指社会个体处理与亲友、他人、社会、自然关系的一种态度。意味着友好相处、"与人为善"[1]。友善表现在公共生活中就是善待他人,"己欲立而立人,己欲达而达人"[2]。为人处事友善与否,不仅是个体道德水平的体现,更是社会和谐程度的体现。社会主义核心价值观倡导的友善,是对人类以往友善理念的继承和发展,是社会主义条件下处理人际关系的基本价值准则,是建设和谐家园、实现民族梦想的重要精神条件与价值支撑。人际和谐是和谐社会的重要基础,没有人与人之间的和谐就无所谓社会的和谐。"人的本质不是单个人所固有的抽象物,在其现实性上,它是一切社会关系的总和。"[3] 个人与他人的关系,在本质上是社会关系,尤其是社会利益关系的表现形式。友善教育在构建和谐社会中具有不可替代的作用,培育社会个体的友善品质,能够有效化解社会生活的张力、调解社会心态、创建良好的社会环境,社会个体的友善在社会生活中发挥着不可替代的"润滑"作用,深刻影响着国家和社会的和谐发展。同时也应警惕,友善不是无原则的好好主义,姑息纵容不叫友善。青少年的友善教育,应渗

---

[1] 《孟子·公孔丑上》。
[2] 《论语·雍也》。
[3] 《马克思恩格斯选集》(第一卷),北京:人民出版社,1995,第 56 页。

透体现在家庭、学校、社会和青少年自身等方面：以"教"为先导，以"感"为手段，以"信"为巩固。这就要求做到：（1）将友善教育融合在家庭教育、学校教育、社会宣传之中，引导青少年树立正确的友善观；（2）家长、师长等要以友善之情感之，以友善之行化之，将友善内化为青少年的自我要求；（3）树立典范、奖惩结合，强化青少年友善的信念，巩固友善教育成果。

3. 敬业教育

敬业就是尊重自己的职业和事业，是对待生产劳动和人类生存的一种根本价值态度，小到个人职业，大到社会主义事业，对自己从事的工作和事情都能专心致志、尽心尽力、兢兢业业。所谓"业"，是指人们所从事的一切促进人类生存与发展的劳动领域和工作领域，对劳动和工作的珍视，就是对人类社会生存和发展根基的珍视。敬业精神具有悠久深厚的历史积淀，是中华民族的传统美德；敬业精神有充分而深刻的实践依据，随着时代变化不断发展。习近平总书记在十九大报告中指出，要"弘扬劳模精神和工匠精神，营造劳动光荣的社会风尚和精益求精的敬业风气"，为新时代敬业精神注入新的内涵。敬业的前提是乐业，以业为乐为劳动提供动力保障；敬业的关键是"精业"，精益求精才能适应新常态下的经济发展，推动产业结构调整升级。敬业教育要以新时代敬业精神为依托，培育"敬业"公民，为实现中华民族伟大复兴的中国梦提供保证。开展青少年敬业教育，是为中国特色社会主义培养建设者的重要手段。这就要求做到：（1）立足经济时代，丰富敬业精神的内涵外延，在学校教育中开设相关课程，在青少年思想中注入敬业精神的种子；（2）不断开展、丰富青少年的社会实践，提升青少年劳动技能，培养热爱劳动的精神品质；（3）依托社会实践，挖掘敬业教育内容，丰富敬业教育教学手段；（4）营造爱岗敬业、劳动光荣的社会氛围，让青少年耳濡目染，把敬业精神内化为自身的行为自觉。

4. 自强教育

自强就是自我发奋图强，永远向前，永不懈怠，积极进取的意思。自强教育，既是一种自我鼓励、自我前进、自我教育，又是一种奋斗教育、精神教育，更是一种动力教育。《周易》中说："天行健，君子以自强不息。"[①] 自强不息，是我国传统优秀文化的精髓，是社会主义核心价值观的重要内容，是中华民族前进的重要动力之一。自强不息就是一个人在社会生活中，应当有自力更生、不懈奋斗的精神，还要有一种在困难面前永不低头、愈挫愈奋的气魄。"胜人者力，自胜者强。"[②] 自强是一种坚毅的精神，是一种积极的人生态度，是一种美好的道德品质，是时代精神和中华民族优秀传统的结合点，对一个人的成长具有巨大的推动作用。只有具备自强自立精神的人，才能够充分发挥主观能动性，发挥创造力积极营造各种有利条件，控制和消除各种不良外界环境和自身消极情绪的负面作用。青少年要逐步更新观念，提高认识和站位，克服不良习惯，锻炼良好的心理品质，增强创新精神，提升实践能力，发展个性特长，全面提高素质，自立自强，健康成长，做有用之才。这就要求做到：（1）自强表现为自尊自重，就是要尊重自己的人格，坚持自己的操守，注意自己的言行，珍惜自己的名誉，重视自己的形象；（2）自强表现为自信自立，这是通向成功的必经之梯，在生活和事业上努力奋斗，必须依靠自己的力量，必须坚信自己的能力，把希望寄托在别人身上是永远不能成就一番伟业的；（3）自强要学会克制自己、战胜自己的弱点，既保持清醒的理智，又不断超越自我。

---

① 《周易·乾象》。
② 《道德经》。

结　语

　　道德信仰的认同旨在引导人们通过特定历史条件下的社会舆论、风俗习惯和内心信念调节人与人之间的社会道德规范，通过可普遍化的视角去理解和考虑每个人的利益。一味强调集体利益，随意地以集体名义压制个人，集体就会失去凝聚力和生命力。综观我国当前所面临的青少年道德信仰"危机"状况，其实质是现代社会深刻转型所造成的传统道德价值体系式微的速度过快和当代道德价值体系建构的相对滞后。当代青少年道德信仰危机，在实质上，是现代社会"人本主义"之"危"和后现代社会"生命主义"之"机"。当代社会是一个全球生态化的和谐社会，与之相适应的道德信仰应指向"共生""互利""至善"。当代青少年道德信仰生成是一项复杂的系统工程，需要通过文化熏陶、教育督导、制度规约等多重路向综合给力来实现完成。社会繁荣期适宜采用文化熏陶路径，社会爬坡期适宜采用教育督导路径，社会转型期适宜采用制度规约路径。道德信仰生成问题是当代中国人文精神和民族精神发展的重大理论课题和理论难题，需要从中华优秀传统道德思想中汲取营养、获得启迪。道德信仰认同与实践有助于青少年正确认识社会转型和处理道德观之基本问题（"道与德""义与利""群与己"）的价值优先性选择，形成正确的"人我观""群己观""义利观""得失观""道德观"，实现价值层面的和谐。当代青少年道德信仰生成，应以人和生命为双重坐标的新人本主义思想为指导，摈弃人类中心主义和种族地缘主义（前者使人类与自然为敌，后者使人类与自己为敌），敬畏所有的人和生命并努力使之成为完整的人和生命。

当代青少年道德信仰生成问题的研究，既是一个理论问题，也是一个实践课题。习近平新时代中国特色社会主义思想作为马克思主义中国化最新理论成果被写进党章、载入宪法，实现了党和国家指导思想的与时俱进，为党和国家的政治生活与社会生活提供了思想根基、价值引领、道德指针和行动遵循；充分彰显了真理的力量、时代的价值、文化的自信、道德的引领，为实现中华民族伟大复兴的中国梦筑牢了共同思想基础；深刻凝结了对人类发展重大问题的中国智慧和对人类美好生活孜孜追求的中国精神。习近平新时代中国特色社会主义思想始终把马克思主义作为理论起点、逻辑起点、价值起点，以全新视野、恢宏睿智和战略思维深化了对共产党执政规律、社会主义建设规律、人类社会发展规律的认识，提出了一系列关乎人类文明道义和前途命运的新理念新思想新主张，得到了全党全国各族人民和世界范围有识之士和广大民众高度的政治认同、思想认同、文化认同、情感认同、道义认同，成为指引为人类谋发展、为人民谋幸福、为民族谋复兴的思想之旗、精神之魂、文化之基。新时代青少年道德信仰培育需要以习近平新时代中国特色社会主义思想为指导，做好理论和实践层面的顶层设计，从社会、历史和实践的战略全局上对当代中国青少年道德发展的重大理论问题进行重新审视和深刻把握。

青少年道德信仰研究涉及道德信仰的分众化、小众化研究，关系到道德信仰的当代化、本土化研究，是一个理论探讨与实证分析相结合的研究课题，需要在理论建构、文化引领、教育训导、制度规约等方面多维并进。基于规律性、可操作性和系统化的研究构想，相关研究应采用系统科学方法、文献研究法、逻辑和历史相统一方法等社会科学研究方法，有意识地将研究内容放在要素、结构、内外关系的诸系统中，把思维对象作为系统去分析、论证和推理，把思维过程作为系统去规范和运思，尽量进入问题、分析问题、综观问题，力争在各个范畴的相互关联和动态发展中把握理论的真实内涵和完整体系。青少年道德信仰研究应以青少年道德信仰现状为切入点,认真分析其结构模式、社会功能和运行机制,梳理归纳出青少年道德信仰生成的原则、规范,提出青少年道德信仰认同和实践的基本方略,给出有针对性且操作性强的青少年道德信仰认同与实践的理论支撑和可行对策。青少年道德信仰教育的逻辑起点应回归生活世界、注重人文关怀和精神塑造,以人和生命为双重坐标的新人本主义思想为指导,引导青少年敬畏道德信仰并努力使之成为完整的人和生命。

面对新时代中国特色社会主义的崭新视域,必须加强青少年道德信仰生成问题中带有全局性、前瞻性和战略性重大课题的理论研究创新,认真思考和分析当代青少年道德信仰生成的理论热点、关注焦点、实践难点,把青少年道德信仰问题放在构建和谐社会的背景下去思考,从历史与现实、东方与西方、个人与社会、理性与感性多向度阐释青少年道德信仰的必然性和可行性,从应然性、实然性的维度来审视青少年道德信仰的规律性与独特性,从方向性和前瞻性的高度来思考青少年道德信仰的体系性和实效性,对当前困惑青少年的思想道德问题做出有说服力的诠释和解答,既为当代青少年道德信仰生成问题研究提供系统的理论论证,同时又揭示当代青少年道德信仰生成的复杂境况和可能路向。今后研究还要在以下几个方面有所突破。第一,以新时代中国特色社会主义为宏大背景研究青少年道德信仰,以道德思维深刻阐释道德信仰的共生本质,从理论和实践两个层面全景展现新时代道德建设与青少年发展任务的一体同构性,深刻揭示当代青少年道德信仰生成的复杂境遇和可能路向。第二,从哲学层面阐述道德信仰何以可能,认真梳理道德信仰生成的人性基础、精神渊源、理论前提和现实境遇,在深刻反思当代青少年道德信仰危机的基础上,使青少年道德信仰实现从"实然"描述到"应然"设计再到"适然"生成。第三,从文化、制度、教育三个维度廓清青少年道德信仰生成的有效路径和实践方略。文化层面上,注重古为今用、中西融合，从类同和差异两个方向探讨文化认同的可行路径；制度层面上，理性分析道德信仰与制度安排的历史联姻与现实契合，从机制化、法制化、体系化三个维度廓清道德制度化的实现路径；教育层面上，重点考察教育问题的深层原因，深入分析矛盾焦点的理论根源，从内容整合、模式联动与层级衔接三个向度提出道德信仰教育的合理路径。

图书在版编目(CIP)数据

青少年道德认同:模式与路向/魏雷东,白鑫刚,孙田著. -- 北京:社会科学文献出版社,2019.10
ISBN 978 - 7 - 5201 - 5114 - 6

Ⅰ.①青… Ⅱ.①魏… ②白… ③孙… Ⅲ.①青少年教育 - 品德教育 - 研究 - 中国 Ⅳ.①D432.62

中国版本图书馆 CIP 数据核字(2019)第 137087 号

青少年道德认同:模式与路向

著　　者 / 魏雷东　白鑫刚　孙　田

出 版 人 / 谢寿光
责任编辑 / 任晓霞
文稿编辑 / 张真真

出　　版 / 社会科学文献出版社・群学出版分社 (010) 59366453
　　　　　 地址:北京市北三环中路甲29号院华龙大厦　邮编:100029
　　　　　 网址:www.ssap.com.cn
发　　行 / 市场营销中心 (010) 59367081　59367083
印　　装 / 三河市东方印刷有限公司

规　　格 / 开　本:787mm × 1092mm　1/16
　　　　　 印　张:15.5　字　数:228 千字
版　　次 / 2019 年 10 月第 1 版　2019 年 10 月第 1 次印刷
书　　号 / ISBN 978 - 7 - 5201 - 5114 - 6
定　　价 / 119.00 元

本书如有印装质量问题,请与读者服务中心 (010 - 59367028) 联系

▲ 版权所有 翻印必究